統計でみる都道府県のすがた

Statistical Observations of Prefectures

2023

総務省統計局

Statistics Bureau,

Ministry of Internal Affairs and communications

Japan

ま　え　が　き

　社会・人口統計体系は、国民生活全般の実態を示す地域別統計データを収集・加工し、体系的に編成したものです。

　本書は、社会・人口統計体系の報告書として取りまとめた「社会生活統計指標－都道府県の指標－2023」の中から、主な指標値を選定し、各都道府県の指標が一覧できるように再編成したものです。各指標について都道府県別順位を付していますが、これは飽くまでも数値を見やすくするための目安としての利用に供するために付したものです。

　本書が、「社会生活統計指標－都道府県の指標－2023」と共に、国、地方公共団体等の各種行政施策、学術研究、地域分析等各方面で広く利用されることを期待します。

　なお、「統計でみる市区町村のすがた」も刊行しています。これら3部作に掲載されているデータは、過去のデータも含めて政府統計の総合窓口（e－Stat）からも利用できますので、併せて御活用いただければ幸いです。

　　令和5年（2023年）2月

総務省統計局長

井　上　　卓

Preface

The System of Social and Demographic Statistics of Japan is the systematic compilation of statistical data collected and processed by districts demonstrating the real living conditions of the country's population.

This report presents major indicators from the "Social Indicators by Prefecture 2023", which is a report that summarizes the system of social and demographic statistics of Japan, and recompiles such information to allow that indicators be observed by prefectures in a glance. Each indicator is ranked by prefecture in order to make it easily understandable.

I hope that this report will be widely used in various fields for administrative policy, academic research, regional analysis etc.

Furthermore, we have also published the "Statistical Observations of Municipalities". All contents of these reports are accessible from the web site of the Statistics Bureau, Ministry of Internal Affairs and Communications or the Portal Site of Official Statistics of Japan (e-Stat).

February 2023

INOUE Takashi
Director-General
Statistics Bureau
Ministry of Internal Affairs and Communications
Japan

目　　次

Ⅰ　社会生活統計指標

 A．人口・世帯 …………………………… 2   G．文化・スポーツ ………………………… 56

 B．自然環境 ……………………………… 12   H．居 住 …………………………………… 60

 C．経済基盤 ……………………………… 16   I．健康・医療 ……………………………… 72

 D．行政基盤 ……………………………… 26   J．福祉・社会保障 ………………………… 84

 E．教育 …………………………………… 38   K．安全 …………………………………… 92

 F．労働 …………………………………… 48   L．家計 …………………………………… 100

Ⅱ　基礎データの説明

 データの出典（調査、報告書等） …………………………… 106

 A．人口・世帯 …………………………… 116   G．文化・スポーツ ………………………… 131

 B．自然環境 ……………………………… 119   H．居住 …………………………………… 132

 C．経済基盤 ……………………………… 120   I．健康・医療 ……………………………… 135

 D．行政基盤 ……………………………… 123   J．福祉・社会保障 ………………………… 137

 E．教育 …………………………………… 126   K．安全 …………………………………… 140

 F．労働 …………………………………… 129   L．家計 …………………………………… 142

参考1　社会・人口統計体系の概要 ……………………………………………………………… 144

参考2　「統計でみる都道府県のすがた 2023」のデータ掲載変更項目一覧 ……………………… 147

Contents

I Social Indicators by Prefecture

A. Population and Households ·············· 2

B. Natural Environment ····················· 12

C. Economic Base ···························· 16

D. Administrative Base ····················· 26

E. Education ································· 38

F. Labour ··································· 48

G. Culture and Sports ························· 56

H. Dwelling ································ 60

I. Health and Medical Care ················ 72

J. Welfare and Social Security ·············· 84

K. Safety ································ 92

L. Family Budget ························· 100

Appendix

Outline of the System of Social and Demographic Statistics of Japan ·················· 146

指標名及び指標計算式
Name and Formulae of Indicators

　本表は、指標名及び各指標に付した指標コードと指標値の算出に用いた指標計算式の一覧表である。

　指標値の算出に当たって用いている基礎データについては、社会・人口統計体系の報告書「社会生活統計指標－都道府県の指標－2023」を参照のこと。

指 標 コ ー ド の 説 明

　１．指標コードは統計指標の項目符号を示す。

　　　なお、４欄目の「指標計算式」にあるコードは、基礎データの項目符号を示す。

　２．２桁目のアルファベットは分野区分を示す。

　３．３、４桁目の数字は大分類を示す。

　４．５桁目の数字は小分類を示す。

　５．６、７桁目の数字は項目を示す。

　６．８、９桁目の数字は副区分を示す。

　コードによる指標計算式の分母に【－１】が付されている場合は、分子のデータの年度の前年度のデータを用いていること、【＋１】が付されている場合は、同じく翌年度のデータを用いていることを示す。

No.	指標コード	指標名	指標計算式	単位	ページ
1	#A011000	総人口	A1101 総人口	万人	2
2	#A0110001	総人口(男)	A110101 総人口(男)	万人	2
3	#A0110002	総人口(女)	A110102 総人口(女)	万人	2
4	#A01601	外国人人口(人口10万人当たり)	A1700/A1101 外国人人口／総人口	人	2
5	#A01101	全国総人口に占める人口割合	A1101/A1101(全国) 総人口／全国総人口	％	3
6	#A01201	総面積1k㎡当たり人口密度	A1101/B1101 総人口／総面積(北方地域及び竹島を除く)	人	3
7	#A01202	可住地面積1k㎡当たり人口密度	A1101/B1103 総人口／可住地面積	人	3
8	#A01302	昼夜間人口比率	A6108 昼夜間人口比率	％	3
9	#A01401	人口集中地区人口比率(対総人口)	A1801/A1101 人口集中地区人口／総人口	％	3
10	#A03501	15歳未満人口割合(対総人口)	A1304 15歳未満人口割合	％	4
11	#A03503	65歳以上人口割合(対総人口)	A1306 65歳以上人口割合	％	4
12	#A03502	15〜64歳人口割合(対総人口)	A1305 15〜64歳人口割合	％	4
13	#A03401	年少人口指数	A1301/A1302 15歳未満人口×100／15〜64歳人口	—	4
14	#A03402	老年人口指数	A1303/A1302 65歳以上人口×100／15〜64歳人口	—	5
15	#A03403	従属人口指数	(A1301＋A1303)/A1302 (15歳未満人口＋65歳以上人口)×100 ／15〜64歳人口	—	5
16	#A05101	人口増減率	(A1101/A1101【-1】)-1 (総人口／総人口(前年度))−1	％	5
17	#A05201	自然増減率	(A4101-A4200)/A1101 (出生数−死亡数)／総人口	％	5
18	#A05202	粗出生率(人口千人当たり)	A4101/A1101 出生数／総人口	—	5
19	#A05203	合計特殊出生率	A4103 合計特殊出生率	—	6
20	#A05204	粗死亡率(人口千人当たり)	A4200/A1101 死亡数／総人口	—	6
21	#A0521901	年齢調整死亡率(男)(人口千人当たり)	A424001 年齢調整死亡率(男)	—	6
22	#A0521902	年齢調整死亡率(女)(人口千人当たり)	A424002 年齢調整死亡率(女)	—	6
23	#A05205	年齢別死亡率(0〜4歳)(人口千人当たり)	A4201/A1201 死亡数(0〜4歳)／0〜4歳人口	—	7
24	#A05218	年齢別死亡率(65歳以上)(人口千人当たり)	A4231/A1303 死亡数(65歳以上)／65歳以上人口	—	7
25	#A05307	転入超過率	(A5103-A5104)/A1101 (転入者数−転出者数)／総人口	％	7
26	#A05308	転入率	A5103/A1101 転入者数／総人口	％	7
27	#A05309	転出率	A5104/A1101 転出者数／総人口	％	7
28	#A05304	流入人口比率(対総人口)	A6106/A1101 流入人口(他県に常住している人口)／総人口	％	8
29	#A05305	流出人口比率(対総人口)	A6104/A1101 流出人口(他県で従業・通学している人口)／総人口	％	8
30	#A06103	一般世帯数	A710101 世帯数(一般世帯)	万世帯	8
31	#A0610101	全国一般世帯に占める一般世帯割合	A710101/A710101(全国) 世帯数(一般世帯)／世帯数(全国一般世帯)	％	8
32	#A06102	一般世帯の平均人員	A710201/A710101 一般世帯人員数／世帯数(一般世帯)	人	9

No.	指標コード	指標名	指標計算式	単位	ページ
33	#A06202	核家族世帯の割合(対一般世帯数)	A810102/A710101 核家族世帯／世帯数(一般世帯)	%	9
34	#A06205	単独世帯の割合(対一般世帯数)	A810105/A710101 単独世帯／世帯数(一般世帯)	%	9
35	#A06301	65歳以上の世帯員のいる世帯割合(対一般世帯数)	A8111/A710101 65歳以上の世帯員のいる世帯／世帯数(一般世帯)	%	9
36	#A06302	夫65歳以上、妻60歳以上の夫婦のみの世帯割合(対一般世帯数)	A8201/A710101 夫65歳以上、妻60歳以上の夫婦のみの世帯数／世帯数(一般世帯)	%	9
37	#A06304	65歳以上世帯員の単独世帯の割合(対一般世帯数)	A8301/A710101 65歳以上世帯員の単独世帯数／世帯数(一般世帯)	%	10
38	#F01503	共働き世帯割合(対一般世帯数)	F1501/A710101 共働き世帯数／世帯数(一般世帯)	%	10
39	#A06601	婚姻率(人口千人当たり)	A9101/A1101 婚姻件数／総人口	—	10
40	#A06602	離婚率(人口千人当たり)	A9201/A1101 離婚件数／総人口	—	10
41	#B011001	総面積(北方地域及び竹島を含む)	B1102 総面積(北方地域及び竹島を含む)	100km²	12
42	#B01101	面積割合(北方地域及び竹島を除く)(対全国総面積)	B1101/B1101(全国) 総面積／全国総面積(北方地域及び竹島を除く)	%	12
43	#B01202	森林面積割合(北方地域及び竹島を除く)(対総面積)	B1106/B1101 森林面積／総面積(北方地域及び竹島を除く)	%	12
44	#B01204	自然公園面積割合(北方地域及び竹島を除く)(対総面積)	B2101/B1101 自然公園面積／総面積(北方地域及び竹島を除く)	%	12
45	#B01301	可住地面積割合(北方地域及び竹島を除く)(対総面積)	B1103/B1101 可住地面積／総面積(北方地域及び竹島を除く)	%	13
46	#B02101	年平均気温	B4101 年平均気温	℃	13
47	#B02102	最高気温(日最高気温の月平均の最高値)	B4102 最高気温(日最高気温の月平均の最高値)	℃	13
48	#B02103	最低気温(日最低気温の月平均の最低値)	B4103 最低気温(日最低気温の月平均の最低値)	℃	13
49	#B02201	年平均相対湿度	B4111 年平均相対湿度	%	13
50	#B02401	日照時間(年間)	B4108 日照時間(年間)	時間	14
51	#B02402	降水量(年間)	B4109 降水量(年間)	mm	14
52	#B02303	降水日数(年間)	B4106 降水日数(年間)	日	14
53	#C01311	1人当たり県民所得(平成23年基準)	C121101 1人当たり県民所得	千円	16
54	#C01111	県内総生産額対前年増加率(平成23年基準)	(C1111/C1111【-1】)-1 (県内総生産額／県内総生産額(前年度))－1	%	16
55	#C01115	県民所得対前年増加率(平成23年基準)	(C1211/C1211【-1】)-1 (県民所得／県民所得(前年度))－1	%	16
56	#C01116	県民総所得(名目)対前年増加率	(C1318/C1318【-1】)-1 (県民総所得(名目)／県民総所得(名目)(前年度))－1	%	16
57	#C02104	第2次産業事業所数構成比(対事業所数)	C2111/C2107 第2次産業事業所数／事業所数	%	17
58	#C02105	第3次産業事業所数構成比(対事業所数)	C2112/C2107 第3次産業事業所数／事業所数	%	17
59	#C02206	従業者1～4人の事業所割合(対民営事業所数)	C210801/C2108 従業者1～4人の民営事業所数／民営事業所数	%	17
60	#C02209	従業者100～299人の事業所割合(対民営事業所数)	C210806/C2108 従業者100～299人の民営事業所数／民営事業所数	%	17
61	#C02210	従業者300人以上の事業所割合(対民営事業所数)	C210807/C2108 従業者300人以上の民営事業所数／民営事業所数	%	17
62	#C03305	第2次産業従業者数(1事業所当たり)	C2211/C2111 第2次産業従業者数／第2次産業事業所数	人	18

No.	指標コード	指標名	指標計算式	単位	ページ
63	#C03306	第3次産業従業者数(1事業所当たり)	C2212/C2112 第3次産業従業者数／第3次産業事業所数	人	18
64	#C03206	従業者1〜4人の事業所の従業者割合(対民営事業所従業者数)	C220801/C2208 従業者1〜4人の民営事業所の従業者数／民営事業所従業者数	%	18
65	#C03209	従業者100〜299人の事業所の従業者割合(対民営事業所数)	C220806/C2208 従業者100〜299人の民営事業所の従業者数／民営事業所従業者数	%	18
66	#C03210	従業者300人以上の事業所の従業者割合(対民営事業所数)	C220807/C2208 従業者300人以上の民営事業所の従業者数／民営事業所従業者数	%	19
67	#C0410102	就業者1人当たり農業産出額(個人経営体)	C3101/C310511 農業産出額／基幹的農業従事者数(個人経営体)	万円	19
68	#C04105	耕地面積比率	C3107/B1101 耕地面積／総面積(北方地域及び竹島を除く)	%	19
69	#C04106	土地生産性(耕地面積1ヘクタール当たり)	C3101/C3107 農業産出額／耕地面積	万円	19
70	#C0410701	耕地面積(農家1戸当たり)	C3107/C3102 耕地面積／農家数	㎡	19
71	#C04401	製造品出荷額等(従業者1人当たり)	C3401/C3404 製造品出荷額等／製造業従業者数	万円	20
72	#C04404	製造品出荷額等(1事業所当たり)	C3401/C3403 製造品出荷額等／製造業事業所数	百万円	20
73	#C04505	商業年間商品販売額(卸売業＋小売業)(従業者1人当たり)	C3501/C3503 商業年間商品販売額(卸売業＋小売業)／商業従業者数(卸売業＋小売業)	万円	20
74	#C04507	商業年間商品販売額(卸売業＋小売業)(1事業所当たり)	C3501/C3502 商業年間商品販売額(卸売業＋小売業)／商業事業所数(卸売業＋小売業)	百万円	20
75	#C04605	国内銀行預金残高(人口1人当たり)	C360111/A1101 国内銀行預金残高／総人口	万円	21
76	#C0460101	郵便貯金残高(人口1人当たり)	C360120/A1101 郵便貯金残高／総人口	万円	21
77	#L04414	消費者物価地域差指数(総合)	C5701 消費者物価地域差指数(総合)	—	21
78	#L04415	消費者物価地域差指数(家賃を除く総合)	C5702 消費者物価地域差指数(家賃を除く総合)	—	21
79	#L04416	消費者物価地域差指数(食料)	C5703 消費者物価地域差指数(食料)	—	21
80	#L04417	消費者物価地域差指数(住居)	C5704 消費者物価地域差指数(住居)	—	22
81	#L04418	消費者物価地域差指数(光熱・水道)	C5705 消費者物価地域差指数(光熱・水道)	—	22
82	#L04419	消費者物価地域差指数(家具・家事用品)	C5706 消費者物価地域差指数(家具・家事用品)	—	22
83	#L04420	消費者物価地域差指数(被服及び履物)	C5707 消費者物価地域差指数(被服及び履物)	—	22
84	#L04421	消費者物価地域差指数(保健医療)	C5708 消費者物価地域差指数(保健医療)	—	23
85	#L04422	消費者物価地域差指数(交通・通信)	C5709 消費者物価地域差指数(交通・通信)	—	23
86	#L04423	消費者物価地域差指数(教育)	C5710 消費者物価地域差指数(教育)	—	23
87	#L04424	消費者物価地域差指数(教養娯楽)	C5711 消費者物価地域差指数(教養娯楽)	—	23
88	#L04425	消費者物価地域差指数(諸雑費)	C5712 消費者物価地域差指数(諸雑費)	—	23
89	#L04302	標準価格対前年平均変動率(住宅地)	C5501 標準価格対前年平均変動率(住宅地)	%	24
90	#D0110101	財政力指数(都道府県財政)	D2101 財政力指数(都道府県財政)	—	26
91	#D01102	実質収支比率(都道府県財政)	D2102 実質収支比率(都道府県財政)	%	26
92	#D0130201	地方債現在高の割合(対歳出決算総額)(都道府県財政)	D3105/D3103 地方債現在高(都道府県財政)／歳出決算総額(都道府県財政)	%	26
93	#D01401	経常収支比率(都道府県財政)	D2103 経常収支比率(都道府県財政)	%	26
94	#D0120101	自主財源の割合(対歳出決算総額)(都道府県財政)	D3102/D3103 自主財源額(都道府県財政)／歳出決算総額(都道府県財政)	%	27

No.	指標コード	指標名	指標計算式	単位	ページ
95	#D0140301	一般財源の割合(対歳出決算総額)(都道府県財政)	D2109/D3103 一般財源(都道府県財政)／歳出決算総額(都道府県財政)	%	27
96	#D0140201	投資的経費の割合(対歳出決算総額)(都道府県財政)	(D310406+D310407+D310408)/D3103 投資的経費(普通建設事業費＋災害復旧事業費+失業対策事業費)(都道府県財政)／歳出決算総額(都道府県財政)	%	27
97	#D0210101	地方税割合(対歳入決算総額)(都道府県財政)	D310101/D3101 地方税(都道府県財政)／歳入決算総額(都道府県財政)	%	27
98	#D0210201	地方交付税割合(対歳入決算総額)(都道府県財政)	D310103/D3101 地方交付税(都道府県財政)／歳入決算総額(都道府県財政)	%	27
99	#D0210301	国庫支出金割合(対歳入決算総額)(都道府県財政)	D310108/D3101 国庫支出金(都道府県財政)／歳入決算総額(都道府県財政)	%	28
100	#D0220103	住民税(人口1人当たり)(都道府県・市町村財政合計)	(D420101+D420102)/A1101 (都道府県民税＋市町村民税)／総人口	千円	28
101	#D02202	固定資産税(人口1人当たり)(都道府県・市町村財政合計)	(D420201+D420202)/A1101 固定資産税(都道府県＋市町村財政)／総人口	千円	28
102	#D02206	課税対象所得(納税義務者1人当たり)	C120110/C120120 課税対象所得／納税義務者数(所得割)	千円	28
103	#D0310301	民生費割合(対歳出決算総額)(都道府県財政)	D310303/D3103 民生費(都道府県財政)／歳出決算総額(都道府県財政)	%	29
104	#D0310401	社会福祉費割合(対歳出決算総額)(都道府県財政)	D3103031/D3103 社会福祉費(都道府県財政)／歳出決算総額(都道府県財政)	%	29
105	#D0310501	老人福祉費割合(対歳出決算総額)(都道府県財政)	D3103032/D3103 老人福祉費(都道府県財政)／歳出決算総額(都道府県財政)	%	29
106	#D0310601	児童福祉費割合(対歳出決算総額)(都道府県財政)	D3103033/D3103 児童福祉費(都道府県財政)／歳出決算総額(都道府県財政)	%	29
107	#D0310701	生活保護費割合(対歳出決算総額)(都道府県財政)	D3103034/D3103 生活保護費(都道府県財政)／歳出決算総額(都道府県財政)	%	29
108	#D0310801	衛生費割合(対歳出決算総額)(都道府県財政)	D310304/D3103 衛生費(都道府県財政)／歳出決算総額(都道府県財政)	%	30
109	#D0310901	労働費割合(対歳出決算総額)(都道府県財政)	D310305/D3103 労働費(都道府県財政)／歳出決算総額(都道府県財政)	%	30
110	#D0311001	農林水産業費割合(対歳出決算総額)(都道府県財政)	D310306/D3103 農林水産業費(都道府県財政)／歳出決算総額(都道府県財政)	%	30
111	#D0311101	商工費割合(対歳出決算総額)(都道府県財政)	D310307/D3103 商工費(都道府県財政)／歳出決算総額(都道府県財政)	%	30
112	#D0311201	土木費割合(対歳出決算総額)(都道府県財政)	D310308/D3103 土木費(都道府県財政)／歳出決算総額(都道府県財政)	%	31
113	#D03113	警察費割合(対歳出決算総額)(都道府県財政)	D310309/D3103 警察費(都道府県財政)／歳出決算総額(都道府県財政)	%	31
114	#D03114	消防費割合(対歳出決算総額)(東京都＋市町村財政)	D3203099/(D3203001+D3203) 消防費(東京都・市町村財政合計)／歳出決算総額(市町村財政＋東京都分)	%	31
115	#D0311501	教育費割合(対歳出決算総額)(都道府県財政)	D310311/D3103 教育費(都道府県財政)／歳出決算総額(都道府県財政)	%	31
116	#D0312301	災害復旧費割合(対歳出決算総額)(都道府県財政)	D310312/D3103 災害復旧費(都道府県財政)／歳出決算総額(都道府県財政)	%	31
117	#D0320101	人件費割合(対歳出決算総額)(都道府県財政)	D310401/D3103 人件費(都道府県財政)／歳出決算総額(都道府県財政)	%	32
118	#D0320201	扶助費割合(対歳出決算総額)(都道府県財政)	D310404/D3103 扶助費(都道府県財政)／歳出決算総額(都道府県財政)	%	32
119	#D0320301	普通建設事業費割合(対歳出決算総額)(都道府県財政)	D310406/D3103 普通建設事業費(都道府県財政)／歳出決算総額(都道府県財政)	%	32
120	#D0330103	歳出決算総額(人口1人当たり)(都道府県・市町村財政合計)	(D3103+D3203)/A1101 歳出決算総額(都道府県＋市町村財政・東京都分)／総人口	千円	32
121	#D0330203	民生費(人口1人当たり)(都道府県・市町村財政合計)	(D310303+D320303)/A1101 民生費(都道府県＋市町村財政)／総人口	千円	33
122	#D0330303	社会福祉費(人口1人当たり)(都道府県・市町村財政合計)	(D3103031+D3203031)/A1101 社会福祉費(都道府県＋市町村財政)／総人口	千円	33
123	#D0330403	老人福祉費(65歳以上人口1人当たり)(都道府県・市町村財政合計)	(D3103032+D3203032)/A1303 老人福祉費(都道府県＋市町村財政)／65歳以上人口	千円	33
124	#D0330503	児童福祉費(17歳以下人口1人当たり)(都道府県・市町村財政合計)	(D3103033+D3203033)/A1407 児童福祉費(都道府県＋市町村財政)／０～17歳人口	千円	33
125	#D0330603	生活保護費(被保護実人員1人当たり)(都道府県・市町村財政合計)	(D3103034+D3203034)/J1105 生活保護費(都道府県＋市町村財政)／生活保護被保護実人員	千円	33

No.	指標コード	指標名	指標計算式	単位	ページ
126	#D0330703	衛生費(人口1人当たり)(都道府県・市町村財政合計)	(D310304+D320304)/A1101 衛生費(都道府県＋市町村財政)／総人口	千円	34
127	#D0331103	土木費(人口1人当たり)(都道府県・市町村財政合計)	(D310308+D320308)/A1101 土木費(都道府県＋市町村財政)／総人口	千円	34
128	#D03312	警察費(人口1人当たり)(都道府県財政)	D310309/A1101 警察費(都道府県財政)／総人口	千円	34
129	#D03313	消防費(人口1人当たり)(東京都・市町村財政合計)	D3203099/A1101 消防費(東京都・市町村財政合計)／総人口	千円	34
130	#D0331403	教育費(人口1人当たり)(都道府県・市町村財政合計)	(D310311+D320310)/A1101 教育費(都道府県＋市町村財政)／総人口	千円	35
131	#D0332003	社会教育費(人口1人当たり)(都道府県・市町村財政合計)	(D3103117+D3203107)/A1101 社会教育費(都道府県＋市町村財政)／総人口	千円	35
132	#D0332103	災害復旧費(人口1人当たり)(都道府県・市町村財政合計)	(D310312+D320311)/A1101 災害復旧費(都道府県＋市町村財政)／総人口	千円	35
133	#D0331503	公立小学校費(児童1人当たり)(都道府県・市町村財政合計)	(D3103112+D3203102)/E250102 小学校費(都道府県＋市町村財政)／小学校児童数(公立)	千円	35
134	#D0331603	公立中学校費(生徒1人当たり)(都道府県・市町村財政合計)	(D3103113+D3203103)/E350101 中学校費(都道府県＋市町村財政)／中学校生徒数(公立)	千円	35
135	#D0331703	公立高等学校費(生徒1人当たり)(都道府県・市町村財政合計)	(D3103114+D3203104)/E4512 高等学校費(都道府県＋市町村財政)／高等学校生徒数(公立)	千円	36
136	#D0331804	特別支援学校費(公立)(児童・生徒1人当たり)(都道府県・市町村財政合計)	(D3103115+D3203105)/E5801 特別支援学校費(都道府県＋市町村財政)／特別支援学校生徒数(公立)	千円	36
137	#D0331903	幼稚園費(児童1人当たり)(都道府県・市町村財政合計)	(D3103116+D3203106)/E1501 幼稚園費(都道府県＋市町村財政)／幼稚園在園者数	千円	36
138	#E0110101	小学校数(6〜11歳人口10万人当たり)	E2101/A1409 小学校数／6〜11歳人口	校	38
139	#E0110102	中学校数(12〜14歳人口10万人当たり)	E3101/A1411 中学校数／12〜14歳人口	校	38
140	#E0110103	高等学校数(15〜17歳人口10万人当たり)	E4101/A1413 高等学校数／15〜17歳人口	校	38
141	#E0110104	幼稚園数(3〜5歳人口10万人当たり)	E1101/A1408 幼稚園数／3〜5歳人口	園	38
142	#E0110105	保育所等数(0〜5歳人口10万人当たり)	J2503/A1405 保育所等数(詳細票)／0〜5歳人口	所	39
143	#E0110106	認定こども園数(0〜5歳人口10万人当たり)	J2540/A1405 認定こども園数／0〜5歳人口	園	39
144	#E0110201	小学校数(可住地面積100km²当たり)	E2101/B1103 小学校数／可住地面積	校	39
145	#E0110202	中学校数(可住地面積100km²当たり)	E3101/B1103 中学校数／可住地面積	校	39
146	#E0110203	高等学校数(可住地面積100km²当たり)	E4101/B1103 高等学校数／可住地面積	校	39
147	#E0410201	小学校教員割合(女)(対小学校教員数)	E240102/E2401 小学校教員数(女)／小学校教員数	％	40
148	#E0410202	中学校教員割合(女)(対中学校教員数)	E340102/E3401 中学校教員数(女)／中学校教員数	％	40
149	#E0510301	小学校児童数(小学校教員1人当たり)	E2501/E2401 小学校児童数／小学校教員数	人	40
150	#E0510302	中学校生徒数(中学校教員1人当たり)	E3501/E3401 中学校生徒数／中学校教員数	人	40
151	#E0510303	高等学校生徒数(高等学校教員1人当たり)	E4501/E4401 高等学校生徒数／高等学校教員数	人	41
152	#E0510304	幼稚園在園者数(幼稚園教員1人当たり)	E1501/E1301 幼稚園在園者数／幼稚園教員数	人	41
153	#E0510305	保育所等在所児数(保育所等保育士1人当たり)	J2506/J2526 保育所等在所児数(詳細票)／保育所等保育士数(詳細票)	人	41
154	#E05203	公立高等学校生徒比率(対高等学校生徒)	E4512/E4501 高等学校生徒数(公立)／高等学校生徒数	％	41
155	#E05204	公立幼稚園在園者比率(対幼稚園在園者数)	E1502/E1501 公立幼稚園在園者数／幼稚園在園者数	％	41
156	#E05205	公営保育所等在所児比率(対保育所等在所児数)	J250604/J2506 公営保育所等在所児数(詳細票)／保育所等在所児数(詳細票)	％	42
157	#E0510205	小学校児童数(1学級当たり)	E2501/E2301 小学校児童数／小学校学級数	人	42

No.	指標コード	指標名	指標計算式	単位	ページ
158	#E0510206	中学校生徒数(1学級当たり)	E3501/E3301 中学校生徒数／中学校学級数	人	42
159	#E0910101	幼稚園教育普及度	E1601/E2502【+1】 幼稚園修了者数／小学校児童数(第1学年児童数)(翌年度)	％	42
160	#E0910102	保育所等教育普及度	J2508/E2502【+1】 保育所等修了者数(詳細票)／小学校児童数(第1学年児童数)(翌年度)	％	43
161	#E09213	不登校による小学校長期欠席児童比率(年度間30日以上)(児童千人当たり)	E250802/E2501 不登校による小学校長期欠席児童数(年度間30日以上)／小学校児童数	―	43
162	#E09214	不登校による中学校長期欠席生徒比率(年度間30日以上)(生徒千人当たり)	E350502/E3501 不登校による中学校長期欠席生徒数(年度間30日以上)／中学校生徒数	―	43
163	#E09401	中学校卒業者の進学率	E3801 中学校卒業者の進学率	％	43
164	#E09402	高等学校卒業者の進学率	E4701 高等学校卒業者の進学率	％	43
165	#E0610102	大学数(人口10万人当たり)	E6102/A1101 大学数／総人口	校	44
166	#E0940302	出身高校所在地県の県内大学への入学者割合(対大学入学者数)	E470201/E470205 当該県の高校出身者で当該県の大学入学者数／大学入学者数(高校所在地による)	％	44
167	#E0610202	大学収容力指数(高等学校卒業者のうち大学進学者数)	E6403×100/E460220【-1】 大学入学者数×100／高等学校卒業者のうち大学進学者数(前年度)	―	44
168	#E0610101	短期大学数(人口10万人当たり)	E6101/A1101 短期大学数／総人口	校	44
169	#E08101	専修学校数(人口10万人当たり)	E7101/A1101 専修学校数／総人口	校	45
170	#E08102	各種学校数(人口10万人当たり)	E7102/A1101 各種学校数／総人口	校	45
171	#E09501	最終学歴が小学・中学卒の者の割合(対卒業者総数)	E9102/E9101 最終学歴人口(小学校・中学校)／最終学歴人口(卒業者総数)	％	45
172	#E09502	最終学歴が高校・旧中卒の者の割合(対卒業者総数)	E9103/E9101 最終学歴人口(高校・旧中)／最終学歴人口(卒業者総数)	％	45
173	#E09503	最終学歴が短大・高専卒の者の割合(対卒業者総数)	E9105/E9101 最終学歴人口(短大・高専)／最終学歴人口(卒業者総数)	％	45
174	#E09504	最終学歴が大学・大学院卒の者の割合(対卒業者総数)	E9106/E9101 最終学歴人口(大学・大学院)／最終学歴人口(卒業者総数)	％	46
175	#E10102	小学校教育費(児童1人当たり)	E8102 在学者1人当たりの学校教育費(小学校)	円	46
176	#E10103	中学校教育費(生徒1人当たり)	E8103 在学者1人当たりの学校教育費(中学校)	円	46
177	#E10104	高等学校教育費(全日制)(生徒1人当たり)	E8104 在学者1人当たりの学校教育費(高等学校・全日制)	円	46
178	#E10101	幼稚園教育費(在園者1人当たり)	E8101 在学者1人当たりの学校教育費(幼稚園)	円	47
179	#E10105	幼保連携型認定こども園教育費(在園者1人当たり)	E810101 在学者1人当たりの学校教育費(幼保連携型認定こども園)	円	47
180	#F0110101	労働力人口比率(対15歳以上人口)(男)	F110101/A141401 労働力人口(男)／15歳以上人口(男)	％	48
181	#F0110102	労働力人口比率(対15歳以上人口)(女)	F110102/A141402 労働力人口(女)／15歳以上人口(女)	％	48
182	#F01201	第1次産業就業者比率(対就業者)	F2201/F1102 第1次産業就業者数／就業者	％	48
183	#F01202	第2次産業就業者比率(対就業者)	F2211/F1102 第2次産業就業者数／就業者	％	48
184	#F01203	第3次産業就業者比率(対就業者)	F2221/F1102 第3次産業就業者数／就業者	％	49
185	#F01301	完全失業率	F1107/F1101 完全失業者数／労働力人口	％	49
186	#F02301	雇用者比率	F2401/F1102 雇用者数／就業者	％	49
187	#F02501	県内就業者比率(対就業者)	F2704/F1102 県内就業者数／就業者	％	49
188	#F02701	他市区町村への通勤者比率(対就業者)	F2705/F1102 他市区町村への通勤者数／就業者	％	49
189	#F02702	他市区町村からの通勤者比率(対就業者)	F2803/F1102 他市区町村からの通勤者数／就業者	％	50

No.	指標コード	指標名	指標計算式	単位	ページ
190	#F03101	就職率	F3105/F3102 就職件数(一般)(年度計)／月間有効求職者数(一般)(年度計)	％	50
191	#F03103	有効求人倍率	F3103/F3102 月間有効求人数(一般)(年度計)／月間有効求職者数(一般)(年度計)	倍	50
192	#F03104	充足率	F3105/F3103 就職件数(一般)(年度計)／月間有効求人数(一般)(年度計)	％	50
193	#F0320101	パートタイム就職率(常用)	F3221/F3211 パートタイム就職件数(常用)／パートタイム月間有効求職者数(常用)	％	51
194	#F0350303	高齢就業者割合(65歳以上)(対65歳以上人口)	F2116/A1303 就業者数(65歳以上)／65歳以上人口	％	51
195	#F0350406	高齢一般労働者割合(65歳以上)(対65歳以上人口)	F341206/A1303 一般労働者数(65歳以上)(企業規模10人以上の事業所)／65歳以上人口	％	51
196	#F03602	障害者就職率	F35021 障害者就職率	％	51
197	#F03303	高等学校卒業者に占める就職者の割合(対高等学校卒業者数)	E4604/E4601 高等学校卒業者のうち就職者数／高等学校卒業者数	％	51
198	#F03302	高等学校卒業者に占める県外就職者の割合(対高等学校卒業者就職者数)	1-(E460410/E4604) 1－(高等学校卒業者のうち県内就職者数／高等学校卒業者のうち就職者数)	％	52
199	#F03304	高等学校新規卒業者の求人倍率(対新規高等学校卒業者求職者数)	F3312/F3302 新規学卒者求人数(高校)／新規学卒者求職者数(高校)	倍	52
200	#F03403	大学卒業者に占める就職者の割合(対大学卒業者数)	E650220/E6502 大学卒業者のうち就職者数／大学卒業者数	％	52
201	#F03402	大学新規卒業者の無業者率(対大学卒業者数)	E650230/E6502 大学卒業者のうち家事手伝い・進路未定者数／大学卒業者数	％	52
202	#F04101	転職率	F4202/F1202 転職者数／有業者数	％	53
203	#F04102	離職率	F4203/(F4201+F4202+F4203) 離職者数／(継続就業者数＋転職者数＋離職者数)	％	53
204	#F04103	新規就業率	F4204/F1202 新規就業者数／有業者数	％	53
205	#F04104	就業異動率	(F4202+F4203+F4204)/A1414 (転職者数＋離職者数＋新規就業者数)／15歳以上人口	％	53
206	#F0610103	月間平均実労働時間数(男)	F610203＋F610205 所定内実労働時間数(男)＋超過実労働時間数(男)	時間	53
207	#F0610104	月間平均実労働時間数(女)	F610204＋F610206 所定内実労働時間数(女)＋超過実労働時間数(女)	時間	54
208	#F06207	男性パートタイムの給与(1時間当たり)	F6207 男性パートタイムの給与	円	54
209	#F06206	女性パートタイムの給与(1時間当たり)	F6206 女性パートタイムの給与	円	54
210	#F03242	男性パートタイム労働者数	F3242 男性パートタイム労働者数	人	54
211	#F03241	女性パートタイム労働者数	F3241 女性パートタイム労働者数	人	55
212	#F0620307	新規学卒者所定内給与額(高校)(男)	F6407 新規学卒者所定内給与額(高校)(男)	千円	55
213	#F0620308	新規学卒者所定内給与額(高校)(女)	F6408 新規学卒者所定内給与額(高校)(女)	千円	55
214	#G01101	公民館数(人口100万人当たり)	G1201/A1101 公民館数／総人口	館	56
215	#G01104	図書館数(人口100万人当たり)	G1401/A1101 図書館数／総人口	館	56
216	#G01107	博物館数(人口100万人当たり)	G1501/A1101 博物館数／総人口	館	56
217	#G01109	青少年教育施設数(人口100万人当たり)	G1602/A1101 青少年教育施設数／総人口	所	56
218	#G01202	常設の興行場数(映画館)(人口100万人当たり)	G5101/A1101 常設の興行場数(映画館)／総人口	館	57
219	#G01321	社会体育施設数(人口100万人当たり)	G3102/A1101 社会体育施設数／総人口	施設	57
220	#G01323	多目的運動広場数(公共)(人口100万人当たり)	G310203/A1101 多目的運動広場数(公共)／総人口	施設	57
221	#G03201	青少年学級・講座数(人口100万人当たり)	G2101/A1101 青少年学級・講座数／総人口	学級・講座	57

No.	指標コード	指標名	指標計算式	単位	ページ
222	#G03203	成人一般学級・講座数(人口100万人当たり)	G2102/A1101 成人一般学級・講座数／総人口	学級・講座	57
223	#G0320501	女性学級・講座数(女性人口100万人当たり)	G2103/A110102 女性学級・講座数／総人口(女)	学級・講座	58
224	#G03207	高齢者学級・講座数(人口100万人当たり)	G2104/A1101 高齢者学級・講座数／総人口	学級・講座	58
225	#G041011	ボランティア活動の年間行動者率(10歳以上)	G6417 ボランティア活動年間行動者率(10歳以上)	％	58
226	#G042111	スポーツの年間行動者率(10歳以上)	G6500 スポーツ年間行動者率(10歳以上)	％	58
227	#G043061	旅行・行楽の年間行動者率(10歳以上)	G6600 旅行・行楽年間行動者率(10歳以上)	％	59
228	#G043071	海外旅行の年間行動者率(10歳以上)	G6605 海外旅行年間行動者率(10歳以上)	％	59
229	#G04308	客室稼働率	G7105 客室稼働率	％	59
230	#G0430501	一般旅券発行件数(人口千人当たり)	G5105/A1101 一般旅券発行件数／総人口	件	59
231	#H01204	着工新設住宅比率(対居住世帯あり住宅数)	H1800/H1101 着工新設住宅戸数／居住世帯あり住宅数	％	60
232	#H01301	持ち家比率(対居住世帯あり住宅数)	H1310/H1101 持ち家数／居住世帯あり住宅数	％	60
233	#H01302	借家比率(対居住世帯あり住宅数)	H1320/H1101 借家数／居住世帯あり住宅数	％	60
234	#H0130202	民営借家比率(対居住世帯あり住宅数)	H1322/H1101 民営借家数／居住世帯あり住宅数	％	60
235	#H01405	空き家比率(対総住宅数)	H110202/H1100 空き家数／総住宅数	％	61
236	#H01601	着工新設持ち家比率(対着工新設住宅戸数)	H1801/H1800 着工新設持ち家数／着工新設住宅戸数	％	61
237	#H01603	着工新設貸家比率(対着工新設住宅戸数)	H1802/H1800 着工新設貸家数／着工新設住宅戸数	％	61
238	#H01401	一戸建住宅比率(対居住世帯あり住宅数)	H1401/H1101 一戸建住宅数／居住世帯あり住宅数	％	61
239	#H01403	共同住宅比率(対居住世帯あり住宅数)	H1403/H1101 共同住宅数／居住世帯あり住宅数	％	61
240	#H02104	住宅の敷地面積(1住宅当たり)	H2140 1住宅当たり敷地面積	㎡	62
241	#H0210301	持ち家住宅の延べ面積(1住宅当たり)	H213010 1住宅当たり延べ面積(持ち家)	㎡	62
242	#H0210302	借家住宅の延べ面積(1住宅当たり)	H213020 1住宅当たり延べ面積(借家)	㎡	62
243	#H0210201	持ち家住宅の居住室の畳数(1住宅当たり)	H212010 1住宅当たり居住室の畳数(持ち家)	畳	62
244	#H0210202	借家住宅の居住室の畳数(1住宅当たり)	H212020 1住宅当たり居住室の畳数(借家)	畳	63
245	#H0210701	着工新設持ち家住宅の床面積(1住宅当たり)	H2601/H1801 着工新設持ち家床面積／着工新設持ち家数	㎡	63
246	#H0210703	着工新設貸家住宅の床面積(1住宅当たり)	H2603/H1802 着工新設貸家床面積／着工新設貸家数	㎡	63
247	#H0210101	居住室数(1住宅当たり)(持ち家)	H211010 1住宅当たり居住室数(持ち家)	室	63
248	#H0210102	居住室数(1住宅当たり)(借家)	H211020 1住宅当たり居住室数(借家)	室	63
249	#H0220301	持ち家住宅の畳数(1人当たり)	H352401 1人当たり畳数(持ち家・主世帯)	畳	64
250	#H0220302	借家住宅の畳数(1人当たり)	H352402 1人当たり畳数(借家・主世帯)	畳	64
251	#H02602	最低居住面積水準以上世帯割合	H3730/H3111 最低居住面積水準以上の主世帯数／主世帯数	％	64
252	#H03101	家計を主に支える者が雇用者である普通世帯比率(通勤時間90分以上)(普通世帯千世帯当たり)	H740104/H3110 家計を主に支える者が雇用者である普通世帯数(通勤時間90分以上)／普通世帯数	―	64
253	#H04102	民営賃貸住宅の家賃(1か月3.3㎡当たり)	H410302 3.3㎡当たり家賃(民営賃貸住宅)	円	65

No.	指標コード	指標名	指標計算式	単位	ページ
254	#H04301	着工居住用建築物工事費予定額(床面積1㎡当たり)	H4320/H2500 着工居住用建築物工事費予定額／着工居住用建築床面積	千円	65
255	#H05106	発電電力量	H5104 発電電力量	Mwh	65
256	#H05107	電力需要量	H5105 電力需要量	Mwh	65
257	#H05105	ガソリン販売量	H5205 ガソリン販売量	kl	65
258	#H0520101	上水道給水人口比率	(H530101+H530102+H530103)/A2301 給水人口(上水道＋簡易水道＋専用水道)／住民基本台帳人口(総数)	％	66
259	#H0530401	下水道普及率	H540301/A2301 下水道排水区域人口／住民基本台帳人口(総数)	％	66
260	#H0540102	し尿処理人口比率	H550701/A2301 非水洗化人口／住民基本台帳人口(総数)	％	66
261	#H055031	ごみのリサイクル率	H5614 ごみのリサイクル率	％	66
262	#H055041	ごみ埋立率	H5615/H5609 ごみ最終処分量／ごみ総排出量	％	67
263	#H05505	最終処分場残余容量	H5617 最終処分場残余容量	千m³	67
264	#H06127	小売店数(人口千人当たり)	H6130/A1101 小売店数／総人口	店	67
265	#H06131	大型小売店数(人口10万人当たり)	H6132/A1101 大型小売店数／総人口	店	67
266	#H06132	百貨店、総合スーパー数(人口10万人当たり)	H6133/A1101 百貨店、総合スーパー数／総人口	店	67
267	#H06113	セルフサービス事業所数(人口10万人当たり)	H6105/A1101 セルフサービス事業所数／総人口	所	68
268	#H0611302	コンビニエンスストア数(人口10万人当たり)	H610504/A1101 コンビニエンスストア数／総人口	所	68
269	#H06130	飲食店数(人口千人当たり)	H6131/A1101 飲食店数／総人口	店	68
270	#H06117	理容・美容所数(人口10万人当たり)	H6107/A1101 理容・美容所数／総人口	所	68
271	#H06119	クリーニング所数(人口10万人当たり)	H6108/A1101 クリーニング所数／総人口	所	69
272	#H06121	公衆浴場数(人口10万人当たり)	H6109/A1101 公衆浴場数／総人口	所	69
273	#H06302	郵便局数(可住地面積100k㎡当たり)	H7501/B1103 郵便局数／可住地面積	局	69
274	#H06306	住宅用電話加入数(人口千人当たり)	H760101/A1101 住宅用電話加入数／総人口	加入	69
275	#H06310	携帯電話契約数(人口千人当たり)	H7604/A1101 携帯電話契約数／総人口	契約	69
276	#H06401	道路実延長(総面積1k㎡当たり)	H7110/B1101 道路実延長／総面積(北方地域及び竹島を除く)	km	70
277	#H06402	主要道路実延長(総面積1k㎡当たり)	H7111/B1101 主要道路実延長／総面積(北方地域及び竹島を除く)	km	70
278	#H06406	主要道路舗装率(対主要道路実延長)	H7121/H7111 主要道路舗装道路実延長／主要道路実延長	％	70
279	#H06408	市町村道舗装率(対市町村道実延長)	H7122/H7112 市町村道舗装道路実延長／市町村道実延長	％	70
280	#H07201	市街化調整区域面積比率(対都市計画区域指定面積)	H8102/H8101 市街化調整区域面積／都市計画区域指定面積	％	71
281	#H0720201	住居専用地域面積比率(対用途地域面積)	H810401/H8104 住居専用地域面積／用途地域面積	％	71
282	#H0720206	工業専用地域面積比率(対用途地域面積)	H810407/H8104 工業専用地域面積／用途地域面積	％	71
283	#H08101	都市公園面積(人口1人当たり)	H9201/A1101 都市公園面積／総人口	㎡	71
284	#H08301	都市公園数(可住地面積100k㎡当たり)	H9101/B1103 都市公園数／可住地面積	所	71
285	#I04105	有訴者率(人口千人当たり)	I8103 有訴者率	—	72

No.	指標コード	指標名	指標計算式	単位	ページ
286	#I04104	通院者率(人口千人当たり)	I8104 通院者率	—	72
287	#I04102	一般病院年間新入院患者数(人口10万人当たり)	I821102/A1101 一般病院新入院患者数／総人口	人	72
288	#I0420102	一般病院の1日平均外来患者数(人口10万人当たり)	(I821101/365)/A1101 (一般病院外来患者延数／365日)／総人口	人	72
289	#I0420202	一般病院の1日平均在院患者数(人口10万人当たり)	(I821104/365)/A1101 (一般病院在院患者延数／365日)／総人口	人	73
290	#I05101	標準化死亡率(基準人口＝昭和5年)(人口千人当たり)	A4301 標準化死亡率(日本人)	—	73
291	#I0520101	平均余命(0歳・男)	I1101 平均余命(0歳)(男)	年	73
292	#I0520102	平均余命(0歳・女)	I1102 平均余命(0歳)(女)	年	73
293	#I0520501	平均余命(65歳・男)	I1501 平均余命(65歳)(男)	年	73
294	#I0520502	平均余命(65歳・女)	I1502 平均余命(65歳)(女)	年	74
295	#I06101	生活習慣病による死亡者数(人口10万人当たり)	I9101/A1102 生活習慣病による死亡者数／日本人人口	人	74
296	#I06102	悪性新生物(腫瘍)による死亡者数(人口10万人当たり)	I9102/A1102 悪性新生物(腫瘍)による死亡者数／日本人人口	人	74
297	#I06103	糖尿病による死亡者数(人口10万人当たり)	I9103/A1102 糖尿病による死亡者数／日本人人口	人	74
298	#I06104	高血圧性疾患による死亡者数(人口10万人当たり)	I9104/A1102 高血圧性疾患による死亡者数／日本人人口	人	75
299	#I06105	心疾患(高血圧性を除く)による死亡者数(人口10万人当たり)	I9105/A1102 心疾患(高血圧性を除く)による死亡者数／日本人人口	人	75
300	#I06106	脳血管疾患による死亡者数(人口10万人当たり)	I9106/A1102 脳血管疾患による死亡者数／日本人人口	人	75
301	#I07105	妊娠、分娩及び産じょくによる死亡率(出産数10万当たり)	I9111/(A4101＋A4270) 妊娠、分娩及び産じょくによる死亡者数／(出生数＋死産数)	—	75
302	#I07101	死産率(出産数千当たり)	A4270/(A4101＋A4270) 死産数／(出生数＋死産数)	—	75
303	#I07106	周産期死亡率(出生数+死産数(妊娠22週以後千当たり)	(A4271＋A4272)/(A4101＋A4271) (死産数(妊娠22週以後)＋早期新生児死亡数)／(出生数+死産数(妊娠22週以後))	—	76
304	#I07102	新生児死亡率(出生数千当たり)	A4280/A4101 新生児死亡数／出生数	—	76
305	#I07104	乳児死亡率(出生数千当たり)	A4281/A4101 乳児死亡数／出生数	—	76
306	#I07201	2,500g未満出生率(出生数千当たり)	I8401/A4101 2,500g未満の出生数／出生数	—	76
307	#I0210103	平均身長(中学2年・男)	I411201 身長(中学2年)(男)	cm	77
308	#I0210104	平均身長(中学2年・女)	I411202 身長(中学2年)(女)	cm	77
309	#I0210203	平均体重(中学2年・男)	I412201 体重(中学2年)(男)	kg	77
310	#I0210204	平均体重(中学2年・女)	I412202 体重(中学2年)(女)	kg	77
311	#I0910103	一般病院数(人口10万人当たり)	I510120/A1101 一般病院数／総人口	施設	77
312	#I0910105	一般診療所数(人口10万人当たり)	I5102/A1101 一般診療所数／総人口	施設	78
313	#I0910107	精神科病院数(人口10万人当たり)	I510110/A1101 精神科病院数／総人口	施設	78
314	#I0910106	歯科診療所数(人口10万人当たり)	I5103/A1101 歯科診療所数／総人口	施設	78
315	#I0950102	一般病院数(可住地面積100k㎡当たり)	I510120/B1103 一般病院数／可住地面積	施設	78
316	#I0950103	一般診療所数(可住地面積100k㎡当たり)	I5102/B1103 一般診療所数／可住地面積	施設	79
317	#I0950104	歯科診療所数(可住地面積100k㎡当たり)	I5103/B1103 歯科診療所数／可住地面積	施設	79

No.	指標コード	指標名	指標計算式	単位	ページ
318	#I0910203	一般病院病床数(人口10万人当たり)	I521110/A1101 一般病院病床数／総人口	床	79
319	#I0910205	精神病床数(人口10万人当たり)	I521130/A1101 精神病床数／総人口	床	79
320	#I0910206	介護療養型医療施設数(65歳以上人口10万人当たり)	I5506/A1303 介護療養型医療施設数／65歳以上人口	所	79
321	#I0920101	医療施設に従事する医師数(人口10万人当たり)	I6101/A1101 医療施設医師数／総人口	人	80
322	#I0920201	医療施設に従事する歯科医師数(人口10万人当たり)	I6201/A1101 医療施設歯科医師数／総人口	人	80
323	#I0920301	医療施設に従事する看護師・准看護師数(人口10万人当たり)	(I6401+I6501)/A1101 (看護師数＋准看護師数(医療施設従事者))／総人口	人	80
324	#I0930202	一般病院常勤医師数(100病床当たり)	I611112/I521110 一般病院医師数(常勤)／一般病院病床数	人	80
325	#I0930302	一般病院看護師・准看護師数(100病床当たり)	(I641111+I651111)/I521110 (一般病院看護師数＋一般病院准看護師数)／一般病院病床数	人	81
326	#I10106	一般病院外来患者数(常勤医師1人1日当たり)	I821101/(I611112×365) 一般病院外来患者延数／(一般病院医師数(常勤)×365日)	人	81
327	#I10107	一般病院在院患者数(常勤医師1人1日当たり)	I821104/(I611112×365) 一般病院在院患者延数／(一般病院医師数(常勤)×365日)	人	81
328	#I10108	一般病院在院患者数(看護師・准看護師1人1日当たり)	I821104/((I641111+I651111)×365) 一般病院在院患者延数／((一般病院看護師数＋一般病院准看護師数)×365日)	人	81
329	#I10104	一般病院病床利用率	I821104/(I521110×365) 一般病院在院患者延数／(一般病院病床数×365日)	％	81
330	#I10105	一般病院平均在院日数(入院患者1人当たり)	I821104/((I821102+I821103)/2) 一般病院在院患者延数／((一般病院新入院患者数＋一般病院退院患者数)／2)	日	82
331	#I12201	保健師数(人口10万人当たり)	I6801/A1101 保健師数／総人口	人	82
332	#I11101	救急告示病院・一般診療所数(人口10万人当たり)	(I540201+I540202)/A1101 (救急告示病院数＋救急告示一般診療所数)／総人口	施設	82
333	#I11102	救急自動車数(人口10万人当たり)	K1209/A1101 救急自動車数／総人口	台	82
334	#I11201	年間救急出動件数(人口千人当たり)	K1210/A1101 救急出動件数／総人口	件	83
335	#I14101	薬局数(人口10万人当たり)	I7102/A1101 薬局数／総人口	所	83
336	#I14201	薬局数(可住地面積100km²当たり)	I7102/B1103 薬局数／可住地面積	所	83
337	#I14102	医薬品販売業数(人口10万人当たり)	I7101/A1101 医薬品販売業数／総人口	所	83
338	#I14202	医薬品販売業数(可住地面積100km²当たり)	I7101/B1103 医薬品販売業数／可住地面積	所	83
339	#J01107	生活保護被保護実人員(人口千人当たり)	J1105/A1101 生活保護被保護実人員／総人口	人	84
340	#J0110803	生活保護教育扶助人員(人口千人当たり)	J110603/A1101 生活保護教育扶助人員／総人口	人	84
341	#J0110804	生活保護医療扶助人員(人口千人当たり)	J110604/A1101 生活保護医療扶助人員／総人口	人	84
342	#J0110805	生活保護住宅扶助人員(人口千人当たり)	J110602/A1101 生活保護住宅扶助人員／総人口	人	84
343	#J0110806	生活保護介護扶助人員(人口千人当たり)	J1106041/A1101 生活保護介護扶助人員／総人口	人	85
344	#J0110902	生活保護被保護高齢者数(65歳以上人口千人当たり)	J110702/A1303 生活保護被保護高齢者数(65歳以上)／65歳以上人口	人	85
345	#J01200	身体障害者手帳交付数(人口千人当たり)	J1200/A1101 身体障害者手帳交付数／総人口	人	85
346	#J02101	保護施設数(医療保護施設を除く)(生活保護被保護実人員10万人当たり)	J2201/J1105 保護施設数(詳細票)(医療保護施設を除く)／生活保護被保護実人員	所	85
347	#J022011	老人ホーム数(65歳以上人口10万人当たり)	(J230111+J230121+J230131+J230221)/A1303 (養護老人ホーム数(詳細票)+介護老人福祉施設(詳細票)+軽費老人ホーム数(詳細票)+有料老人ホーム数(詳細票))／65歳以上人口	所	85
348	#J02205	介護老人福祉施設数(65歳以上人口10万人当たり)	J230121/A1303 介護老人福祉施設数(詳細票)／65歳以上人口	所	86

No.	指標コード	指標名	指標計算式	単位	ページ
349	#J02501	児童福祉施設等数(人口10万人当たり)	J250101/A1101 児童福祉施設等数(詳細票)(保育所等を除く)／総人口	所	86
350	#J04101	生活保護施設定員数(生活保護被保護実人員千人当たり)	J2203/J1105 保護施設定員数(詳細票)(医療保護施設を除く)／生活保護被保護実人員	人	86
351	#J04102	生活保護施設在所者数(生活保護被保護実人員千人当たり)	J2206/J1105 保護施設在所者数(詳細票)(医療保護施設を除く)／生活保護被保護実人員	人	86
352	#J042011	老人ホーム定員数(65歳以上人口千人当たり)	(J230112+J230124+J230132+J230222)/A1303 (養護老人ホーム定員数(詳細票)+介護老人福祉施設定員数(詳細票)+軽費老人ホーム定員数(詳細票)+有料老人ホーム定員数(詳細票))／65歳以上人口	人	87
353	#J042021	老人ホーム在所者数(65歳以上人口千人当たり)	(J230113+J230125+J230133+J230223)/A1303 (養護老人ホーム在所者数(詳細票)+介護老人福祉施設在所者数(詳細票)+軽費老人ホーム在所者数(詳細票)+有料老人ホーム在所者数(詳細票))／65歳以上人口	人	87
354	#J05101	民生委員(児童委員)数(人口10万人当たり)	J3101/A1101 民生委員(児童委員)数／総人口	人	87
355	#J05109	訪問介護利用者数(訪問介護1事業所当たり)	J230156/J230155 訪問介護利用者数／訪問介護事業所数	人	87
356	#J05201	民生委員(児童委員)相談・支援件数(民生委員1人当たり)	J3201/J3101 民生委員(児童委員)相談・支援件数／民生委員(児童委員)数	件	87
357	#J05210	児童相談所受付件数(人口千人当たり)	J3207/A1101 児童相談所受付件数／総人口	件	88
358	#I15106	1人当たりの国民医療費	J4004 1人当たりの国民医療費	千円	88
359	#J05208	後期高齢者医療費(被保険者1人当たり)	J450320 1人当たり後期高齢者医療費	円	88
360	#J0610101	国民年金被保険者数(第1号)(20～59歳人口千人当たり)	J520101/(A1302-A1204-A1213) 国民年金被保険者数(第1号)／20～59歳人口	人	88
361	#J0610102	国民年金被保険者数(第3号)(20～59歳人口千人当たり)	J520102/(A1302-A1204-A1213) 国民年金被保険者数(第3号)／20～59歳人口	人	89
362	#I15101	国民健康保険被保険者数(人口千人当たり)	J4101/A1101 国民健康保険被保険者数／総人口	人	89
363	#I15102	国民健康保険受診率(被保険者千人当たり)	J4106 国民健康保険被保険者受診率(千人当たり)	―	89
364	#I15103	国民健康保険診療費(被保険者1人当たり)	J4107 国民健康保険被保険者 1 人当たり診療費	円	89
365	#I15202	全国健康保険協会管掌健康保険加入者数(人口千人当たり)	(J4202+J4203)/A1101 全国健康保険協会管掌(健康保険被保険者数＋健康保険被扶養者数)／総人口	人	89
366	#I1520301	全国健康保険協会管掌健康保険受診率(被保険者千人当たり)	J420421 全国健康保険協会管掌健康保険被保険者千人当たり受診率	―	90
367	#I1520302	全国健康保険協会管掌健康保険受診率(被扶養者千人当たり)	J420422 全国健康保険協会管掌健康保険被扶養者千人当たり受診率	―	90
368	#I1520501	全国健康保険協会管掌健康保険医療費(被保険者1人当たり)	J420531 全国健康保険協会管掌健康保険被保険者1人当たり医療費	円	90
369	#I1520502	全国健康保険協会管掌健康保険医療費(被扶養者1人当たり)	J420532 全国健康保険協会管掌健康保険被扶養者1人当たり医療費	円	90
370	#F07101	雇用保険受給率(対被保険者数)	J6105/J6102 雇用保険基本手当受給者実人員／雇用保険被保険者数	％	91
371	#F08101	労働者災害補償保険給付率(対適用労働者数)	J6303/J6302 労働者災害補償保険給付件数／労働者災害補償保険適用労働者数	％	91
372	#F08201	労働災害発生の頻度	F8101 労働災害度数率	―	91
373	#F08202	労働災害の重さの程度	F8102 労働災害強度率	―	91
374	#K01102	消防署数(可住地面積100k㎡当たり)	K1101/B1103 消防本部・署数／可住地面積	署	92
375	#K01104	消防団・分団数(可住地面積100k㎡当たり)	K1104/B1103 消防団・分団数／可住地面積	団	92
376	#K01105	消防ポンプ自動車等現有数(人口10万人当たり)	K1106/A1101 消防ポンプ自動車等現有数／総人口	台	92
377	#K01107	消防水利数(人口10万人当たり)	K1107/A1101 消防水利数／総人口	所	92
378	#K01302	消防吏員数(人口10万人当たり)	K1103/A1101 消防吏員数／総人口	人	93

No.	指標コード	指標名	指標計算式	単位	ページ
379	#K01401	消防機関出動回数(人口10万人当たり)	K1201/A1101 消防機関出動回数／総人口	回	93
380	#K01402	火災のための消防機関出動回数(人口10万人当たり)	K120201/A1101 火災のための消防機関出動回数／総人口	回	93
381	#K02101	火災出火件数(人口10万人当たり)	K2101/A1101 出火件数／総人口	件	93
382	#K02103	建物火災出火件数(人口10万人当たり)	K2102/A1101 建物火災出火件数／総人口	件	93
383	#K02203	火災死傷者数(人口10万人当たり)	K2109/A1101 火災死傷者数／総人口	人	94
384	#K02303	火災死傷者数(建物火災100件当たり)	K2109/K2102 火災死傷者数／建物火災出火件数	人	94
385	#K02205	建物火災損害額(人口1人当たり)	K2106/A1101 建物火災損害額／総人口	円	94
386	#K02306	建物火災損害額(建物火災1件当たり)	K2106/K2102 建物火災損害額／建物火災出火件数	万円	94
387	#K03102	立体横断施設数(道路実延長千km当たり)	K3201/H7110 立体横断施設数／道路実延長	所	95
388	#K04102	交通事故発生件数(道路実延長千km当たり)	K3101/H7110 交通事故発生件数／道路実延長	件	95
389	#K04101	交通事故発生件数(人口10万人当たり)	K3101/A1101 交通事故発生件数／総人口	件	95
390	#K04105	交通事故死傷者数(人口10万人当たり)	K3102/A1101 交通事故死傷者数／総人口	人	95
391	#K04106	交通事故死者数(人口10万人当たり)	K3103/A1101 交通事故死者数／総人口	人	95
392	#K04301	道路交通法違反検挙件数(人口千人当たり)	K4401/A1101 道路交通法違反検挙総件数(告知・送致)／総人口	件	96
393	#K05103	警察官数(人口千人当たり)	K4102/A1101 警察官数／総人口	人	96
394	#K06101	刑法犯認知件数(人口千人当たり)	K4201/A1101 刑法犯認知件数／総人口	件	96
395	#K06104	窃盗犯認知件数(人口千人当たり)	K420103/A1101 窃盗犯認知件数／総人口	件	96
396	#K06201	刑法犯検挙率(認知件数1件当たり)	K4202/K4201 刑法犯検挙件数／刑法犯認知件数	％	97
397	#K06204	窃盗犯検挙率(認知件数1件当たり)	K420203/K420103 窃盗犯検挙件数／窃盗犯認知件数	％	97
398	#K07105	災害被害額(人口1人当たり)	K5112/A1101 災害被害額／総人口	円	97
399	#K08101	不慮の事故による死亡者数(人口10万人当たり)	I9110/A1101 不慮の事故による死亡者数／総人口	人	97
400	#K09201	公害苦情件数(人口10万人当たり)	K6103/A1101 公害苦情件数(典型7公害)／総人口	件	97
401	#K09210	ばい煙発生施設数	K610501 ばい煙発生施設数	件	98
402	#K09211	一般粉じん発生施設数	K610502 一般粉じん発生施設数	件	98
403	#K09220	水質汚濁防止法上の特定事業場数	K6106 水質汚濁防止法上の特定事業場数	件	98
404	#K10101	民間生命保険保有契約件数(人口千人当たり)	K7105/A1101 民間生命保険保有契約件数／総人口	件	98
405	#K10105	民間生命保険保険金額(保有契約1件当たり)	K7107/K7105 民間生命保険保有契約保険金額／民間生命保険保有契約件数	万円	99
406	#K10107	民間生命保険保険金額(1世帯当たり)	K7107/A7101 民間生命保険保有契約保険金額／総世帯数	万円	99
407	#K10306	火災保険住宅物件・一般物件新契約件数(一般世帯千世帯当たり)	K2210/A710101 火災保険住宅物件・一般物件新契約件数／世帯数(一般世帯)	件	99
408	#K10308	火災保険住宅物件・一般物件受取保険金額(保有契約1件当たり)	K2216/K2214 火災保険住宅物件・一般物件保険金支払金額／火災保険住宅物件・一般物件保険金支払件数	万円	99
409	#L01201	実収入(1世帯当たり1か月間)(二人以上の世帯のうち勤労者世帯)	L3110 実収入(二人以上の世帯のうち勤労者世帯)	千円	100
410	#L01204	世帯主収入(1世帯当たり1か月間)(二人以上の世帯のうち勤労者世帯)	L3111011 世帯主収入(二人以上の世帯のうち勤労者世帯)	千円	100

No.	指標コード	指標名	指標計算式	単位	ページ
411	#L07601	年間収入(1世帯当たり)	L7610 年間収入	千円	100
412	#L07602	世帯主収入(年間収入)(1世帯当たり)	L761101 世帯主収入(年間収入)	千円	100
413	#L02211	消費支出(1世帯当たり1か月間)(二人以上の世帯)	L3221 消費支出(二人以上の世帯)	千円	101
414	#L02411	食料費割合(対消費支出)(二人以上の世帯)	L322101/L3221 食料費(二人以上の世帯)／消費支出(二人以上の世帯)	％	101
415	#L02412	住居費割合(対消費支出)(二人以上の世帯)	L322102/L3221 住居費(二人以上の世帯)／消費支出(二人以上の世帯)	％	101
416	#L02413	光熱・水道費割合(対消費支出)(二人以上の世帯)	L322103/L3221 光熱・水道費(二人以上の世帯)／消費支出(二人以上の世帯)	％	101
417	#L02414	家具・家事用品費割合(対消費支出)(二人以上の世帯)	L322104/L3221 家具・家事用品費(二人以上の世帯)／消費支出(二人以上の世帯)	％	101
418	#L02415	被服及び履物費割合(対消費支出)(二人以上の世帯)	L322105/L3221 被服及び履物費(二人以上の世帯)／消費支出(二人以上の世帯)	％	102
419	#L02416	保健医療費割合(対消費支出)(二人以上の世帯)	L322106/L3221 保健医療費(二人以上の世帯)／消費支出(二人以上の世帯)	％	102
420	#L02417	交通・通信費割合(対消費支出)(二人以上の世帯)	L322107/L3221 交通・通信費(二人以上の世帯)／消費支出(二人以上の世帯)	％	102
421	#L02418	教育費割合(対消費支出)(二人以上の世帯)	L322108/L3221 教育費(二人以上の世帯)／消費支出(二人以上の世帯)	％	102
422	#L02419	教養娯楽費割合(対消費支出)(二人以上の世帯)	L322109/L3221 教養娯楽費(二人以上の世帯)／消費支出(二人以上の世帯)	％	103
423	#L02602	平均消費性向(二人以上の世帯のうち勤労者世帯)	L3211/L3130 消費支出(二人以上の世帯のうち勤労者世帯)／可処分所得(二人以上の世帯のうち勤労者世帯)	％	103
424	#L07201	金融資産残高(貯蓄現在高)(二人以上の世帯)(1世帯当たり)	L730101 金融資産残高(貯蓄現在高)(二人以上の世帯)	千円	103
425	#L07212	預貯金現在高割合(対貯蓄現在高)(二人以上の世帯)(1世帯当たり)	L730102/L730101 預貯金(二人以上の世帯)／金融資産残高(貯蓄現在高)(二人以上の世帯)	％	103
426	#L07213	生命保険現在高割合(対貯蓄現在高)(二人以上の世帯)(1世帯当たり)	L730103/L730101 生命保険など(二人以上の世帯)／金融資産残高(貯蓄現在高)(二人以上の世帯)	％	103
427	#L07214	有価証券現在高割合(対貯蓄現在高)(二人以上の世帯)(1世帯当たり)	L730104/L730101 有価証券(二人以上の世帯)／金融資産残高(貯蓄現在高)(二人以上の世帯)	％	104
428	#L07401	金融負債現在高(二人以上の世帯)(1世帯当たり)	L740101 金融負債残高(二人以上の世帯)	千円	104
429	#L07412	住宅・土地のための負債割合(対負債現在高)(二人以上の世帯)(1世帯当たり)	L740102/L740101 住宅・土地のための負債(二人以上の世帯)／金融負債残高(二人以上の世帯)	％	104

Administrative Divisions of Japan

01~47 Prefectures.

01 HOKKAIDO	13 TOKYO-to	25 SHIGA-ken	37 KAGAWA-ken
02 AOMORI-ken	14 KANAGAWA-ken	26 KYOTO-fu	38 EHIME-ken
03 IWATE-ken	15 NIIGATA-ken	27 OSAKA-fu	39 KOCHI-ken
04 MIYAGI-ken	16 TOYAMA-ken	28 HYOGO-ken	40 FUKUOKA-ken
05 AKITA-ken	17 ISHIKAWA-ken	29 NARA-ken	41 SAGA-ken
06 YAMAGATA-ken	18 FUKUI-ken	30 WAKAYAMA-ken	42 NAGASAKI-ken
07 FUKUSHIMA-ken	19 YAMANASHI-ken	31 TOTTORI-ken	43 KUMAMOTO-ken
08 IBARAKI-ken	20 NAGANO-ken	32 SHIMANE-ken	44 OITA-ken
09 TOCHIGI-ken	21 GIFU-ken	33 OKAYAMA-ken	45 MIYAZAKI-ken
10 GUMMA-ken	22 SHIZUOKA-ken	34 HIROSHIMA-ken	46 KAGOSHIMA-ken
11 SAITAMA-ken	23 AICHI-ken	35 YAMAGUCHI-ken	47 OKINAWA-ken
12 CHIBA-ken	24 MIE-ken	36 TOKUSHIMA-ken	

利 用 上 の 注 意

１．年度の表し方

　　年度（西暦）は、会計年度（当該年の４月１日～翌年３月31日）を基準としており、掲載データは、原則として表示されている会計年度における特定の時点又は期間に係るものである。ただし、２会計年度にまたがるデータの場合は、期間の長い方の会計年度として取り扱っている。

２．掲載データ

　　（１）データは、単位未満を四捨五入することを原則としていること、不詳が含まれていることがあるため、合計の数値と内訳の計とが一致しない場合がある。

　　（２）社会生活統計指標は、「指標計算式」を用いて算出している（資料源の指数、率等を直接掲載しているものを除く。「指標名及び指標計算式」参照）。

　　　　ただし、一部については算出に使用する基礎データの違い、原数値を持たないことなどにより、資料源が公表する割合、率及び順位等とは一致しない場合がある。

　　（３）掲載データを見る際は、出典における用語の定義等も参照すること。

３．記　　号

　　　　＊　：都道府県庁所在地のデータを掲載していることを示している。
　　　　　　　ただし、13～14ページにある気象に関する７項目（#B02101～#B02103、#B02201、#B02401、#B02402、#B02303）については、埼玉県は熊谷市、東京都は千代田区、滋賀県は彦根市における気象台の観測値である。
　　　　…　：データが得られないもの
　　　　－　：「指標名及び指標計算式」における指標計算式の分母のデータが「０」で計算不能のもの

４．本書に関する問合せ先

　　総務省統計局　統計情報利用推進課　社会生活統計指標係
　　電話　03-5273-1137

５．その他

　　（１）本書の引用（転載）について
　　　　　本書の内容を著作物等に引用（転載）する場合には、必ず本書の書名を次のように明記すること。

　　　　┌──────────────────────────────────────┐
　　　　│　出典　総務省統計局刊行　「統計でみる都道府県のすがた　2023」　│
　　　　└──────────────────────────────────────┘

　　（２）本書のインターネット掲載
　　　　　「統計でみる都道府県のすがた」
　　　　　総務省統計局：https://www.stat.go.jp/data/k-sugata/index.html
　　　　　政府統計の総合窓口：https://www.e-stat.go.jp/regional-statistics/ssdsview

Notes

1. Time span

   The time span is based on the Japanese fiscal year, i.e. from 1 April to 31 March. Therefore, data on the book refer to the period or date of the fiscal year indicated. Data for which the period extends over two fiscal years are assumed to belong to the fiscal year that occupies a longer period than the other.

2. Data

   (1) Data figures may not add up to the totals due to rounding or in case of including data not available.

   (2) The Social Indicators by Prefecture are calculated according to "Formulae of Indicators". (Excludes those directly posting indices, rates, etc. of original sources, refer to "Name and Formulae of Indicators".) However, a part of the indicator is not necessarily equal to the ratios, the rates, etc. of the published original source, because of differences in using basic data for calculation, absence of the original figures, etc.

   (3) Please refer to the explanation of terms with that of the source books in using data.

3. Symbols

   *   : Data refer to the cities with prefectural governments. However, for the nine items in pages 13 to 14 (Climate; #B02101 - #B02103, #B02201, #B02401, #B02402, #B02303), Kumagaya-shi observations are used for Saitama-ken, Chiyoda-ku for Tokyo-to and Hikone-shi for Shiga-ken.

   ···   : Not available

   —   : Not applicable (Denominator of formulae of indicators in "Name and Formulae of Indicators" is 0)

4. For further information

   Statistics Information Utilization Promotion Division, Statistics Bureau, Ministry of Internal Affairs and Communications, Japan

5. Others

   (1) When any contents of the present issue are to be quoted or copied in other media (print or electronic), the title is to be referred to as follows:

   Source: *Statistical Observations of Prefectures 2023*, published by the Statistics Bureau, Ministry of Internal Affairs and Communications, Japan.

   (2) Contents of the present issue published online at:

   Statistics Bureau, Ministry of Internal Affairs and Communications, Japan:

         https://www.stat.go.jp/english/data/k-sugata/index.html

   Portal Site of Official Statistics of Japan (e-Stat):

         https://www.e-stat.go.jp/en/regional-statistics/ssdsview

I　社会生活統計指標

Social Indicators by Prefecture

A. 人口・世帯　　A Population and Households

都道府県 Prefecture	No. 1 総人口 Total population #A011000 万人 : 10 thousand persons 2021		No. 2 総人口(男) Total population (Male) #A0110001 万人 : 10 thousand persons 2021		No. 3 総人口(女) Total population (Female) #A0110002 万人 : 10 thousand persons 2021		No. 4 外国人人口 (人口10万人当たり) Ratio of population of foreigners (per 100,000 persons) #A01601 人 : persons 2020	
	指標値 Indicator	順位 Rank	指標値 Indicator	順位 Rank	指標値 Indicator	順位 Rank	指標値 Indicator	順位 Rank
00 全国 All Japan	12,550		6,102		6,448		1,904.5	
01 北海道 Hokkaido	518	8	245	8	274	8	656.9	39
02 青森県 Aomori-ken	122	31	58	32	65	31	436.9	46
03 岩手県 Iwate-ken	120	32	58	31	62	32	573.1	45
04 宮城県 Miyagi-ken	229	14	112	14	117	14	845.0	30
05 秋田県 Akita-ken	95	38	45	39	50	38	380.5	47
06 山形県 Yamagata-ken	106	36	51	35	54	36	669.4	38
07 福島県 Fukushima-ken	181	21	89	21	92	21	702.0	35
08 茨城県 Ibaraki-ken	285	11	142	11	143	12	2,016.7	13
09 栃木県 Tochigi-ken	192	19	96	17	96	20	1,935.1	14
10 群馬県 Gumma-ken	193	18	95	18	97	18	2,755.5	3
11 埼玉県 Saitama-ken	734	5	365	5	369	5	2,198.0	9
12 千葉県 Chiba-ken	628	6	311	6	316	6	2,262.4	8
13 東京都 Tokyo-to	1,401	1	688	1	714	1	3,441.0	1
14 神奈川県 Kanagawa-ken	924	2	458	2	465	2	2,116.8	10
15 新潟県 Niigata-ken	218	15	106	15	112	15	682.7	37
16 富山県 Toyama-ken	103	37	50	37	53	37	1,577.7	19
17 石川県 Ishikawa-ken	113	33	55	33	58	34	1,208.4	25
18 福井県 Fukui-ken	76	43	37	43	39	43	1,799.0	15
19 山梨県 Yamanashi-ken	81	42	40	41	41	42	1,727.6	16
20 長野県 Nagano-ken	203	16	99	16	104	16	1,537.6	20
21 岐阜県 Gifu-ken	196	17	95	19	101	17	2,475.3	5
22 静岡県 Shizuoka-ken	361	10	178	10	183	10	2,368.3	6
23 愛知県 Aichi-ken	752	4	375	4	377	4	3,067.6	2
24 三重県 Mie-ken	176	22	86	22	90	23	2,526.2	4
25 滋賀県 Shiga-ken	141	26	70	26	72	26	2,030.5	12
26 京都府 Kyoto-fu	256	13	122	13	134	13	2,034.1	11
27 大阪府 Osaka-fu	881	3	422	3	459	3	2,361.3	7
28 兵庫県 Hyogo-ken	543	7	258	7	285	7	1,597.1	18
29 奈良県 Nara-ken	132	29	62	29	70	28	868.6	29
30 和歌山県 Wakayama-ken	91	40	43	40	48	40	653.5	40
31 鳥取県 Tottori-ken	55	47	26	47	29	47	778.8	33
32 島根県 Shimane-ken	67	46	32	46	34	46	1,226.3	24
33 岡山県 Okayama-ken	188	20	90	20	97	18	1,330.0	21
34 広島県 Hiroshima-ken	278	12	135	12	143	11	1,704.9	17
35 山口県 Yamaguchi-ken	133	27	63	27	70	27	1,071.3	27
36 徳島県 Tokushima-ken	71	44	34	44	37	44	699.5	36
37 香川県 Kagawa-ken	94	39	46	38	49	39	1,142.2	26
38 愛媛県 Ehime-ken	132	28	63	28	69	29	836.0	32
39 高知県 Kochi-ken	68	45	32	45	36	45	610.2	43
40 福岡県 Fukuoka-ken	512	9	243	9	270	9	1,298.9	22
41 佐賀県 Saga-ken	81	41	38	42	42	41	732.0	34
42 長崎県 Nagasaki-ken	130	30	61	30	69	30	633.7	41
43 熊本県 Kumamoto-ken	173	23	82	23	91	22	839.4	31
44 大分県 Oita-ken	111	34	53	34	59	33	904.7	28
45 宮崎県 Miyazaki-ken	106	35	50	36	56	35	605.3	44
46 鹿児島県 Kagoshima-ken	158	24	74	24	83	24	632.0	42
47 沖縄県 Okinawa-ken	147	25	72	25	75	25	1,237.3	23

No. 5 全国総人口に占める人口割合 Percentage distribution by prefecture #A01101		No. 6 総面積1km²当たり人口密度 Population per 1km² of total land area #A01201		No. 7 可住地面積1km²当たり人口密度 Population per 1km² of inhabitable area #A01202		No. 8 昼夜間人口比率 Ratio of day to night population #A01302		No. 9 人口集中地区人口比率（対総人口） Ratio of DIDs (Densely Inhabited Districts) population #A01401		都道府県コード
% 2021		人：persons 2021		人：persons 2021		% 2020		% 2020		
指標値 Indicator	順位 Rank	指標値 Indicator	順位 Rank	指標値 Indicator	順位 Rank	指標値 Indicator	順位 Rank	指標値 Indicator	順位 Rank	Pref. code
100.00		336.5		1,020.7		100.0		70.0		00
4.13	8	66.1	47	228.3	47	100.0	15	76.0	9	01
0.97	31	126.6	41	375.3	43	99.9	20	47.4	27	02
0.95	32	78.3	46	318.8	45	99.8	25	33.1	45	03
1.82	14	314.5	18	718.8	27	100.1	8	65.6	13	04
0.75	38	81.2	45	292.3	46	99.8	25	35.5	40	05
0.84	36	113.2	42	367.2	44	99.7	30	46.1	29	06
1.44	21	131.5	40	428.3	42	100.1	8	42.2	32	07
2.27	11	467.8	12	733.4	26	97.8	40	40.8	35	08
1.53	19	299.8	22	639.3	30	99.1	37	48.1	25	09
1.54	18	302.9	21	849.3	18	100.0	15	41.7	33	10
5.85	5	1,932.7	4	2,819.7	4	89.6	47	81.7	5	11
5.00	6	1,216.7	6	1,775.8	9	90.3	46	76.8	8	12
11.16	1	6,385.5	1	9,846.8	1	116.1	1	98.6	1	13
7.36	2	3,822.7	3	6,266.6	3	91.7	44	94.7	3	14
1.73	15	173.0	34	478.4	41	100.0	15	50.8	20	15
0.82	37	241.3	25	556.4	38	99.8	25	40.0	37	16
0.90	33	268.7	23	806.7	22	100.2	6	53.9	17	17
0.61	43	181.4	31	705.5	28	100.1	8	46.3	28	18
0.64	42	180.3	32	844.6	19	99.3	36	31.5	46	19
1.62	16	149.9	38	625.7	32	99.7	30	35.2	41	20
1.56	17	184.6	30	887.1	16	96.6	42	40.8	36	21
2.87	10	463.9	13	1,300.3	12	99.8	25	61.6	15	22
5.99	4	1,453.1	5	2,509.1	5	101.2	4	78.8	7	23
1.40	22	304.1	20	850.7	17	98.6	38	43.7	31	24
1.12	26	351.2	15	1,085.7	14	96.9	41	53.3	18	25
2.04	13	555.3	10	2,175.3	6	101.7	3	84.4	4	26
7.02	3	4,621.7	2	6,600.9	2	103.9	2	95.9	2	27
4.33	7	646.6	8	1,961.4	7	96.1	43	78.8	6	28
1.05	29	356.3	14	1,540.0	10	91.1	45	67.0	12	29
0.73	40	193.5	29	813.6	21	98.5	39	37.7	39	30
0.44	47	156.5	37	607.1	34	99.8	25	38.1	38	31
0.53	46	99.1	43	523.2	39	100.1	8	25.6	47	32
1.49	20	263.7	24	841.9	20	100.0	15	48.6	23	33
2.22	12	327.9	17	1,209.6	13	100.2	6	65.4	14	34
1.06	27	217.3	28	774.3	25	99.6	33	50.9	19	35
0.57	44	171.7	35	700.6	29	99.6	33	33.6	43	36
0.75	39	501.9	11	937.2	15	100.1	8	33.1	44	37
1.05	28	232.7	27	792.9	23	100.1	8	54.0	16	38
0.55	45	96.3	44	589.0	36	99.9	20	44.3	30	39
4.08	9	1,027.5	7	1,854.0	8	100.1	8	73.7	10	40
0.64	41	330.2	16	603.9	35	100.4	5	34.9	42	41
1.03	30	314.0	19	777.6	24	99.7	30	48.1	24	42
1.38	23	233.2	26	629.1	31	99.6	33	49.8	21	43
0.89	34	175.7	33	620.6	33	99.9	20	48.7	22	44
0.85	35	137.2	39	565.6	37	99.9	20	47.6	26	45
1.26	24	171.6	36	479.4	40	99.9	20	41.6	34	46
1.17	25	643.3	9	1,303.6	11	100.0	15	69.7	11	47

			No. 10		No. 11		No. 12		No. 13	
			15歳未満人口割合 （対総人口）		65歳以上人口割合 （対総人口）		15～64歳人口割合 （対総人口）		年少人口指数 （15歳未満人口／15～64歳人口×100）	
			Percentage distribution of total population (under 15 years old)		Percentage distribution of total population (65 years old and over)		Percentage distribution of total population (15-64 years old)		Ratio of juvenile population	
			#A03501		#A03503		#A03502		#A03401	
単位	Unit		%		%		%		—	
年度	Fiscal year		2021		2021		2021		2021	
都道府県	Prefecture		指標値 Indicator	順位 Rank	指標値 Indicator	順位 Rank	指標値 Indicator	順位 Rank	指標値 Indicator	順位 Rank
00	全国	All Japan	11.8		28.9		59.4		19.8	
01	北海道	Hokkaido	10.5	45	32.5	18	57.0	23	18.4	45
02	青森県	Aomori-ken	10.4	46	34.3	6	55.3	32	18.8	43
03	岩手県	Iwate-ken	10.8	42	34.2	8	55.1	33	19.6	37
04	宮城県	Miyagi-ken	11.5	28	28.6	38	59.9	8	19.3	38
05	秋田県	Akita-ken	9.5	47	38.1	1	52.4	47	18.2	46
06	山形県	Yamagata-ken	11.1	38	34.3	6	54.6	38	20.3	27
07	福島県	Fukushima-ken	11.2	37	32.3	19	56.6	25	19.7	35
08	茨城県	Ibaraki-ken	11.5	28	30.1	32	58.4	13	19.7	34
09	栃木県	Tochigi-ken	11.6	24	29.6	35	58.8	12	19.7	33
10	群馬県	Gumma-ken	11.5	28	30.5	29	58.0	15	19.8	32
11	埼玉県	Saitama-ken	11.7	23	27.2	42	61.0	4	19.2	39
12	千葉県	Chiba-ken	11.6	24	27.9	40	60.6	6	19.1	40
13	東京都	Tokyo-to	11.1	38	22.9	47	66.1	1	16.8	47
14	神奈川県	Kanagawa-ken	11.6	24	25.7	44	62.7	2	18.5	44
15	新潟県	Niigata-ken	11.1	38	33.2	13	55.7	30	20.0	29
16	富山県	Toyama-ken	11.1	38	32.8	16	56.1	27	19.8	31
17	石川県	Ishikawa-ken	12.0	17	30.1	32	57.9	16	20.7	22
18	福井県	Fukui-ken	12.3	11	31.0	26	56.7	24	21.8	12
19	山梨県	Yamanashi-ken	11.3	33	31.3	24	57.4	20	19.7	36
20	長野県	Nagano-ken	11.8	22	32.3	19	55.9	28	21.1	18
21	岐阜県	Gifu-ken	12.1	14	30.8	27	57.1	21	21.2	17
22	静岡県	Shizuoka-ken	11.9	20	30.5	29	57.6	19	20.6	24
23	愛知県	Aichi-ken	12.8	8	25.5	45	61.6	3	20.9	19
24	三重県	Mie-ken	11.9	20	30.3	31	57.8	17	20.6	25
25	滋賀県	Shiga-ken	13.4	2	26.6	43	59.9	8	22.4	8
26	京都府	Kyoto-fu	11.3	33	29.6	35	59.1	10	19.1	41
27	大阪府	Osaka-fu	11.6	24	27.7	41	60.7	5	19.0	42
28	兵庫県	Hyogo-ken	12.1	14	29.6	35	58.3	14	20.7	23
29	奈良県	Nara-ken	11.5	28	32.1	22	56.3	26	20.5	26
30	和歌山県	Wakayama-ken	11.3	33	33.8	9	54.9	36	20.7	21
31	鳥取県	Tottori-ken	12.3	11	32.7	17	55.0	34	22.2	9
32	島根県	Shimane-ken	12.1	14	34.5	5	53.4	45	22.8	7
33	岡山県	Okayama-ken	12.2	13	30.6	28	57.1	21	21.5	15
34	広島県	Hiroshima-ken	12.5	9	29.7	34	57.8	17	21.6	13
35	山口県	Yamaguchi-ken	11.3	33	35.0	3	53.6	44	21.2	16
36	徳島県	Tokushima-ken	10.8	42	34.7	4	54.5	39	19.8	30
37	香川県	Kagawa-ken	12.0	17	32.2	21	55.9	28	21.5	14
38	愛媛県	Ehime-ken	11.4	32	33.6	11	54.9	36	20.8	20
39	高知県	Kochi-ken	10.8	42	35.9	2	53.4	45	20.3	28
40	福岡県	Fukuoka-ken	12.9	7	28.2	39	58.9	11	21.9	11
41	佐賀県	Saga-ken	13.3	3	31.1	25	55.5	31	24.1	4
42	長崎県	Nagasaki-ken	12.4	10	33.6	11	54.0	41	23.0	6
43	熊本県	Kumamoto-ken	13.1	4	31.9	23	55.0	34	23.9	5
44	大分県	Oita-ken	12.0	17	33.7	10	54.3	40	22.1	10
45	宮崎県	Miyazaki-ken	13.0	5	33.1	14	53.8	43	24.2	2
46	鹿児島県	Kagoshima-ken	13.0	5	33.1	14	53.9	42	24.1	3
47	沖縄県	Okinawa-ken	16.5	1	23.1	46	60.4	7	27.3	1

No. 14 老年人口指数 (65歳以上人口／15～64歳人口×100) Ratio of aged population #A03402 — 2021		No. 15 従属人口指数 ((15歳未満人口＋65歳以上人口)／15～64歳人口×100) Ratio of dependent population #A03403 — 2021		No. 16 人口増減率 ((総人口－前年総人口)／前年総人口) Rate of population change #A05101 % 2021		No. 17 自然増減率 ((出生数－死亡数)／総人口) Rate of natural change #A05201 % 2020		No. 18 粗出生率 (人口千人当たり) Crude birth rate (per 1,000 persons) #A05202 — 2020		都道府県コード
指標値 Indicator	順位 Rank	指標値 Indicator	順位 Rank	指標値 Indicator	順位 Rank	指標値 Indicator	順位 Rank	指標値 Indicator	順位 Rank	Pref. code
48.6		68.5		-0.51		-0.42		6.67		00
57.1	21	75.5	25	-0.80	27	-0.68	35	5.65	44	01
62.0	10	80.8	16	-1.37	46	-0.89	46	5.52	46	02
62.1	9	81.6	15	-1.20	44	-0.87	45	5.55	45	03
47.8	39	67.0	39	-0.52	10	-0.44	14	6.29	27	04
72.7	1	90.9	1	-1.51	47	-1.13	47	4.69	47	05
62.8	6	83.2	10	-1.22	45	-0.85	43	5.82	43	06
57.1	23	76.8	23	-1.15	42	-0.73	36	6.12	32	07
51.7	33	71.4	35	-0.52	11	-0.54	24	6.07	37	08
50.4	36	70.1	36	-0.63	16	-0.51	18	6.11	35	09
52.7	30	72.5	33	-0.62	15	-0.60	27	6.01	39	10
44.6	42	63.8	44	-0.06	3	-0.32	7	6.44	22	11
46.0	40	65.1	42	-0.15	4	-0.35	9	6.39	24	12
34.6	47	51.4	47	-0.27	7	-0.15	2	7.09	10	13
41.0	45	59.5	46	-0.01	2	-0.26	5	6.59	20	14
59.6	15	79.6	18	-1.10	41	-0.75	40	5.90	42	15
58.6	17	78.4	21	-0.95	36	-0.65	34	6.05	38	16
51.8	32	72.5	32	-0.66	19	-0.44	15	6.81	16	17
54.8	25	76.6	24	-0.89	32	-0.52	20	6.93	14	18
54.4	26	74.1	28	-0.61	14	-0.57	25	6.40	23	19
57.8	19	79.0	20	-0.73	24	-0.61	30	6.28	29	20
54.0	27	75.2	26	-0.90	33	-0.54	21	6.11	34	21
52.9	29	73.5	29	-0.69	21	-0.54	23	6.19	31	22
41.4	44	62.2	45	-0.34	8	-0.20	4	7.37	6	23
52.3	31	72.8	31	-0.81	29	-0.54	22	6.29	26	24
44.5	43	66.9	40	-0.18	5	-0.18	3	7.38	5	25
50.0	37	69.1	38	-0.66	18	-0.40	12	6.38	25	26
45.7	41	64.7	43	-0.36	9	-0.34	8	7.00	12	27
50.7	35	71.4	34	-0.60	13	-0.40	11	6.76	17	28
57.1	22	77.6	22	-0.72	23	-0.52	19	5.91	40	29
61.4	12	82.1	11	-0.93	35	-0.75	38	6.21	30	30
59.6	16	81.8	14	-0.80	26	-0.60	26	6.84	15	31
64.5	4	87.3	3	-0.91	34	-0.76	41	6.66	19	32
53.7	28	75.2	27	-0.66	17	-0.44	13	7.16	9	33
51.5	34	73.1	30	-0.70	22	-0.38	10	7.00	11	34
65.3	3	86.5	4	-1.05	38	-0.77	42	6.11	33	35
63.7	5	83.5	9	-1.05	39	-0.75	39	6.28	28	36
57.6	20	79.1	19	-0.87	30	-0.63	32	6.50	21	37
61.2	14	82.0	12	-1.04	37	-0.74	37	6.07	36	38
67.1	2	87.4	2	-1.09	40	-0.86	44	5.90	41	39
47.9	38	69.8	37	-0.22	6	-0.28	6	7.59	2	40
56.0	24	80.1	17	-0.67	20	-0.49	17	7.40	4	41
62.1	8	85.1	7	-1.17	43	-0.64	33	7.00	13	42
57.9	18	81.8	13	-0.59	12	-0.47	16	7.48	3	43
62.1	7	84.3	8	-0.88	31	-0.61	29	6.75	18	44
61.5	11	85.6	5	-0.80	28	-0.60	28	7.22	8	45
61.3	13	85.4	6	-0.77	25	-0.62	31	7.33	7	46
38.2	46	65.5	41	0.04	1	0.17	1	10.18	1	47

			No. 19 合計特殊出生率 Total fertility rate #A05203		No. 20 粗死亡率（人口千人当たり）Crude death rate (per 1,000 persons) #A05204		No. 21 年齢調整死亡率（男）（人口千人当たり）Age-adjusted mortality rate (Male) (per 1,000 persons) #A0521901		No. 22 年齢調整死亡率（女）（人口千人当たり）Age-adjusted mortality rate (Female) (per 1,000 persons) #A0521902	
	単位	Unit	—		—		—		—	
	年度	Fiscal year	2019		2020		2015		2015	
	都道府県	Prefecture	指標値 Indicator	順位 Rank	指標値 Indicator	順位 Rank	指標値 Indicator	順位 Rank	指標値 Indicator	順位 Rank
00	全国	All Japan	1.36		10.88		4.86		2.55	
01	北海道	Hokkaido	1.24	45	12.46	20	5.05	13	2.66	8
02	青森県	Aomori-ken	1.38	35	14.46	2	5.86	1	2.88	1
03	岩手県	Iwate-ken	1.35	37	14.21	6	5.23	3	2.68	6
04	宮城県	Miyagi-ken	1.23	46	10.70	37	4.72	37	2.43	41
05	秋田県	Akita-ken	1.33	38	16.03	1	5.40	2	2.66	7
06	山形県	Yamagata-ken	1.40	31	14.37	4	4.97	18	2.47	32
07	福島県	Fukushima-ken	1.47	16	13.37	14	5.19	5	2.76	2
08	茨城県	Ibaraki-ken	1.39	33	11.49	30	5.11	10	2.74	3
09	栃木県	Tochigi-ken	1.39	33	11.23	33	5.05	14	2.73	4
10	群馬県	Gumma-ken	1.40	31	12.01	26	4.90	23	2.61	13
11	埼玉県	Saitama-ken	1.27	43	9.63	42	4.85	27	2.62	12
12	千葉県	Chiba-ken	1.28	41	9.88	41	4.77	32	2.58	16
13	東京都	Tokyo-to	1.15	47	8.63	46	4.75	35	2.46	35
14	神奈川県	Kanagawa-ken	1.28	41	9.16	45	4.61	42	2.49	30
15	新潟県	Niigata-ken	1.38	35	13.38	13	4.88	25	2.44	40
16	富山県	Toyama-ken	1.53	13	12.54	19	4.94	20	2.47	33
17	石川県	Ishikawa-ken	1.46	21	11.23	32	4.73	36	2.50	28
18	福井県	Fukui-ken	1.56	11	12.11	24	4.54	44	2.41	42
19	山梨県	Yamanashi-ken	1.44	27	12.09	25	4.76	34	2.54	25
20	長野県	Nagano-ken	1.57	10	12.42	21	4.34	47	2.28	47
21	岐阜県	Gifu-ken	1.45	25	11.48	31	4.76	33	2.56	21
22	静岡県	Shizuoka-ken	1.44	27	11.61	28	4.80	28	2.52	26
23	愛知県	Aichi-ken	1.45	25	9.35	43	4.68	39	2.60	14
24	三重県	Mie-ken	1.47	16	11.70	27	4.88	24	2.58	17
25	滋賀県	Shiga-ken	1.47	16	9.22	44	4.38	46	2.41	43
26	京都府	Kyoto-fu	1.25	44	10.42	38	4.55	43	2.45	36
27	大阪府	Osaka-fu	1.31	39	10.37	40	5.16	8	2.64	11
28	兵庫県	Hyogo-ken	1.41	30	10.73	36	4.78	31	2.56	22
29	奈良県	Nara-ken	1.31	39	11.08	34	4.53	45	2.44	38
30	和歌山県	Wakayama-ken	1.46	21	13.67	9	5.21	4	2.69	5
31	鳥取県	Tottori-ken	1.63	6	12.82	17	5.19	5	2.46	34
32	島根県	Shimane-ken	1.68	3	14.28	5	4.93	21	2.37	46
33	岡山県	Okayama-ken	1.47	16	11.54	29	4.80	29	2.38	45
34	広島県	Hiroshima-ken	1.49	15	10.80	35	4.71	38	2.47	31
35	山口県	Yamaguchi-ken	1.56	11	13.77	7	5.00	15	2.64	10
36	徳島県	Tokushima-ken	1.46	21	13.74	8	5.11	11	2.59	15
37	香川県	Kagawa-ken	1.59	9	12.82	18	4.79	30	2.50	28
38	愛媛県	Ehime-ken	1.46	21	13.51	11	5.17	7	2.54	23
39	高知県	Kochi-ken	1.47	16	14.46	3	5.06	12	2.45	37
40	福岡県	Fukuoka-ken	1.44	27	10.37	39	4.87	26	2.54	24
41	佐賀県	Saga-ken	1.64	5	12.28	22	4.92	22	2.58	18
42	長崎県	Nagasaki-ken	1.66	4	13.45	12	4.97	19	2.56	20
43	熊本県	Kumamoto-ken	1.60	8	12.17	23	4.67	40	2.41	44
44	大分県	Oita-ken	1.53	13	12.85	16	4.65	41	2.44	39
45	宮崎県	Miyazaki-ken	1.73	2	13.22	15	4.99	16	2.58	19
46	鹿児島県	Kagoshima-ken	1.63	6	13.54	10	5.12	9	2.65	9
47	沖縄県	Okinawa-ken	1.82	1	8.44	47	4.99	17	2.52	27

No. 23 年齢別死亡率（0～4歳）（人口千人当たり） Death rate of 0-4 years old (per 1,000 persons) #A05205 — 2020		No. 24 年齢別死亡率（65歳以上）（人口千人当たり） Death rate of 65 years old and over (per 1,000 persons) #A05218 — 2020		No. 25 転入超過率（（転入者数－転出者数）／総人口） Percentage of net-migration (All nationalities) #A05307 % 2021		No. 26 転入率（転入者数/総人口） Percentage of in-migrants from other prefectures (All nationalities) #A05308 % 2021		No. 27 転出率（転出者数/総人口） Percentage of out-migrants to other prefectures (All nationalities) #A05309 % 2021		都道府県コード
指標値 Indicator	順位 Rank	指標値 Indicator	順位 Rank	指標値 Indicator	順位 Rank	指標値 Indicator	順位 Rank	指標値 Indicator	順位 Rank	Pref. code
0.44		35.29		...		1.97		1.97		00
0.47	20	35.54	29	-0.04	17	1.01	47	1.05	47	01
0.59	9	39.27	4	-0.35	46	1.38	38	1.73	30	02
0.32	44	39.08	6	-0.25	39	1.42	36	1.67	36	03
0.43	27	34.93	35	-0.03	14	2.01	7	2.04	8	04
0.55	11	39.84	1	-0.31	44	1.16	45	1.46	44	05
0.64	5	39.48	2	-0.28	43	1.22	44	1.49	43	06
0.58	10	39.09	5	-0.34	45	1.36	39	1.70	33	07
0.54	12	35.42	30	0.07	7	1.98	10	1.91	13	08
0.47	19	35.32	32	-0.03	13	1.89	13	1.92	12	09
0.42	30	37.05	19	0.02	10	1.79	16	1.77	29	10
0.37	41	32.63	45	0.38	1	2.58	2	2.21	5	11
0.49	16	32.81	42	0.26	3	2.55	4	2.29	3	12
0.36	42	34.74	36	0.04	9	3.00	1	2.96	1	13
0.37	40	32.75	43	0.34	2	2.56	3	2.21	4	14
0.38	38	38.07	12	-0.27	42	1.03	46	1.29	46	15
0.35	43	36.24	25	-0.18	30	1.27	43	1.45	45	16
0.42	32	35.15	33	-0.09	18	1.71	19	1.80	24	17
1.03	1	36.94	20	-0.23	36	1.47	35	1.70	34	18
0.59	8	36.66	21	0.09	5	1.98	11	1.90	16	19
0.47	18	36.56	22	-0.01	11	1.53	33	1.54	41	20
0.41	33	35.39	31	-0.26	41	1.52	34	1.79	26	21
0.45	23	35.61	28	-0.11	22	1.57	31	1.68	35	22
0.42	28	34.17	39	-0.04	15	1.60	30	1.64	37	23
0.52	13	36.48	23	-0.17	28	1.73	18	1.91	14	24
0.48	17	32.65	44	0.07	6	2.09	6	2.02	9	25
0.31	45	33.55	41	-0.15	24	2.23	5	2.38	2	26
0.44	25	35.00	34	0.06	8	1.91	12	1.84	21	27
0.42	31	34.61	38	-0.10	20	1.69	23	1.78	27	28
0.45	22	32.58	46	-0.10	21	1.87	14	1.97	11	29
0.46	21	38.15	11	-0.21	33	1.30	42	1.51	42	30
0.24	47	37.09	18	-0.19	31	1.62	28	1.81	23	31
0.61	6	39.33	3	-0.17	27	1.62	29	1.79	25	32
0.42	29	36.18	26	-0.17	26	1.56	32	1.73	31	33
0.39	36	34.12	40	-0.26	40	1.63	27	1.89	17	34
0.38	37	37.28	16	-0.23	37	1.67	25	1.90	15	35
0.71	3	38.34	8	-0.24	38	1.35	41	1.59	39	36
0.45	24	37.88	13	-0.20	32	1.78	17	1.97	10	37
0.27	46	38.24	10	-0.22	34	1.41	37	1.62	38	38
0.78	2	38.28	9	-0.22	35	1.36	40	1.58	40	39
0.44	26	34.64	37	0.11	4	2.00	8	1.88	18	40
0.40	35	37.18	17	-0.16	25	1.99	9	2.15	6	41
0.61	7	37.52	15	-0.45	47	1.66	26	2.12	7	42
0.41	34	36.03	27	-0.04	16	1.69	21	1.73	32	43
0.38	39	36.43	24	-0.17	29	1.69	22	1.86	19	44
0.51	14	37.59	14	-0.15	23	1.70	20	1.85	20	45
0.51	15	38.94	7	-0.10	19	1.68	24	1.78	28	46
0.69	4	32.39	47	-0.01	12	1.83	15	1.84	22	47

			No. 28 流入人口比率（対総人口） Percentage of inflow population #A05304		No. 29 流出人口比率（対総人口） Percentage of outflow population #A05305		No. 30 一般世帯数 Private households #A06103		No. 31 全国一般世帯に占める一般世帯割合 Percentage distribution of private households #A0610101	
単位	Unit		%		%		万世帯：10 thousand households		%	
年度	Fiscal year		2020		2020		2020		2020	
都道府県	Prefecture		指標値 Indicator	順位 Rank	指標値 Indicator	順位 Rank	指標値 Indicator	順位 Rank	指標値 Indicator	順位 Rank
00	全国	All Japan	4.33		4.33		5,570		100.00	
01	北海道	Hokkaido	0.07	47	0.10	47	247	7	4.43	7
02	青森県	Aomori-ken	0.48	41	0.58	41	51	31	0.91	31
03	岩手県	Iwate-ken	0.82	33	1.03	27	49	32	0.88	32
04	宮城県	Miyagi-ken	0.98	30	0.92	33	98	14	1.76	14
05	秋田県	Akita-ken	0.29	44	0.47	43	38	40	0.69	40
06	山形県	Yamagata-ken	0.52	40	0.78	37	40	38	0.71	38
07	福島県	Fukushima-ken	1.06	25	0.97	28	74	22	1.33	22
08	茨城県	Ibaraki-ken	3.00	10	5.22	9	118	13	2.12	13
09	栃木県	Tochigi-ken	2.93	12	3.88	11	80	19	1.43	19
10	群馬県	Gumma-ken	3.20	8	3.25	14	80	17	1.44	17
11	埼玉県	Saitama-ken	3.50	6	13.89	1	316	5	5.67	5
12	千葉県	Chiba-ken	2.95	11	12.70	3	277	6	4.97	6
13	東京都	Tokyo-to	19.67	1	3.52	13	722	1	12.96	1
14	神奈川県	Kanagawa-ken	3.44	7	11.76	4	421	2	7.56	2
15	新潟県	Niigata-ken	0.27	45	0.31	45	86	15	1.55	15
16	富山県	Toyama-ken	0.75	34	0.95	30	40	37	0.72	37
17	石川県	Ishikawa-ken	1.05	26	0.89	34	47	34	0.84	34
18	福井県	Fukui-ken	1.02	28	0.88	35	29	45	0.52	45
19	山梨県	Yamanashi-ken	1.30	21	2.04	17	34	41	0.61	41
20	長野県	Nagano-ken	0.45	42	0.71	39	83	16	1.49	16
21	岐阜県	Gifu-ken	2.58	13	5.96	7	78	20	1.40	20
22	静岡県	Shizuoka-ken	0.94	31	1.15	25	148	10	2.66	10
23	愛知県	Aichi-ken	2.33	15	1.18	24	323	4	5.80	4
24	三重県	Mie-ken	1.74	17	3.15	15	74	21	1.33	21
25	滋賀県	Shiga-ken	3.01	9	6.15	6	57	28	1.02	28
26	京都府	Kyoto-fu	7.36	2	5.64	8	119	12	2.13	12
27	大阪府	Osaka-fu	6.82	3	2.92	16	413	3	7.41	3
28	兵庫県	Hyogo-ken	2.43	14	6.37	5	240	8	4.31	8
29	奈良県	Nara-ken	4.07	5	12.98	2	54	30	0.98	30
30	和歌山県	Wakayama-ken	2.00	16	3.53	12	39	39	0.71	39
31	鳥取県	Tottori-ken	1.49	18	1.65	18	22	47	0.39	47
32	島根県	Shimane-ken	1.37	19	1.28	21	27	46	0.48	46
33	岡山県	Okayama-ken	1.27	22	1.23	22	80	18	1.44	18
34	広島県	Hiroshima-ken	1.10	24	0.93	32	124	11	2.23	11
35	山口県	Yamaguchi-ken	1.12	23	1.49	19	60	27	1.07	27
36	徳島県	Tokushima-ken	0.57	38	0.96	29	31	44	0.55	44
37	香川県	Kagawa-ken	1.04	27	0.94	31	41	36	0.73	36
38	愛媛県	Ehime-ken	0.60	37	0.52	42	60	26	1.08	26
39	高知県	Kochi-ken	0.33	43	0.44	44	31	42	0.56	42
40	福岡県	Fukuoka-ken	1.37	20	1.28	20	232	9	4.16	9
41	佐賀県	Saga-ken	5.04	4	4.68	10	31	43	0.56	43
42	長崎県	Nagasaki-ken	0.60	36	0.86	36	56	29	1.00	29
43	熊本県	Kumamoto-ken	0.85	32	1.21	23	72	24	1.29	24
44	大分県	Oita-ken	0.98	29	1.05	26	49	33	0.88	33
45	宮崎県	Miyazaki-ken	0.70	35	0.77	38	47	35	0.84	35
46	鹿児島県	Kagoshima-ken	0.52	39	0.62	40	73	23	1.30	23
47	沖縄県	Okinawa-ken	0.09	46	0.11	46	61	25	1.10	25

No. 32 一般世帯の平均人員 Members per private household #A06102		No. 33 核家族世帯の割合 （対一般世帯数） Percentage of nuclear family households #A06202		No. 34 単独世帯の割合 （対一般世帯数） Percentage of one-person households #A06205		No. 35 65歳以上の世帯員 のいる世帯割合 （対一般世帯数） Percentage of households with members 65 years old and over #A06301		No. 36 夫65歳以上、妻60歳以上の夫婦のみの世帯の割合 （対一般世帯数） Percentage of households consisting only of married couples with a husband 65 years old and over and a wife 60 years old and over #A06302		都道府県コード
人：persons		％		％		％		％		
2020		2020		2020		2020		2020		
指標値 Indicator	順位 Rank	指標値 Indicator	順位 Rank	指標値 Indicator	順位 Rank	指標値 Indicator	順位 Rank	指標値 Indicator	順位 Rank	Pref. code
2.21		54.05		37.97		40.67		11.73		00
2.04	46	53.64	32	40.49	5	42.70	34	14.00	9	01
2.34	21	52.73	39	33.14	29	51.49	5	11.97	35	02
2.39	14	51.34	45	33.27	26	51.53	4	11.75	38	03
2.30	26	51.71	44	36.94	12	41.09	37	10.47	45	04
2.41	10	52.98	37	30.55	41	57.50	1	13.75	12	05
2.61	1	50.99	46	28.43	47	55.21	2	12.00	34	06
2.42	9	51.90	43	33.15	28	48.90	13	11.66	39	07
2.37	17	56.22	15	32.65	32	44.88	27	12.69	24	08
2.38	15	55.29	24	32.91	31	44.44	30	11.66	40	09
2.35	18	57.60	5	32.38	35	44.73	28	12.88	23	10
2.28	28	58.57	3	33.95	24	39.30	41	11.92	37	11
2.23	34	56.82	10	36.26	15	39.40	40	12.10	32	12
1.92	47	45.72	47	50.24	1	29.54	47	7.82	47	13
2.15	40	55.83	20	39.21	6	35.57	45	10.94	43	14
2.48	6	53.29	35	30.85	40	51.43	6	12.22	29	15
2.50	4	54.62	28	29.66	44	50.86	7	12.58	26	16
2.34	20	54.42	30	34.67	21	43.96	32	12.59	25	17
2.57	2	53.49	34	29.68	43	49.64	10	12.13	31	18
2.34	22	56.70	12	32.60	33	46.77	21	13.37	19	19
2.41	11	56.12	16	31.03	39	48.82	14	13.61	15	20
2.49	5	57.30	6	29.36	45	47.91	18	13.74	13	21
2.40	13	55.99	18	31.88	38	46.24	23	12.33	27	22
2.29	27	55.50	21	36.35	14	37.03	44	10.89	44	23
2.33	24	57.17	8	33.01	30	44.35	31	13.85	11	24
2.44	8	57.95	4	31.90	37	40.58	38	12.30	28	25
2.12	42	52.32	41	41.20	3	40.26	39	12.09	33	26
2.10	45	53.14	36	41.85	2	38.01	43	10.97	42	27
2.23	33	57.18	7	35.95	17	41.85	35	12.94	21	28
2.38	16	62.59	1	29.27	46	48.00	17	15.94	1	29
2.28	29	59.29	2	32.51	34	50.13	9	15.05	3	30
2.44	7	52.90	38	32.25	36	50.21	8	11.94	36	31
2.40	12	52.15	42	33.17	27	51.82	3	13.54	17	32
2.30	25	54.47	29	35.63	20	43.29	33	12.92	22	33
2.20	37	56.06	17	37.30	11	41.47	36	13.38	18	34
2.17	38	56.34	14	36.53	13	48.47	16	15.55	2	35
2.26	32	53.74	31	35.65	19	47.81	19	13.74	14	36
2.27	30	56.77	11	34.43	22	45.40	26	13.98	10	37
2.16	39	55.33	22	37.47	9	46.01	25	14.19	8	38
2.11	43	53.51	33	39.09	7	49.18	11	13.59	16	39
2.15	41	52.36	40	40.67	4	38.33	42	11.15	41	40
2.51	3	55.21	26	30.30	42	48.77	15	12.17	30	41
2.27	31	56.44	13	34.43	23	48.91	12	14.30	7	42
2.34	19	55.26	25	33.90	25	46.64	22	13.14	20	43
2.22	35	55.33	23	35.95	16	46.84	20	14.56	6	44
2.20	36	57.06	9	35.81	18	46.11	24	14.82	5	45
2.11	44	55.99	19	38.94	8	44.73	29	14.94	4	46
2.33	23	55.15	27	37.44	10	34.68	46	8.25	46	47

都道府県 Prefecture	No. 37 65歳以上世帯員の単独世帯の割合 （対一般世帯数） Percentage of single-person households with members aged 65 years old and over #A06304		No. 38 共働き世帯割合 （対一般世帯数） Percentage of dual-income households #F01503		No. 39 婚姻率 （人口千人当たり） Ratio of marriages (per 1,000 persons) #A06601		No. 40 離婚率 （人口千人当たり） Ratio of divorces (per 1,000 persons) #A06602	
単位 Unit	%		%		—		—	
年度 Fiscal year	2020		2020		2020		2020	
	指標値 Indicator	順位 Rank	指標値 Indicator	順位 Rank	指標値 Indicator	順位 Rank	指標値 Indicator	順位 Rank
00 全国 All Japan	12.06		23.71		4.17		1.53	
01 北海道 Hokkaido	14.65	8	20.71	43	4.00	11	1.74	4
02 青森県 Aomori-ken	14.08	11	26.99	21	3.26	45	1.55	18
03 岩手県 Iwate-ken	12.72	20	28.70	14	3.24	46	1.39	39
04 宮城県 Miyagi-ken	9.92	46	24.59	33	3.88	21	1.54	19
05 秋田県 Akita-ken	14.45	9	29.38	11	2.80	47	1.26	45
06 山形県 Yamagata-ken	10.95	37	34.40	2	3.31	44	1.28	44
07 福島県 Fukushima-ken	11.78	27	27.37	20	3.64	34	1.62	9
08 茨城県 Ibaraki-ken	10.63	43	26.72	22	3.70	32	1.54	20
09 栃木県 Tochigi-ken	10.73	42	27.39	19	3.83	25	1.57	15
10 群馬県 Gumma-ken	11.70	29	28.41	16	3.63	35	1.47	30
11 埼玉県 Saitama-ken	10.54	44	24.26	34	3.98	13	1.45	35
12 千葉県 Chiba-ken	10.84	40	23.13	39	3.98	14	1.46	33
13 東京都 Tokyo-to	11.24	33	17.43	47	5.26	1	1.48	29
14 神奈川県 Kanagawa-ken	10.92	39	21.87	41	4.29	6	1.46	32
15 新潟県 Niigata-ken	11.44	32	31.03	6	3.44	43	1.20	46
16 富山県 Toyama-ken	11.46	31	32.83	3	3.59	37	1.20	47
17 石川県 Ishikawa-ken	11.13	36	29.99	10	3.83	24	1.30	43
18 福井県 Fukui-ken	10.79	41	34.69	1	3.95	16	1.37	41
19 山梨県 Yamanashi-ken	12.46	22	29.25	12	3.93	17	1.60	11
20 長野県 Nagano-ken	11.61	30	31.40	4	3.76	29	1.42	38
21 岐阜県 Gifu-ken	10.93	38	30.87	8	3.54	40	1.43	37
22 静岡県 Shizuoka-ken	11.21	34	29.00	13	3.81	27	1.51	24
23 愛知県 Aichi-ken	10.01	45	25.84	27	4.69	3	1.55	17
24 三重県 Mie-ken	11.92	25	27.63	17	3.87	22	1.56	16
25 滋賀県 Shiga-ken	9.40	47	28.53	15	4.16	8	1.45	36
26 京都府 Kyoto-fu	12.93	18	20.57	45	3.96	15	1.45	34
27 大阪府 Osaka-fu	13.75	13	18.75	46	4.64	4	1.68	6
28 兵庫県 Hyogo-ken	13.08	16	22.79	40	4.02	10	1.53	21
29 奈良県 Nara-ken	13.01	17	24.07	35	3.45	42	1.38	40
30 和歌山県 Wakayama-ken	16.37	3	25.77	28	3.82	26	1.66	8
31 鳥取県 Tottori-ken	12.40	23	30.00	9	3.79	28	1.47	31
32 島根県 Shimane-ken	13.16	14	31.22	5	3.57	39	1.31	42
33 岡山県 Okayama-ken	11.78	26	25.73	29	4.16	9	1.58	13
34 広島県 Hiroshima-ken	12.67	21	24.96	31	4.20	7	1.51	23
35 山口県 Yamaguchi-ken	15.77	4	24.06	36	3.58	38	1.48	28
36 徳島県 Tokushima-ken	13.78	12	25.92	26	3.63	36	1.50	26
37 香川県 Kagawa-ken	13.13	15	26.45	24	3.98	12	1.58	14
38 愛媛県 Ehime-ken	14.97	7	23.79	37	3.67	33	1.50	27
39 高知県 Kochi-ken	17.80	1	23.38	38	3.53	41	1.66	7
40 福岡県 Fukuoka-ken	12.26	24	21.60	42	4.43	5	1.74	3
41 佐賀県 Saga-ken	11.78	28	30.93	7	3.74	30	1.52	22
42 長崎県 Nagasaki-ken	15.08	5	26.00	25	3.73	31	1.51	25
43 熊本県 Kumamoto-ken	12.89	19	27.55	18	3.91	19	1.61	10
44 大分県 Oita-ken	14.30	10	25.44	30	3.92	18	1.68	5
45 宮崎県 Miyazaki-ken	15.08	6	26.52	23	3.88	20	1.78	2
46 鹿児島県 Kagoshima-ken	16.40	2	24.89	32	3.86	23	1.59	12
47 沖縄県 Okinawa-ken	11.19	35	20.64	44	5.03	2	2.32	1

B. 自然環境　　B Natural Environment

		No. 41 総面積 （北方地域及び竹島を含む） Total land area #B011001		No. 42 面積割合 （北方地域及び竹島を除く） （対全国総面積） Percentage of total land area, all Japan #B01101		No. 43 森林面積割合 （北方地域及び竹島を除く） （対総面積） Percentage of forest area #B01202		No. 44 自然公園面積割合 （北方地域及び竹島を除く） （対総面積） Percentage of natural park area #B01204	
単位	Unit	100km㎡		％		％		％	
年度	Fiscal year	2021		2021		2019		2021	
都道府県	Prefecture	指標値 Indicator	順位 Rank	指標値 Indicator	順位 Rank	指標値 Indicator	順位 Rank	指標値 Indicator	順位 Rank
00 全国	All Japan	3,779.75		100.00		65.5		15.0	
01 北海道	Hokkaido	834.24	1	21.03	1	67.7	22	11.2	34
02 青森県	Aomori-ken	96.46	8	2.59	8	63.6	28	11.8	32
03 岩手県	Iwate-ken	152.75	2	4.10	2	74.6	10	4.7	46
04 宮城県	Miyagi-ken	72.82	16	1.95	16	55.4	34	23.5	10
05 秋田県	Akita-ken	116.38	6	3.12	6	70.3	18	10.6	38
06 山形県	Yamagata-ken	93.23	9	2.50	9	69.0	19	16.7	22
07 福島県	Fukushima-ken	137.84	3	3.70	3	68.0	21	13.1	28
08 茨城県	Ibaraki-ken	60.97	24	1.63	24	32.4	44	14.9	23
09 栃木県	Tochigi-ken	64.08	20	1.72	20	52.9	35	20.8	13
10 群馬県	Gumma-ken	63.62	21	1.71	21	64.0	26	14.0	26
11 埼玉県	Saitama-ken	37.98	39	1.02	39	31.4	45	32.8	5
12 千葉県	Chiba-ken	51.57	28	1.38	28	30.1	46	5.5	45
13 東京都	Tokyo-to	21.94	45	0.59	45	34.7	43	36.4	2
14 神奈川県	Kanagawa-ken	24.16	43	0.65	43	38.7	42	22.8	11
15 新潟県	Niigata-ken	125.84	5	3.37	5	63.5	29	25.2	9
16 富山県	Toyama-ken	42.48	33	1.14	33	56.6	33	29.6	6
17 石川県	Ishikawa-ken	41.86	35	1.12	35	66.3	24	12.6	30
18 福井県	Fukui-ken	41.91	34	1.12	34	73.9	12	14.8	24
19 山梨県	Yamanashi-ken	44.65	32	1.20	32	77.8	4	27.1	8
20 長野県	Nagano-ken	135.62	4	3.64	4	75.3	9	20.5	15
21 岐阜県	Gifu-ken	106.21	7	2.85	7	79.0	2	18.4	17
22 静岡県	Shizuoka-ken	77.77	13	2.09	13	62.8	30	10.8	37
23 愛知県	Aichi-ken	51.73	27	1.39	27	42.1	41	17.2	20
24 三重県	Mie-ken	57.74	25	1.55	25	64.2	25	36.1	3
25 滋賀県	Shiga-ken	40.17	38	1.08	38	50.7	36	37.3	1
26 京都府	Kyoto-fu	46.12	31	1.24	31	74.2	11	20.6	14
27 大阪府	Osaka-fu	19.05	46	0.51	46	29.9	47	10.5	39
28 兵庫県	Hyogo-ken	84.01	12	2.25	12	66.9	23	19.8	16
29 奈良県	Nara-ken	36.91	40	0.99	40	76.9	5	17.2	21
30 和歌山県	Wakayama-ken	47.25	30	1.27	30	76.2	6	12.6	29
31 鳥取県	Tottori-ken	35.07	41	0.94	41	73.4	13	14.0	25
32 島根県	Shimane-ken	67.08	19	1.80	19	78.0	3	6.0	44
33 岡山県	Okayama-ken	71.14	17	1.91	17	68.1	20	11.3	33
34 広島県	Hiroshima-ken	84.79	11	2.27	11	71.9	14	4.5	47
35 山口県	Yamaguchi-ken	61.13	23	1.64	23	71.4	15	7.0	42
36 徳島県	Tokushima-ken	41.47	36	1.11	36	75.4	8	9.3	40
37 香川県	Kagawa-ken	18.77	47	0.50	47	46.4	38	10.9	36
38 愛媛県	Ehime-ken	56.76	26	1.52	26	70.5	17	7.2	41
39 高知県	Kochi-ken	71.04	18	1.90	18	83.3	1	6.7	43
40 福岡県	Fukuoka-ken	49.87	29	1.34	29	44.5	40	17.7	19
41 佐賀県	Saga-ken	24.41	42	0.65	42	45.3	39	11.0	35
42 長崎県	Nagasaki-ken	41.31	37	1.11	37	58.5	32	17.9	18
43 熊本県	Kumamoto-ken	74.09	15	1.99	15	61.8	31	21.0	12
44 大分県	Oita-ken	63.41	22	1.70	22	70.8	16	27.6	7
45 宮崎県	Miyazaki-ken	77.35	14	2.07	14	75.5	7	11.9	31
46 鹿児島県	Kagoshima-ken	91.86	10	2.46	10	63.7	27	13.6	27
47 沖縄県	Okinawa-ken	22.82	44	0.61	44	46.7	37	35.7	4

	No. 45 可住地面積割合（北方地域及び竹島を除く）（対総面積） Percentage of inhabitable area #B01301 % 2021		No. 46 年平均気温 Yearly average of air temperature #B02101 1) ˚C 2021		＊No. 47 最高気温（日最高気温の月平均の最高値） Highest temperature among monthly averages of daily highest #B02102 1) ˚C 2021		＊No. 48 最低気温（日最低気温の月平均の最低値） Lowest temperature among monthly averages of daily lowest #B02103 1) ˚C 2021		＊No. 49 年平均相対湿度 Yearly average of relative humidity #B02201 1) % 2021		＊都道府県コード
	指標値 Indicator	順位 Rank	指標値 Indicator	順位 Rank	指標値 Indicator	順位 Rank	指標値 Indicator	順位 Rank	指標値 Indicator	順位 Rank	Pref. code
	33.0		...		...		...		...		00
	28.9	30	10.2	47	29.0	45	-8.2	1	70	26	01
	33.7	22	11.5	45	28.4	47	-4.4	3	76	6	02
	24.6	38	11.4	46	29.8	44	-6.5	2	77	1	03
	43.7	13	13.7	41	28.7	46	-2.3	7	73	16	04
	27.8	33	12.9	42	30.5	42	-3.3	5	75	12	05
	30.8	27	12.7	44	31.1	31	-4.2	4	75	12	06
	30.7	28	14.0	40	30.4	43	-2.1	9	72	18	07
	63.8	5	15.0	37	30.7	40	-1.9	10	70	26	08
	46.9	12	14.9	38	30.7	40	-2.2	8	71	22	09
	35.7	21	15.7	31	31.7	17	-0.3	14	65	43	10
	68.5	2	16.0	28	32.0	13	-1.1	12	67	38	11
	68.5	3	17.1	17	31.0	34	2.3	32	63	45	12
	64.8	4	16.6	24	31.6	21	1.3	24	69	30	13
	61.0	6	17.0	19	31.2	27	2.5	35	68	36	14
	36.2	17	14.5	39	30.8	39	-0.8	13	76	6	15
	43.4	14	15.1	36	31.5	23	-0.1	16	77	1	16
	33.3	23	15.7	31	31.1	31	1.1	22	69	30	17
	25.7	36	15.4	35	31.6	21	0.2	18	77	1	18
	21.3	44	15.7	31	32.4	8	-1.7	11	66	41	19
	24.0	41	12.9	42	30.9	37	-3.2	6	75	12	20
	20.8	45	16.8	22	32.3	9	1.1	22	65	43	21
	35.7	20	17.7	8	31.3	24	2.6	36	69	30	22
	57.9	7	16.8	22	32.0	13	1.5	26	69	30	23
	35.7	19	16.9	20	31.0	34	2.6	36	63	45	24
	32.3	25	15.7	31	31.3	24	0.8	20	76	6	25
	25.5	37	16.9	20	32.8	4	1.6	27	67	38	26
	70.0	1	17.5	10	32.5	6	3.0	40	66	41	27
	33.0	24	17.5	10	31.3	24	3.0	40	67	38	28
	23.1	43	16.3	27	32.5	6	1.0	21	71	22	29
	23.8	42	17.4	12	31.2	27	3.1	42	69	30	30
	25.8	35	15.9	29	32.0	13	0.7	19	76	6	31
	18.9	46	15.9	29	31.2	27	1.3	24	77	1	32
	31.3	26	16.4	25	32.3	9	-0.1	16	72	18	33
	27.1	34	17.1	17	31.7	17	1.7	28	62	47	34
	28.1	32	16.4	25	32.9	3	-0.2	15	76	6	35
	24.5	39	17.3	15	31.2	27	2.3	32	71	22	36
	53.5	10	17.3	15	32.1	11	1.9	30	69	30	37
	29.3	29	17.4	12	31.9	16	2.6	36	70	26	38
	16.3	47	17.6	9	31.1	31	2.1	31	72	18	39
	55.4	8	18.2	3	33.2	1	3.8	44	68	36	40
	54.7	9	17.9	6	33.1	2	2.3	32	70	26	41
	40.4	15	18.1	5	31.7	17	4.0	45	75	12	42
	37.1	16	17.9	6	32.7	5	1.8	29	72	18	43
	28.3	31	17.4	12	31.0	34	2.8	39	71	22	44
	24.3	40	18.2	3	30.9	37	3.2	43	76	6	45
	35.8	18	19.3	2	32.1	11	5.5	46	73	16	46
	49.3	11	23.6	1	31.7	17	14.4	47	77	1	47

注)項目欄に「＊」の付されている項目は、都道府県庁所在地のデータである。
1)ただし、上記の気象項目については、埼玉県は熊谷市、東京都は千代田区、滋賀県は彦根市における気象台の観測値である。
Note : Items with * refer to the cities with prefectural governments.
1) However, with regard to weather information, Kumagaya-shi observations are used for Saitama-ken, Chiyoda-ku for Tokyo-to, and Hikone-shi for Shiga-ken.

都道府県 Prefecture			No. 50 日照時間（年間）Yearly sunshine hours #B02401 1) 時間：hours 2021		* No. 51 降水量（年間）Yearly precipitation #B02402 1) mm 2021		* No. 52 降水日数（年間）Yearly rainy days #B02303 1) 日：days 2021	*
単位	Unit		時間：hours		mm		日：days	
年度	Fiscal year		2021		2021		2021	
			指標値 Indicator	順位 Rank	指標値 Indicator	順位 Rank	指標値 Indicator	順位 Rank
00	全国	All Japan	...		...		...	
01	北海道	Hokkaido	2,049.0	25	1,089.0	44	122	14
02	青森県	Aomori-ken	1,785.7	41	1,382.5	35	152	6
03	岩手県	Iwate-ken	1,781.2	43	1,268.5	37	131	10
04	宮城県	Miyagi-ken	1,972.8	29	1,183.0	41	106	24
05	秋田県	Akita-ken	1,755.7	45	1,916.5	23	175	1
06	山形県	Yamagata-ken	1,734.5	46	1,037.5	46	141	9
07	福島県	Fukushima-ken	1,811.3	40	1,202.0	39	114	19
08	茨城県	Ibaraki-ken	2,263.1	3	1,661.0	29	97	38
09	栃木県	Tochigi-ken	2,100.0	19	1,740.0	27	105	27
10	群馬県	Gumma-ken	2,218.0	5	1,307.5	36	102	31
11	埼玉県	Saitama-ken	2,245.3	4	1,177.0	42	91	44
12	千葉県	Chiba-ken	2,169.9	11	1,834.5	25	106	24
13	東京都	Tokyo-to	2,089.8	22	2,052.5	17	107	23
14	神奈川県	Kanagawa-ken	2,215.8	6	2,056.5	16	105	27
15	新潟県	Niigata-ken	1,826.8	39	1,952.0	22	162	5
16	富山県	Toyama-ken	1,760.2	44	...	–	171	3
17	石川県	Ishikawa-ken	1,888.8	35	2,690.0	5	169	4
18	福井県	Fukui-ken	1,829.0	38	2,858.0	3	175	1
19	山梨県	Yamanashi-ken	2,319.5	1	1,246.0	38	86	47
20	長野県	Nagano-ken	2,080.1	23	1,075.0	45	101	33
21	岐阜県	Gifu-ken	2,091.6	20	2,249.5	11	118	15
22	静岡県	Shizuoka-ken	2,304.4	2	2,511.0	6	103	29
23	愛知県	Aichi-ken	2,078.1	24	1,998.5	20	111	20
24	三重県	Mie-ken	2,165.6	13	1,839.5	24	117	16
25	滋賀県	Shiga-ken	1,955.8	31	1,803.5	26	126	13
26	京都府	Kyoto-fu	1,907.8	34	2,034.0	18	110	21
27	大阪府	Osaka-fu	2,179.8	9	2,014.5	19	99	35
28	兵庫県	Hyogo-ken	2,178.6	10	1,637.0	31	94	42
29	奈良県	Nara-ken	1,936.4	32	1,642.0	30	106	24
30	和歌山県	Wakayama-ken	2,154.7	15	1,725.0	28	95	41
31	鳥取県	Tottori-ken	1,785.5	42	2,188.0	14	149	8
32	島根県	Shimane-ken	1,846.1	37	2,223.5	12	151	7
33	岡山県	Okayama-ken	2,165.9	12	1,191.5	40	91	44
34	広島県	Hiroshima-ken	...	–	2,267.0	10	92	43
35	山口県	Yamaguchi-ken	1,963.6	30	2,132.5	15	108	22
36	徳島県	Tokushima-ken	2,189.2	8	1,481.5	33	99	35
37	香川県	Kagawa-ken	2,158.8	14	1,135.5	43	97	38
38	愛媛県	Ehime-ken	2,091.4	21	1,545.5	32	96	40
39	高知県	Kochi-ken	2,211.4	7	3,121.0	2	103	29
40	福岡県	Fukuoka-ken	2,043.1	26	1,979.0	21	102	31
41	佐賀県	Saga-ken	2,111.3	18	2,480.5	8	101	33
42	長崎県	Nagasaki-ken	1,920.8	33	2,203.5	13	116	17
43	熊本県	Kumamoto-ken	2,113.2	17	2,347.5	9	98	37
44	大分県	Oita-ken	2,005.2	28	1,480.5	34	87	46
45	宮崎県	Miyazaki-ken	2,145.7	16	3,126.0	1	127	12
46	鹿児島県	Kagoshima-ken	2,038.6	27	2,782.0	4	116	17
47	沖縄県	Okinawa-ken	1,867.1	36	2,485.5	7	131	10

注)項目欄に「＊」の付されている項目は、都道府県庁所在地のデータである。
1)ただし、上記の気象項目については、埼玉県は熊谷市、東京都は千代田区、滋賀県は彦根市における気象台の観測値である。
Note : Items with * refer to the cities with prefectural governments.
1) However, with regard to weather information, Kumagaya-shi observations are used for Saitama-ken, Chiyoda-ku for Tokyo-to, and Hikone-shi for Shiga-ken.

B

（誤認識）

自然言語処理

C. 経済基盤　C Economic Base

		No. 53　1人当たり県民所得（平成23年基準）　Prefectural income per person (2011 base)　#C01311		No. 54　県内総生産額 対前年増加率（平成23年基準）　Annual increase rate of gross prefectural product (2011 base)　#C01111		No. 55　県民所得 対前年増加率（平成23年基準）　Annual increase rate of prefectural income (2011 base)　#C01115		No. 56　県民総所得（名目） 対前年増加率（平成23年基準）　Annual increase rate of gross prefectural income (nominal) (2011 base)　#C01116	
単位	Unit	千円：thousand yen		%		%		%	
年度	Fiscal year	2018		2018		2018		2018	
都道府県	Prefecture	指標値 Indicator	順位 Rank	指標値 Indicator	順位 Rank	指標値 Indicator	順位 Rank	指標値 Indicator	順位 Rank
00 全国	All Japan	3,317		1.0		0.7		1.0	
01 北海道	Hokkaido	2,742	34	0.9	26	1.1	12	1.3	16
02 青森県	Aomori-ken	2,507	45	-1.3	45	-1.3	42	-1.1	45
03 岩手県	Iwate-ken	2,841	31	1.6	18	1.2	11	1.5	12
04 宮城県	Miyagi-ken	2,945	24	0.6	29	-0.0	30	0.7	27
05 秋田県	Akita-ken	2,697	36	-1.3	46	-1.7	45	-1.2	46
06 山形県	Yamagata-ken	2,897	29	-0.1	38	-0.3	33	0.1	34
07 福島県	Fukushima-ken	2,943	25	0.4	35	-1.1	41	0.0	37
08 茨城県	Ibaraki-ken	3,327	6	1.7	14	0.4	20	1.2	19
09 栃木県	Tochigi-ken	3,479	3	0.3	36	-0.5	36	-0.2	40
10 群馬県	Gumma-ken	3,283	8	0.8	28	-0.2	32	0.4	31
11 埼玉県	Saitama-ken	3,047	18	0.5	32	0.1	28	0.6	28
12 千葉県	Chiba-ken	3,116	15	1.3	19	0.9	17	1.2	18
13 東京都	Tokyo-to	5,415	1	1.0	23	1.3	10	1.3	17
14 神奈川県	Kanagawa-ken	3,268	10	1.0	24	2.1	6	2.1	9
15 新潟県	Niigata-ken	2,916	27	1.2	21	0.5	19	0.9	24
16 富山県	Toyama-ken	3,398	5	4.1	2	3.9	2	3.6	2
17 石川県	Ishikawa-ken	3,023	19	2.3	8	2.0	8	2.1	8
18 福井県	Fukui-ken	3,280	9	3.2	5	-0.6	37	0.9	23
19 山梨県	Yamanashi-ken	3,160	13	3.5	4	3.1	3	2.4	5
20 長野県	Nagano-ken	3,010	21	2.0	9	1.8	9	2.0	10
21 岐阜県	Gifu-ken	2,919	26	2.6	7	2.0	7	2.3	6
22 静岡県	Shizuoka-ken	3,432	4	1.8	12	1.1	13	1.6	11
23 愛知県	Aichi-ken	3,728	2	1.6	16	1.1	15	1.4	14
24 三重県	Mie-ken	3,121	14	1.6	17	0.3	22	1.0	21
25 滋賀県	Shiga-ken	3,318	7	0.9	27	-0.9	40	0.1	33
26 京都府	Kyoto-fu	2,983	22	-0.4	42	-0.7	38	-0.6	42
27 大阪府	Osaka-fu	3,190	12	0.6	30	0.4	21	0.6	29
28 兵庫県	Hyogo-ken	2,968	23	-0.4	43	0.1	29	0.0	36
29 奈良県	Nara-ken	2,632	41	1.7	15	1.1	14	1.4	13
30 和歌山県	Wakayama-ken	2,913	28	3.7	3	3.0	4	2.5	4
31 鳥取県	Tottori-ken	2,515	43	0.6	31	0.6	18	1.0	22
32 島根県	Shimane-ken	2,667	37	2.0	11	0.3	23	1.1	20
33 岡山県	Okayama-ken	2,769	32	-0.1	39	-2.4	46	-0.6	43
34 広島県	Hiroshima-ken	3,109	16	-0.7	44	-1.6	44	-1.0	44
35 山口県	Yamaguchi-ken	3,199	11	0.4	34	-1.5	43	-0.1	38
36 徳島県	Tokushima-ken	3,092	17	1.2	20	-0.1	31	0.8	26
37 香川県	Kagawa-ken	3,013	20	0.4	33	-0.4	34	-0.1	39
38 愛媛県	Ehime-ken	2,658	39	-2.1	47	-2.8	47	-2.3	47
39 高知県	Kochi-ken	2,644	40	0.2	37	-0.4	35	0.1	35
40 福岡県	Fukuoka-ken	2,885	30	1.1	22	0.3	25	0.8	25
41 佐賀県	Saga-ken	2,753	33	6.3	1	5.1	1	6.0	1
42 長崎県	Nagasaki-ken	2,629	42	1.7	13	1.0	16	1.3	15
43 熊本県	Kumamoto-ken	2,667	37	-0.2	41	0.2	26	0.3	32
44 大分県	Oita-ken	2,714	35	2.7	6	0.3	24	3.0	3
45 宮崎県	Miyazaki-ken	2,468	46	1.0	25	0.2	27	0.5	30
46 鹿児島県	Kagoshima-ken	2,509	44	-0.1	40	-0.8	39	-0.4	41
47 沖縄県	Okinawa-ken	2,391	47	2.0	10	2.2	5	2.2	7

No.57 第2次産業事業所数構成比（対事業所数）Ratio of secondary industry establishments #C02104 % 2014		No.58 第3次産業事業所数構成比（対事業所数）Ratio of tertiary industry establishments #C02105 % 2014		No.59 従業者1～4人の事業所割合（対民営事業所数）Percentage of private establishments with 1-4 employees #C02206 % 2016		No.60 従業者100～299人の事業所割合（対民営事業所数）Percentage of private establishments with 100-299 employees #C02209 % 2016		No.61 従業者300人以上の事業所割合（対民営事業所数）Percentage of private establishments with 300 employees and over #C02210 % 2016		都道府県コード Pref. code
指標値 Indicator	順位 Rank	指標値 Indicator	順位 Rank	指標値 Indicator	順位 Rank	指標値 Indicator	順位 Rank	指標値 Indicator	順位 Rank	
17.65		81.75		57.05		0.93		0.23		00
14.03	45	84.07	5	57.10	37	0.82	20	0.15	24	01
14.73	43	84.06	6	59.90	16	0.69	37	0.09	46	02
15.87	34	82.62	18	58.32	29	0.69	36	0.12	39	03
15.94	33	83.41	14	54.34	43	0.84	17	0.19	17	04
17.76	22	80.73	29	61.25	8	0.59	44	0.10	44	05
20.20	15	78.89	34	61.90	5	0.65	40	0.14	31	06
19.76	16	79.49	32	58.46	28	0.77	24	0.14	32	07
22.12	5	77.16	43	57.05	38	0.94	9	0.24	5	08
21.82	8	77.50	41	58.79	24	0.83	19	0.21	11	09
23.01	3	76.29	45	59.73	17	0.84	18	0.21	9	10
21.92	6	77.84	40	55.82	41	0.96	7	0.21	10	11
16.49	29	83.00	15	54.25	44	1.01	5	0.22	7	12
13.84	46	86.08	2	53.28	47	1.38	1	0.49	1	13
16.16	31	83.61	10	54.06	46	1.08	2	0.30	2	14
21.86	7	77.10	44	60.23	12	0.79	23	0.14	30	15
20.77	12	78.36	37	58.92	22	0.93	10	0.16	22	16
22.14	4	77.18	42	60.10	14	0.75	26	0.16	20	17
23.60	2	75.68	46	60.35	11	0.74	27	0.13	33	18
20.79	11	78.53	36	62.03	4	0.68	39	0.15	28	19
21.01	10	77.95	39	61.79	6	0.72	30	0.15	27	20
24.05	1	75.30	47	60.37	9	0.72	29	0.15	26	21
21.60	9	77.99	38	59.19	21	0.91	11	0.18	18	22
20.28	14	79.43	33	54.21	45	1.08	3	0.27	3	23
19.73	17	79.51	31	57.77	32	0.87	14	0.20	14	24
20.61	13	78.70	35	57.59	33	1.07	4	0.24	6	25
19.42	18	80.32	30	59.95	15	0.81	21	0.21	8	26
17.32	23	82.61	19	56.05	40	1.00	6	0.26	4	27
16.13	32	83.57	12	57.40	34	0.95	8	0.20	13	28
17.84	21	81.86	25	58.79	25	0.71	31	0.16	23	29
17.31	24	82.20	23	63.87	1	0.58	46	0.10	45	30
14.95	41	83.77	8	58.11	30	0.70	33	0.12	42	31
17.26	25	81.56	26	60.35	10	0.51	47	0.11	43	32
18.33	19	81.06	27	56.86	39	0.90	12	0.19	16	33
16.93	27	82.44	21	57.27	35	0.87	15	0.20	15	34
15.74	35	83.57	11	58.54	27	0.76	25	0.16	21	35
16.29	30	82.77	16	62.24	3	0.59	45	0.12	40	36
18.10	20	80.98	28	58.87	23	0.80	22	0.13	37	37
16.99	26	82.09	24	59.32	20	0.69	34	0.13	34	38
14.81	42	84.13	4	62.63	2	0.60	43	0.07	47	39
14.60	44	85.07	3	54.60	42	0.88	13	0.20	12	40
16.78	28	82.45	20	57.95	31	0.86	16	0.15	25	41
15.26	38	83.86	7	60.21	13	0.61	42	0.13	35	42
15.40	37	83.43	13	57.18	36	0.73	28	0.17	19	43
14.99	40	83.61	9	58.66	26	0.68	38	0.13	36	44
15.67	36	82.27	22	59.71	18	0.65	41	0.12	41	45
15.20	39	82.73	17	59.33	19	0.70	32	0.13	38	46
11.08	47	88.25	1	61.70	7	0.69	35	0.14	29	47

経済基盤 C （指標）

			No. 62 第2次産業従業者数 （1事業所当たり） Number of employees in secondary industry (per establishment) #C03305		No. 63 第3次産業従業者数 （1事業所当たり） Number of employees in tertiary industry (per establishment) #C03306		No. 64 従業者1〜4人の事業所の従業者割合 （対民営事業所従業者数） Percentage of employees in private establishments with 1-4 employees #C03206		No. 65 従業者100〜299人の事業所の従業者割合 （対民営事業所従業者数） Percentage of employees in private establishments with 100-299 employees #C03209	
単位		Unit	人：persons		人：persons		％		％	
年度		Fiscal year	2014		2014		2016		2016	
都道府県		Prefecture	指標値 Indicator	順位 Rank	指標値 Indicator	順位 Rank	指標値 Indicator	順位 Rank	指標値 Indicator	順位 Rank
00	全国	All Japan	12.95		10.41		11.46		13.74	
01	北海道	Hokkaido	11.50	33	9.85	11	12.51	31	13.26	19
02	青森県	Aomori-ken	12.48	22	8.68	32	14.27	13	12.34	33
03	岩手県	Iwate-ken	14.78	5	8.56	38	13.35	23	11.75	40
04	宮城県	Miyagi-ken	13.49	16	10.22	8	11.50	38	12.67	27
05	秋田県	Akita-ken	11.45	35	8.19	42	14.65	9	10.94	44
06	山形県	Yamagata-ken	12.51	21	8.01	46	14.94	6	12.08	37
07	福島県	Fukushima-ken	13.54	13	8.57	37	13.21	24	12.90	24
08	茨城県	Ibaraki-ken	13.70	12	9.90	10	11.39	40	13.79	12
09	栃木県	Tochigi-ken	13.52	14	9.27	18	12.29	33	12.90	23
10	群馬県	Gumma-ken	12.91	18	9.21	20	12.60	30	13.48	16
11	埼玉県	Saitama-ken	11.64	30	10.64	6	11.27	41	14.09	9
12	千葉県	Chiba-ken	12.00	28	11.28	3	10.49	44	14.08	10
13	東京都	Tokyo-to	12.88	19	14.86	1	8.13	47	15.35	2
14	神奈川県	Kanagawa-ken	14.01	11	11.92	2	9.78	46	14.42	5
15	新潟県	Niigata-ken	11.59	32	8.67	33	13.79	18	13.44	17
16	富山県	Toyama-ken	14.90	4	8.64	35	12.69	29	14.49	4
17	石川県	Ishikawa-ken	10.67	43	8.85	28	14.06	16	12.81	25
18	福井県	Fukui-ken	10.87	41	8.61	36	14.07	15	13.00	21
19	山梨県	Yamanashi-ken	11.11	40	8.16	43	15.05	4	11.97	38
20	長野県	Nagano-ken	11.71	29	8.19	41	14.71	7	12.65	28
21	岐阜県	Gifu-ken	11.19	37	8.41	39	14.32	11	12.44	32
22	静岡県	Shizuoka-ken	14.27	9	9.03	21	12.49	32	14.36	6
23	愛知県	Aichi-ken	17.09	1	10.94	5	9.84	45	14.09	8
24	三重県	Mie-ken	15.84	3	9.24	19	11.77	36	13.08	20
25	滋賀県	Shiga-ken	16.50	2	9.79	12	11.02	42	15.71	1
26	京都府	Kyoto-fu	10.13	44	10.19	9	12.77	27	12.96	22
27	大阪府	Osaka-fu	12.29	26	11.10	4	10.86	43	14.16	7
28	兵庫県	Hyogo-ken	14.30	6	9.62	13	11.96	35	14.75	3
29	奈良県	Nara-ken	10.70	42	9.57	15	13.54	21	11.68	41
30	和歌山県	Wakayama-ken	10.08	45	7.96	47	16.48	1	10.98	43
31	鳥取県	Tottori-ken	12.82	20	8.72	30	13.46	22	12.12	35
32	島根県	Shimane-ken	11.15	38	8.14	45	14.97	5	9.06	47
33	岡山県	Okayama-ken	14.27	8	9.54	16	11.76	37	13.56	14
34	広島県	Hiroshima-ken	14.18	10	9.62	14	11.96	34	13.63	13
35	山口県	Yamaguchi-ken	14.28	7	8.92	26	13.05	25	12.78	26
36	徳島県	Tokushima-ken	12.41	24	8.15	44	15.35	3	10.80	45
37	香川県	Kagawa-ken	12.18	27	8.98	24	13.56	20	13.50	15
38	愛媛県	Ehime-ken	11.62	31	8.74	29	13.90	17	12.15	34
39	高知県	Kochi-ken	9.19	47	8.21	40	16.09	2	12.44	31
40	福岡県	Fukuoka-ken	12.45	23	10.38	7	11.39	39	13.37	18
41	佐賀県	Saga-ken	13.51	15	8.97	25	13.02	26	13.81	11
42	長崎県	Nagasaki-ken	11.47	34	9.00	22	14.70	8	10.72	46
43	熊本県	Kumamoto-ken	12.35	25	9.34	17	12.75	28	12.12	36
44	大分県	Oita-ken	13.45	17	8.70	31	13.61	19	11.62	42
45	宮崎県	Miyazaki-ken	11.13	39	8.65	34	14.32	10	11.92	39
46	鹿児島県	Kagoshima-ken	11.24	36	8.87	27	14.11	14	12.52	30
47	沖縄県	Okinawa-ken	9.61	46	8.99	23	14.27	12	12.55	29

No. 66 従業者300人以上の事業所の従業者割合（対民営事業所従業者数） Percentage of employees in private establishments with 300 employees and over #C03210 % 2016		No. 67 就業者1人当たり農業産出額（個人経営体） Gross agricultural product per agricultural worker (Independent management) #C0410102 万円：10 thousand yen 2020		No. 68 耕地面積比率（耕地面積／総面積） Percentage of cultivated land area #C04105 % 2021		No. 69 土地生産性（耕地面積1ヘクタール当たり） Land productivity (per hectare of cultivated land area) #C04106 万円：10 thousand yen 2020		No. 70 耕地面積（農家1戸当たり） Cultivated land area (per farm household) #C0410701 m² 2021		都道府県コード
指標値 Indicator	順位 Rank	指標値 Indicator	順位 Rank	指標値 Indicator	順位 Rank	指標値 Indicator	順位 Rank	指標値 Indicator	順位 Rank	Pref. code
14.60		657.0		11.7		204.8		24,893.0		00
8.95	31	1,793.1	1	14.6	11	110.8	46	304,037.9	1	01
5.43	46	678.4	9	15.5	10	217.8	29	41,025.6	2	02
7.19	43	616.5	15	9.8	24	183.3	35	28,336.6	7	03
10.31	20	579.6	17	17.2	6	151.2	39	30,234.4	5	04
7.44	42	562.9	19	12.6	17	129.4	43	39,443.9	3	05
7.93	37	642.5	12	12.4	18	214.5	31	29,221.8	6	06
8.58	33	410.1	41	10.0	23	152.9	38	21,907.4	19	07
14.11	9	768.2	5	26.6	1	270.0	16	22,616.7	17	08
14.19	8	669.9	10	19.0	5	235.7	23	26,340.9	10	09
12.95	11	885.0	4	10.4	21	368.7	6	15,588.4	27	10
11.66	17	445.3	34	19.4	4	226.5	24	15,819.0	26	11
13.04	10	765.6	6	23.8	2	312.0	13	24,141.2	14	12
27.00	1	287.2	47	2.9	47	350.7	8	6,700.1	46	13
17.03	3	400.5	43	7.5	35	358.2	7	8,548.6	44	14
7.84	39	548.1	24	13.4	15	149.5	40	26,887.9	9	15
10.26	21	558.7	21	13.7	14	108.1	47	33,498.9	4	16
10.09	23	548.4	23	9.7	26	131.1	42	25,576.4	11	17
9.13	29	514.4	27	9.5	27	112.8	45	24,847.4	12	18
9.88	25	475.1	33	5.2	44	416.2	3	8,325.6	45	19
9.82	26	485.8	30	7.8	34	256.1	18	11,716.7	37	20
8.90	32	518.9	26	5.2	45	196.9	34	11,280.0	39	21
12.12	14	487.3	29	7.9	33	300.5	14	12,121.6	34	22
18.54	2	720.4	7	14.2	13	392.5	5	12,005.6	35	23
14.68	5	554.2	22	10.0	22	179.8	36	17,178.6	22	24
14.22	7	621.4	14	12.7	16	120.9	44	23,166.9	16	25
14.63	6	424.3	40	6.4	40	215.4	30	11,902.4	36	26
15.07	4	373.5	44	6.5	39	248.8	19	5,957.8	47	27
12.38	13	427.3	39	8.7	29	202.5	32	10,845.6	41	28
9.67	27	371.7	45	5.4	43	197.5	33	9,020.5	43	29
7.66	41	405.9	42	6.7	38	347.2	9	12,508.4	32	30
7.07	44	440.5	36	9.7	25	222.7	25	14,758.1	28	31
8.57	34	429.4	37	5.4	42	170.3	37	13,315.7	29	32
11.71	16	483.4	32	8.8	28	222.3	27	12,358.3	33	33
12.86	12	485.0	31	6.2	41	222.4	26	11,646.6	38	34
10.14	22	354.5	46	7.3	36	131.2	41	16,277.7	24	35
10.32	19	497.8	28	6.8	37	335.1	10	11,186.8	40	36
7.81	40	444.2	35	15.6	9	272.1	15	10,026.7	42	37
7.86	38	427.9	38	8.1	32	260.9	17	13,202.3	30	38
4.31	47	575.2	18	3.7	46	418.4	2	13,150.0	31	39
11.77	15	519.2	25	15.9	8	248.1	20	19,177.3	21	40
8.56	35	641.1	13	20.7	3	240.0	22	27,085.0	8	41
9.04	30	593.9	16	11.1	20	323.4	11	16,229.4	25	42
10.44	18	657.4	11	14.5	12	312.3	12	22,452.4	18	43
9.26	28	562.0	20	8.6	30	220.8	28	17,055.8	23	44
6.85	45	1,060.5	3	8.4	31	513.5	1	20,943.8	20	45
8.26	36	1,269.8	2	12.3	19	415.7	4	23,345.7	15	46
9.89	24	684.8	8	16.0	7	245.9	21	24,750.8	13	47

経済基盤　C　（指標）

			No. 71 製造品出荷額等 (従業者1人当たり) Value of manufactured goods shipments, etc. (per employee) #C04401		No. 72 製造品出荷額等 (1事業所当たり) Value of manufactured goods shipments, etc. (per establishment) #C04404		No. 73 商業年間商品販売額 (卸売業＋小売業) (従業者1人当たり) Annual sales of commercial goods (Wholesale and retail trade) (per employee) #C04505		No. 74 商業年間商品販売額 (卸売業＋小売業) (1事業所当たり) Annual sales of commercial goods (Wholesale and retail trade) (per establishment) #C04507	
単位	Unit		万円：10 thousand yen		百万円：million yen		万円：10 thousand yen		百万円：million yen	
年度	Fiscal year		2019		2019		2019		2019	
都道府県	Prefecture		指標値 Indicator	順位 Rank	指標値 Indicator	順位 Rank	指標値 Indicator	順位 Rank	指標値 Indicator	順位 Rank
00	全国	All Japan	4,146.7		1,742.3		3,866.3		330.9	
01	北海道	Hokkaido	3,544.4	23	1,194.7	31	3,394.3	8	279.7	9
02	青森県	Aomori-ken	2,999.2	33	1,254.3	30	2,736.5	25	190.4	26
03	岩手県	Iwate-ken	2,986.4	35	1,258.4	29	2,818.9	22	194.5	25
04	宮城県	Miyagi-ken	3,818.7	21	1,757.9	17	4,082.8	4	333.9	4
05	秋田県	Akita-ken	2,056.6	46	751.7	44	2,607.3	34	168.8	35
06	山形県	Yamagata-ken	2,816.1	41	1,168.2	33	2,624.2	32	165.8	38
07	福島県	Fukushima-ken	3,169.7	28	1,446.6	23	2,943.1	16	202.0	24
08	茨城県	Ibaraki-ken	4,595.9	11	2,487.4	7	2,760.9	24	216.2	18
09	栃木県	Tochigi-ken	4,332.2	15	2,161.1	10	3,080.9	13	227.5	15
10	群馬県	Gumma-ken	4,213.9	16	1,935.8	14	3,731.2	5	281.3	7
11	埼玉県	Saitama-ken	3,446.5	24	1,274.4	28	2,843.1	20	266.8	10
12	千葉県	Chiba-ken	5,904.4	3	2,577.9	6	2,823.7	21	259.9	11
13	東京都	Tokyo-to	2,900.3	38	725.5	45	7,099.9	1	917.9	1
14	神奈川県	Kanagawa-ken	4,985.9	9	2,414.8	9	2,805.4	23	281.0	8
15	新潟県	Niigata-ken	2,618.4	43	948.3	42	2,937.2	17	210.6	22
16	富山県	Toyama-ken	3,071.5	29	1,439.4	24	3,192.9	9	211.7	21
17	石川県	Ishikawa-ken	2,861.7	40	1,073.9	39	3,179.1	10	230.1	13
18	福井県	Fukui-ken	3,034.9	31	1,080.4	37	2,700.7	27	182.2	30
19	山梨県	Yamanashi-ken	3,445.7	25	1,463.4	22	2,395.4	42	163.2	41
20	長野県	Nagano-ken	3,005.0	32	1,276.2	27	2,930.2	18	206.6	23
21	岐阜県	Gifu-ken	2,890.2	39	1,077.9	38	2,649.1	30	185.2	29
22	静岡県	Shizuoka-ken	4,150.4	17	1,905.6	16	3,080.5	15	219.8	16
23	愛知県	Aichi-ken	5,552.3	5	3,127.8	3	4,500.7	2	423.1	3
24	三重県	Mie-ken	5,240.2	6	3,147.5	2	2,400.1	41	175.4	34
25	滋賀県	Shiga-ken	4,970.2	10	3,030.3	5	2,337.1	44	189.8	27
26	京都府	Kyoto-fu	3,907.8	19	1,374.2	26	2,587.3	36	215.4	19
27	大阪府	Osaka-fu	3,785.9	22	1,092.8	36	4,360.6	3	431.2	2
28	兵庫県	Hyogo-ken	4,467.2	12	2,136.3	11	3,080.7	14	251.0	12
29	奈良県	Nara-ken	3,429.4	26	1,156.6	34	2,035.0	47	152.9	46
30	和歌山県	Wakayama-ken	5,014.7	8	1,594.9	19	2,619.6	33	158.9	43
31	鳥取県	Tottori-ken	2,304.0	44	937.1	43	2,603.4	35	176.9	33
32	島根県	Shimane-ken	2,916.5	36	1,094.9	35	2,585.7	37	155.6	45
33	岡山県	Okayama-ken	5,122.0	7	2,437.2	8	2,849.5	19	219.1	17
34	広島県	Hiroshima-ken	4,423.1	14	2,078.0	12	3,606.8	7	290.1	6
35	山口県	Yamaguchi-ken	6,792.3	1	3,848.2	1	2,437.3	40	165.4	39
36	徳島県	Tokushima-ken	4,043.4	18	1,750.6	18	2,518.7	38	159.9	42
37	香川県	Kagawa-ken	3,848.0	20	1,485.8	21	3,174.1	11	229.8	14
38	愛媛県	Ehime-ken	5,624.6	4	2,073.5	13	3,135.2	12	214.0	20
39	高知県	Kochi-ken	2,291.4	45	520.5	46	2,302.1	45	141.9	47
40	福岡県	Fukuoka-ken	4,454.2	13	1,921.3	15	3,633.8	6	293.9	5
41	佐賀県	Saga-ken	3,350.7	27	1,578.8	20	2,365.0	43	157.3	44
42	長崎県	Nagasaki-ken	3,062.1	30	1,048.3	40	2,649.1	31	167.8	36
43	熊本県	Kumamoto-ken	2,999.0	34	1,435.5	25	2,712.2	26	189.5	28
44	大分県	Oita-ken	6,486.5	2	3,061.9	4	2,447.1	39	166.1	37
45	宮崎県	Miyazaki-ken	2,907.0	37	1,170.9	32	2,700.1	28	181.8	31
46	鹿児島県	Kagoshima-ken	2,792.2	42	983.7	41	2,689.9	29	177.6	32
47	沖縄県	Okinawa-ken	1,819.5	47	436.6	47	2,253.5	46	164.8	40

No. 75 国内銀行預金残高（人口1人当たり）Outstanding of deposits of domestically licensed banks (per capita) #C04605 万円：10 thousand yen 2021		No. 76 郵便貯金残高（人口1人当たり）Outstanding post-office savings (per capita) #C0460101 万円：10 thousand yen 2021		No. 77 消費者物価地域差指数（総合）Regional Difference Index of Consumer Prices (All items) #L04414 — 2021		No. 78 消費者物価地域差指数（家賃を除く総合）Regional Difference Index of Consumer Prices (All items, less rent) #L04415 — 2021		No. 79 消費者物価地域差指数（食料）Regional Difference Index of Consumer Prices (Food) #L04416 — 2021		都道府県コード
指標値 Indicator	順位 Rank	指標値 Indicator	順位 Rank	指標値 Indicator	順位 Rank	指標値 Indicator	順位 Rank	指標値 Indicator	順位 Rank	Pref. code
736.3		145.4		100.0		100.0		100.0		00
378.6	45	151.4	17	100.8	4	101.7	3	100.9	15	01
400.6	42	120.6	44	97.9	36	98.9	31	97.5	42	02
419.1	40	133.1	36	99.4	17	100.0	14	98.7	33	03
517.0	18	132.0	37	99.4	17	99.6	23	98.1	39	04
457.7	31	126.2	42	98.4	28	98.9	31	98.3	35	05
456.6	32	123.3	43	100.8	4	101.2	4	102.5	6	06
458.2	30	151.4	18	99.4	17	100.0	14	99.8	24	07
466.7	28	164.3	8	97.8	37	98.2	41	98.3	35	08
491.9	22	148.3	23	98.1	34	98.6	35	98.5	34	09
467.6	27	141.5	30	96.6	46	97.2	46	97.2	43	10
487.6	24	141.8	29	100.3	7	99.9	16	99.1	29	11
548.2	12	143.4	27	100.6	6	100.2	12	100.2	21	12
2,343.4	1	149.2	21	104.5	1	102.7	1	102.8	4	13
535.2	15	133.4	35	103.0	2	102.4	2	101.6	9	14
469.6	26	146.8	24	98.3	30	98.5	36	99.5	27	15
620.8	5	154.5	15	98.8	24	99.2	26	101.5	11	16
546.2	13	160.6	10	100.1	8	100.7	6	103.4	3	17
524.3	17	175.1	3	99.5	16	99.9	16	103.9	1	18
432.1	38	151.3	19	97.7	40	98.3	40	98.1	39	19
454.4	34	137.5	32	97.4	42	97.9	43	95.4	47	20
455.8	33	135.6	33	97.3	43	97.9	43	98.3	35	21
462.6	29	119.4	46	98.4	28	98.7	34	98.9	32	22
612.3	8	143.7	26	98.0	35	98.4	38	98.3	35	23
524.5	16	151.2	20	99.3	21	99.6	23	100.6	20	24
484.0	25	129.7	39	100.0	9	100.3	11	99.2	28	25
619.3	7	159.8	11	101.1	3	101.0	5	101.2	13	26
899.6	2	158.0	13	99.8	13	99.8	20	99.1	29	27
493.5	21	152.1	16	99.7	15	99.8	20	100.2	21	28
576.1	9	172.9	5	97.3	43	98.0	42	96.8	45	29
498.2	20	190.9	1	99.4	17	100.2	12	100.8	17	30
488.7	23	131.0	38	98.3	30	99.1	28	101.5	11	31
437.1	37	141.0	31	99.9	11	100.6	8	102.2	7	32
499.4	19	163.7	9	97.8	37	98.4	38	100.1	23	33
539.3	14	166.6	7	98.7	25	99.2	26	101.2	13	34
557.6	10	170.0	6	100.0	9	100.7	6	102.6	5	35
732.7	3	189.5	2	99.8	13	100.5	9	102.0	8	36
654.8	4	173.0	4	98.5	26	99.6	23	100.8	17	37
619.8	6	128.9	40	98.2	32	99.0	30	100.9	15	38
449.1	35	128.1	41	99.9	11	100.4	10	101.6	9	39
548.8	11	134.4	34	97.5	41	98.5	36	97.1	44	40
382.7	44	144.1	25	98.2	32	99.1	28	97.9	41	41
442.3	36	156.4	14	99.2	22	99.9	16	99.7	25	42
431.2	39	148.8	22	99.0	23	99.8	20	100.7	19	43
405.5	41	158.8	12	97.8	37	98.9	31	99.6	26	44
374.2	46	119.7	45	96.2	47	97.1	47	95.6	46	45
355.9	47	142.4	28	97.2	45	97.7	45	99.1	29	46
400.0	43	59.9	47	98.5	26	99.9	16	103.9	1	47

経済基盤　C　（指標）

		No. 80 消費者物価地域差指数 （住居） Regional Difference Index of Consumer Prices (Housing) #L04417		No. 81 消費者物価地域差指数 （光熱・水道） Regional Difference Index of Consumer Prices (Fuel, light and water charges) #L04418		No. 82 消費者物価地域差指数 （家具・家事用品） Regional Difference Index of Consumer Prices (Furniture and household utensils) #L04419		No. 83 消費者物価地域差指数 （被服及び履物） Regional Difference Index of Consumer Prices (Clothes and footwear) #L04420	
単位	Unit	—		—		—		—	
年度	Fiscal year	2021		2021		2021		2021	
都道府県	Prefecture	指標値 Indicator	順位 Rank	指標値 Indicator	順位 Rank	指標値 Indicator	順位 Rank	指標値 Indicator	順位 Rank
00 全国	All Japan	100.0		100.0		100.0		100.0	
01 北海道	Hokkaido	86.0	38	117.4	1	102.3	7	104.6	3
02 青森県	Aomori-ken	86.4	37	111.2	7	98.9	26	102.0	11
03 岩手県	Iwate-ken	90.6	23	112.5	3	99.7	21	98.9	27
04 宮城県	Miyagi-ken	94.5	12	104.4	19	100.3	17	99.6	21
05 秋田県	Akita-ken	82.2	46	109.3	10	104.1	2	99.3	23
06 山形県	Yamagata-ken	95.0	9	112.3	4	96.7	41	93.8	47
07 福島県	Fukushima-ken	90.5	24	110.0	8	99.7	21	101.3	16
08 茨城県	Ibaraki-ken	93.5	16	104.1	22	93.6	46	99.8	20
09 栃木県	Tochigi-ken	87.0	33	98.4	36	102.6	4	107.9	1
10 群馬県	Gumma-ken	90.2	25	100.4	30	99.2	23	97.9	32
11 埼玉県	Saitama-ken	106.9	4	94.0	46	102.5	5	103.6	6
12 千葉県	Chiba-ken	112.5	3	99.8	32	101.0	13	97.5	35
13 東京都	Tokyo-to	131.9	1	93.7	47	104.3	1	102.0	11
14 神奈川県	Kanagawa-ken	116.1	2	96.2	42	101.3	10	101.7	14
15 新潟県	Niigata-ken	86.9	34	100.3	31	96.1	43	101.5	15
16 富山県	Toyama-ken	93.2	17	102.6	25	98.7	28	99.0	26
17 石川県	Ishikawa-ken	83.1	44	104.6	17	97.9	35	106.1	2
18 福井県	Fukui-ken	86.5	36	97.4	38	103.5	3	99.3	23
19 山梨県	Yamanashi-ken	92.9	19	97.9	37	99.1	24	98.2	30
20 長野県	Nagano-ken	88.8	29	102.7	24	97.3	38	102.5	9
21 岐阜県	Gifu-ken	84.6	40	94.8	44	95.4	44	96.6	41
22 静岡県	Shizuoka-ken	95.2	7	97.4	38	102.4	6	100.3	18
23 愛知県	Aichi-ken	93.6	15	96.3	41	98.4	31	97.6	34
24 三重県	Mie-ken	95.0	9	97.2	40	100.2	18	99.1	25
25 滋賀県	Shiga-ken	94.8	11	98.6	35	101.1	12	98.7	28
26 京都府	Kyoto-fu	101.7	5	99.7	33	96.8	40	96.5	42
27 大阪府	Osaka-fu	97.3	6	94.1	45	98.2	33	98.5	29
28 兵庫県	Hyogo-ken	95.2	7	96.2	42	101.9	9	100.9	17
29 奈良県	Nara-ken	85.8	39	100.7	29	97.5	37	97.5	35
30 和歌山県	Wakayama-ken	90.1	26	99.2	34	98.4	31	97.9	32
31 鳥取県	Tottori-ken	83.1	44	108.1	11	97.7	36	103.5	7
32 島根県	Shimane-ken	86.8	35	112.6	2	100.0	20	97.4	38
33 岡山県	Okayama-ken	83.6	43	105.8	13	96.4	42	98.0	31
34 広島県	Hiroshima-ken	89.6	28	104.3	21	93.6	46	96.9	39
35 山口県	Yamaguchi-ken	94.3	13	110.0	8	98.9	26	101.9	13
36 徳島県	Tokushima-ken	93.1	18	105.1	15	100.9	14	102.5	9
37 香川県	Kagawa-ken	81.4	47	105.3	14	102.2	8	94.2	46
38 愛媛県	Ehime-ken	84.4	41	106.9	12	100.6	15	97.5	35
39 高知県	Kochi-ken	92.8	20	104.4	19	100.4	16	103.4	8
40 福岡県	Fukuoka-ken	90.0	27	104.5	18	98.1	34	95.8	43
41 佐賀県	Saga-ken	88.0	32	111.6	6	99.1	24	104.0	4
42 長崎県	Nagasaki-ken	91.7	21	111.9	5	100.2	18	104.0	4
43 熊本県	Kumamoto-ken	94.3	13	102.0	27	97.0	39	99.6	21
44 大分県	Oita-ken	84.4	41	105.0	16	101.3	10	95.1	44
45 宮崎県	Miyazaki-ken	90.8	22	102.1	26	98.7	28	96.8	40
46 鹿児島県	Kagoshima-ken	88.2	30	101.2	28	98.7	28	95.0	45
47 沖縄県	Okinawa-ken	88.2	30	102.8	23	94.6	45	100.0	19

経済基盤　Ｃ　（指標）

No. 84 消費者物価地域差指数 (保健医療) Regional Difference Index of Consumer Prices (Medical care) #L04421 — 2021		No. 85 消費者物価地域差指数 (交通・通信) Regional Difference Index of Consumer Prices (Transportation and communication) #L04422 — 2021		No. 86 消費者物価地域差指数 (教育) Regional Difference Index of Consumer Prices (Education) #L04423 — 2021		No. 87 消費者物価地域差指数 (教養娯楽) Regional Difference Index of Consumer Prices (Culture and recreation) #L04424 — 2021		No. 88 消費者物価地域差指数 (諸雑費) Regional Difference Index of Consumer Prices (Miscellaneous) #L04425 — 2021		都道府県コード
指標値 Indicator	順位 Rank	指標値 Indicator	順位 Rank	指標値 Indicator	順位 Rank	指標値 Indicator	順位 Rank	指標値 Indicator	順位 Rank	Pref. code
100.0		100.0		100.0		100.0		100.0		00
101.1	8	100.5	11	92.9	27	98.8	13	100.3	13	01
98.5	37	99.3	27	94.0	23	95.0	39	94.1	45	02
100.5	13	100.1	16	89.7	37	99.5	9	96.4	41	03
101.7	2	100.1	16	97.5	16	99.0	12	101.4	7	04
98.5	37	99.5	26	85.6	42	97.7	18	99.9	16	05
97.3	45	100.9	6	100.2	11	97.4	21	97.8	33	06
98.5	37	100.3	12	94.0	23	94.8	41	100.9	9	07
98.3	42	98.0	43	89.9	36	97.0	26	98.5	29	08
100.4	16	98.9	36	98.3	13	95.4	37	99.2	21	09
99.3	25	98.0	43	79.4	47	97.1	24	97.4	36	10
99.9	22	100.1	16	97.8	15	103.2	3	101.9	5	11
99.3	25	99.2	28	95.3	21	101.9	4	100.6	10	12
101.8	1	103.2	1	109.5	5	104.9	1	100.6	10	13
101.7	2	101.4	2	107.7	6	104.9	1	105.1	1	14
99.3	25	99.1	30	92.5	28	99.5	9	98.9	26	15
101.5	4	98.6	41	81.0	46	95.0	39	101.1	8	16
100.5	13	98.8	37	102.1	9	97.0	26	100.2	14	17
101.4	6	100.3	12	101.9	10	93.5	43	98.0	31	18
99.1	30	100.1	16	87.7	39	97.4	21	97.2	37	19
99.4	24	101.3	3	87.7	39	97.6	19	99.2	21	20
99.2	29	101.2	4	92.2	30	98.0	16	99.7	19	21
100.3	18	100.2	15	84.8	43	99.2	11	97.2	37	22
100.0	21	97.5	47	98.1	14	100.0	7	100.2	14	23
98.5	37	100.3	12	95.6	20	98.3	15	100.4	12	24
100.1	20	100.7	8	115.9	3	97.5	20	104.6	2	25
98.0	43	100.8	7	116.4	2	101.4	5	102.6	4	26
99.1	30	100.6	10	121.2	1	101.2	6	99.6	20	27
98.6	36	99.0	33	107.7	6	100.0	7	101.8	6	28
98.9	34	99.9	20	97.1	18	98.8	13	98.0	31	29
101.0	9	101.1	5	113.0	4	95.9	34	98.5	29	30
98.0	43	98.8	37	91.3	32	93.1	45	97.6	35	31
100.9	11	99.9	20	93.9	25	95.8	35	98.8	28	32
101.2	7	98.0	43	88.0	38	96.3	31	99.1	25	33
99.9	22	99.6	24	98.7	12	96.3	31	96.8	40	34
101.0	9	99.0	33	84.8	43	95.6	36	98.9	26	35
99.0	33	98.0	43	96.4	19	97.3	23	99.2	21	36
98.5	37	100.7	8	92.5	28	95.4	37	103.1	3	37
100.2	19	99.1	30	84.6	45	96.9	28	96.2	42	38
101.5	4	99.9	20	93.4	26	96.5	30	99.9	16	39
99.3	25	98.7	39	92.2	30	98.0	16	99.2	21	40
100.4	16	99.8	23	91.2	33	93.3	44	97.8	33	41
100.5	13	99.6	24	87.7	39	94.5	42	97.0	39	42
100.7	12	99.1	30	90.8	34	96.8	29	99.9	16	43
96.9	46	98.6	41	104.1	8	96.3	31	93.9	46	44
96.0	47	99.0	33	94.2	22	92.6	47	94.6	44	45
98.8	35	98.7	39	97.3	17	92.9	46	94.8	43	46
99.1	30	99.2	28	90.8	34	97.1	24	91.2	47	47

都道府県 Prefecture		No. 89 標準価格 対前年平均変動率 (住宅地) Annual increase rate of land prices (Residential) #L04302	
単位	Unit	%	
年度	Fiscal year	2021	
都道府県	Prefecture	指標値 Indicator	順位 Rank
00	**全国** All Japan	-0.5	
01	北海道 Hokkaido	0.3	3
02	青森県 Aomori-ken	-1.1	30
03	岩手県 Iwate-ken	-0.8	22
04	宮城県 Miyagi-ken	0.3	3
05	秋田県 Akita-ken	-1.6	44
06	山形県 Yamagata-ken	-0.9	25
07	福島県 Fukushima-ken	-0.5	15
08	茨城県 Ibaraki-ken	-0.5	15
09	栃木県 Tochigi-ken	-0.9	25
10	群馬県 Gumma-ken	-1.2	34
11	埼玉県 Saitama-ken	-0.1	10
12	千葉県 Chiba-ken	0.0	8
13	東京都 Tokyo-to	0.2	6
14	神奈川県 Kanagawa-ken	-0.2	11
15	新潟県 Niigata-ken	-1.2	34
16	富山県 Toyama-ken	-0.5	15
17	石川県 Ishikawa-ken	0.3	3
18	福井県 Fukui-ken	-1.3	38
19	山梨県 Yamanashi-ken	-1.3	38
20	長野県 Nagano-ken	-0.9	25
21	岐阜県 Gifu-ken	-1.6	44
22	静岡県 Shizuoka-ken	-1.2	34
23	愛知県 Aichi-ken	0.2	6
24	三重県 Mie-ken	-1.6	44
25	滋賀県 Shiga-ken	-1.3	38
26	京都府 Kyoto-fu	-0.6	19
27	大阪府 Osaka-fu	-0.2	11
28	兵庫県 Hyogo-ken	-0.8	22
29	奈良県 Nara-ken	-1.2	34
30	和歌山県 Wakayama-ken	-1.4	42
31	鳥取県 Tottori-ken	-1.1	30
32	島根県 Shimane-ken	-1.1	30
33	岡山県 Okayama-ken	-1.1	30
34	広島県 Hiroshima-ken	-0.7	21
35	山口県 Yamaguchi-ken	-0.6	19
36	徳島県 Tokushima-ken	-1.3	38
37	香川県 Kagawa-ken	-1.0	28
38	愛媛県 Ehime-ken	-1.6	44
39	高知県 Kochi-ken	-0.8	22
40	福岡県 Fukuoka-ken	1.5	2
41	佐賀県 Saga-ken	-0.3	14
42	長崎県 Nagasaki-ken	-1.0	28
43	熊本県 Kumamoto-ken	-0.2	11
44	大分県 Oita-ken	0.0	8
45	宮崎県 Miyazaki-ken	-0.5	15
46	鹿児島県 Kagoshima-ken	-1.4	42
47	沖縄県 Okinawa-ken	1.6	1

機械学習

C

（注釈）

D. 行政基盤　　D Administrative Base

都道府県 Prefecture	No. 90 財政力指数（都道府県財政）Financial power index (Prefecture) #D0110101		No. 91 実質収支比率（都道府県財政）Real term balance of revenue to expenditure (Prefecture) #D01102		No. 92 地方債現在高の割合（対歳出決算総額）（都道府県財政）Percentage of outstanding amount of local bonds to expenditure (Prefecture) #D0130201		No. 93 経常収支比率（都道府県財政）Real term of current balance (Prefecture) #D01401	
単位 Unit	—		%		%		%	
年度 Fiscal year	2019		2019		2019		2019	
	指標値 Indicator	順位 Rank	指標値 Indicator	順位 Rank	指標値 Indicator	順位 Rank	指標値 Indicator	順位 Rank
00 全国 All Japan	0.522		1.6		176.3		95.4	
01 北海道 Hokkaido	0.455	27	0.7	33	241.0	4	99.1	3
02 青森県 Aomori-ken	0.353	37	0.6	34	164.1	39	96.0	21
03 岩手県 Iwate-ken	0.370	35	3.3	3	145.3	44	96.3	19
04 宮城県 Miyagi-ken	0.631	13	3.1	5	145.3	43	97.9	8
05 秋田県 Akita-ken	0.318	44	2.3	10	215.7	11	93.7	39
06 山形県 Yamagata-ken	0.374	34	1.5	21	202.2	21	95.7	27
07 福島県 Fukushima-ken	0.545	19	1.5	21	113.5	45	95.9	23
08 茨城県 Ibaraki-ken	0.655	8	1.1	25	206.3	20	96.6	18
09 栃木県 Tochigi-ken	0.651	10	1.8	17	151.7	41	95.2	30
10 群馬県 Gumma-ken	0.646	11	0.9	29	174.3	37	96.8	16
11 埼玉県 Saitama-ken	0.769	6	0.4	38	219.8	10	97.7	11
12 千葉県 Chiba-ken	0.779	5	1.6	19	186.0	31	97.0	14
13 東京都 Tokyo-to	1.177	1	11.1	1	50.5	47	74.4	47
14 神奈川県 Kanagawa-ken	0.896	3	0.3	41	184.8	33	99.6	2
15 新潟県 Niigata-ken	0.469	25	0.9	29	236.9	6	95.9	23
16 富山県 Toyama-ken	0.483	24	0.5	35	242.6	2	96.9	15
17 石川県 Ishikawa-ken	0.513	22	0.2	45	226.1	8	95.8	25
18 福井県 Fukui-ken	0.415	32	2.6	7	186.0	30	96.0	21
19 山梨県 Yamanashi-ken	0.415	31	1.6	19	207.9	16	94.8	32
20 長野県 Nagano-ken	0.525	21	1.1	25	187.8	29	94.8	32
21 岐阜県 Gifu-ken	0.555	18	1.7	18	211.0	13	93.6	41
22 静岡県 Shizuoka-ken	0.729	7	0.9	29	245.4	1	97.1	12
23 愛知県 Aichi-ken	0.920	2	2.2	13	209.1	15	99.8	1
24 三重県 Mie-ken	0.608	15	2.1	14	214.3	12	95.8	25
25 滋賀県 Shiga-ken	0.573	17	0.3	41	207.6	17	94.7	36
26 京都府 Kyoto-fu	0.586	16	0.3	41	238.9	5	95.4	29
27 大阪府 Osaka-fu	0.792	4	2.3	10	206.6	19	98.5	4
28 兵庫県 Hyogo-ken	0.645	12	0.0	47	241.8	3	95.7	27
29 奈良県 Nara-ken	0.430	29	0.5	35	209.2	14	93.7	39
30 和歌山県 Wakayama-ken	0.333	42	2.3	10	194.2	27	94.8	32
31 鳥取県 Tottori-ken	0.282	45	1.4	23	181.9	34	92.2	43
32 島根県 Shimane-ken	0.262	47	3.5	2	199.4	24	90.7	45
33 岡山県 Okayama-ken	0.530	20	0.3	41	191.8	28	98.4	6
34 広島県 Hiroshima-ken	0.619	14	1.0	27	221.4	9	96.3	19
35 山口県 Yamaguchi-ken	0.459	26	2.4	8	200.2	22	91.5	44
36 徳島県 Tokushima-ken	0.327	43	3.2	4	178.2	36	94.4	37
37 香川県 Kagawa-ken	0.490	23	2.0	16	198.3	25	96.8	16
38 愛媛県 Ehime-ken	0.443	28	0.5	35	164.7	38	90.2	46
39 高知県 Kochi-ken	0.272	46	0.4	38	195.4	26	98.5	4
40 福岡県 Fukuoka-ken	0.655	9	0.4	38	228.4	7	98.3	7
41 佐賀県 Saga-ken	0.350	40	2.1	14	158.5	40	94.8	32
42 長崎県 Nagasaki-ken	0.343	41	0.2	45	185.1	32	97.9	8
43 熊本県 Kumamoto-ken	0.420	30	3.0	6	199.6	23	94.2	38
44 大分県 Oita-ken	0.394	33	1.0	27	181.3	35	95.2	30
45 宮崎県 Miyazaki-ken	0.353	38	2.4	8	151.2	42	92.8	42
46 鹿児島県 Kagoshima-ken	0.351	39	1.4	23	206.8	18	97.9	8
47 沖縄県 Okinawa-ken	0.366	36	0.8	32	85.9	46	97.1	12

	No. 94 自主財源の割合 (対歳出決算総額) (都道府県財政) Percentage of self-financial resources (Prefecture) #D0120101 % 2019		No. 95 一般財源の割合 (対歳出決算総額) (都道府県財政) Percentage of revenues from local taxes and grants (Prefecture) #D0140301 % 2019		No. 96 投資的経費の割合 (対歳出決算総額) (都道府県財政) Percentage of investment expenditure (Prefecture) #D0140201 % 2019		No. 97 地方税割合 (対歳入決算総額) (都道府県財政) Percentage of local taxes (Prefecture) #D0210101 % 2019		No. 98 地方交付税割合 (対歳入決算総額) (都道府県財政) Percentage of grants to local governments (Prefecture) #D0210201 % 2019		Pref. code
	指標値 Indicator	順位 Rank	指標値 Indicator	順位 Rank	指標値 Indicator	順位 Rank	指標値 Indicator	順位 Rank	指標値 Indicator	順位 Rank	
	57.5		64.2		17.3		40.66		16.95		00
	39.6	33	57.2	37	21.5	19	27.53	27	25.10	23	01
	39.1	36	63.7	11	20.0	26	25.02	30	33.12	5	02
	44.5	25	50.8	46	29.7	1	15.62	47	28.89	15	03
	57.1	7	54.0	45	27.3	2	27.69	26	18.06	34	04
	34.4	42	55.7	41	24.8	6	19.18	42	32.26	7	05
	39.3	35	56.6	38	20.2	24	22.36	36	29.60	13	06
	49.6	16	47.8	47	24.1	11	20.00	41	21.83	31	07
	55.0	10	63.5	12	15.3	38	38.65	9	17.92	35	08
	52.4	14	60.4	25	18.2	28	37.45	15	16.72	38	09
	49.6	15	60.4	26	20.9	23	37.55	14	16.94	37	10
	59.1	6	70.2	3	9.0	44	50.89	4	12.18	42	11
	65.3	5	67.1	5	8.5	46	48.07	6	11.08	43	12
	96.7	1	79.4	1	14.7	40	70.66	1	0.00	47	13
	69.5	3	75.8	2	8.9	45	61.33	2	5.68	45	14
	44.1	26	54.8	43	23.3	13	26.96	28	22.97	26	15
	43.5	27	62.0	18	21.8	16	30.21	21	25.69	21	16
	47.5	20	59.0	31	21.8	17	30.93	20	22.62	28	17
	38.4	37	61.5	21	25.6	4	28.60	25	28.10	17	18
	41.9	32	57.6	35	24.8	5	24.25	31	27.99	18	19
	43.4	28	62.1	17	21.2	20	32.54	19	23.64	25	20
	45.2	23	62.9	13	21.5	18	34.81	17	21.96	29	21
	56.0	9	65.5	6	17.2	34	46.08	7	12.78	41	22
	69.7	2	64.0	10	13.5	43	53.51	3	3.24	46	23
	49.0	18	65.4	8	15.7	37	39.04	8	19.05	32	24
	46.5	21	65.4	7	17.9	29	37.93	12	21.84	30	25
	52.6	12	61.7	20	15.0	39	37.37	16	18.67	33	26
	68.1	4	68.1	4	7.0	47	50.75	5	9.60	44	27
	56.2	8	59.9	29	13.6	42	38.56	10	15.93	39	28
	42.1	31	64.7	9	17.4	32	28.99	23	30.50	12	29
	36.4	40	55.9	40	24.3	10	20.12	40	31.23	10	30
	27.0	46	61.1	22	24.7	7	18.54	44	38.49	1	31
	33.4	43	60.0	27	23.2	14	16.89	46	37.41	3	32
	47.9	19	62.8	14	17.8	31	34.37	18	22.76	27	33
	52.5	13	62.6	16	16.2	36	37.89	13	17.53	36	34
	43.3	29	62.0	19	18.8	27	28.79	24	27.28	19	35
	45.4	22	55.1	42	17.3	33	18.68	43	30.80	11	36
	49.5	17	60.5	23	14.7	41	29.80	22	25.14	22	37
	44.6	24	58.2	33	20.1	25	26.66	29	26.10	20	38
	25.8	47	59.3	30	26.9	3	17.39	45	37.75	2	39
	53.2	11	59.9	28	16.8	35	38.08	11	14.86	40	40
	38.2	38	60.4	24	22.4	15	23.17	33	32.26	6	41
	33.1	45	57.7	34	23.9	12	20.79	39	31.92	8	42
	42.4	30	54.1	44	24.6	8	23.45	32	24.93	24	43
	39.6	34	57.5	36	24.6	9	22.98	34	28.67	16	44
	37.8	39	58.8	32	20.9	22	21.72	38	31.78	9	45
	33.2	44	62.6	15	21.0	21	22.16	37	33.97	4	46
	35.2	41	56.3	39	17.9	30	22.44	35	29.55	14	47

		No. 99 国庫支出金割合（対歳入決算総額）（都道府県財政） Percentage of national disbursements (Prefecture) #D0210301		No. 100 住民税（人口1人当たり）（都道府県・市町村財政合計） Resident tax per capita (Prefecture + Municipality) #D0220103		No. 101 固定資産税（人口1人当たり）（都道府県・市町村財政合計） Fixed assets tax per capita (Prefecture + Municipality) #D02202		No. 102 課税対象所得（納税義務者1人当たり） Taxable income (per tax debtor) #D02206	
単位 Unit		％		千円：thousand yen		千円：thousand yen		千円：thousand yen	
年度 Fiscal year		2019		2019		2019		2021	
都道府県 Prefecture		指標値 Indicator	順位 Rank	指標値 Indicator	順位 Rank	指標値 Indicator	順位 Rank	指標値 Indicator	順位 Rank
00 全国	All Japan	11.64		129.4		73.4		3,510.3	
01 北海道	Hokkaido	16.48	8	99.2	29	56.3	42	3,096.4	26
02 青森県	Aomori-ken	16.44	9	80.4	46	58.9	38	2,811.8	46
03 岩手県	Iwate-ken	19.05	3	89.8	35	57.4	39	2,848.0	42
04 宮城県	Miyagi-ken	18.70	4	110.7	19	63.6	28	3,194.5	20
05 秋田県	Akita-ken	15.81	14	79.4	47	54.8	45	2,771.2	47
06 山形県	Yamagata-ken	13.10	23	89.2	37	56.1	43	2,845.3	43
07 福島県	Fukushima-ken	21.73	2	99.7	28	69.5	15	2,994.3	32
08 茨城県	Ibaraki-ken	12.84	25	113.2	16	69.9	13	3,263.9	13
09 栃木県	Tochigi-ken	12.18	32	115.1	12	73.7	9	3,205.8	17
10 群馬県	Gumma-ken	12.51	28	112.3	18	71.8	10	3,174.1	21
11 埼玉県	Saitama-ken	9.13	42	122.6	6	63.0	31	3,497.5	8
12 千葉県	Chiba-ken	9.10	43	126.9	5	66.2	23	3,600.1	5
13 東京都	Tokyo-to	4.37	47	239.2	1	112.9	1	4,660.6	1
14 神奈川県	Kanagawa-ken	6.49	46	147.5	3	73.7	8	3,939.8	2
15 新潟県	Niigata-ken	14.70	19	96.9	31	68.5	20	2,904.5	38
16 富山県	Toyama-ken	12.40	30	112.4	17	79.3	4	3,044.7	31
17 石川県	Ishikawa-ken	12.42	29	115.1	13	68.8	18	3,204.9	18
18 福井県	Fukui-ken	16.08	12	113.6	15	78.9	6	3,263.7	14
19 山梨県	Yamanashi-ken	13.04	24	108.5	22	69.7	14	3,135.6	22
20 長野県	Nagano-ken	13.82	21	105.2	25	65.8	25	3,094.5	27
21 岐阜県	Gifu-ken	12.59	27	108.8	21	68.9	17	3,194.7	19
22 静岡県	Shizuoka-ken	10.76	38	120.9	7	78.9	5	3,241.1	16
23 愛知県	Aichi-ken	8.56	44	148.0	2	85.6	2	3,715.5	3
24 三重県	Mie-ken	11.17	37	114.4	14	81.2	3	3,274.2	12
25 滋賀県	Shiga-ken	12.70	26	117.0	10	70.1	12	3,348.6	10
26 京都府	Kyoto-fu	9.45	41	120.8	8	68.5	21	3,501.2	7
27 大阪府	Osaka-fu	7.97	45	133.3	4	76.1	7	3,528.3	6
28 兵庫県	Hyogo-ken	9.55	40	120.5	9	71.2	11	3,609.0	4
29 奈良県	Nara-ken	12.12	34	105.7	24	52.3	46	3,490.7	9
30 和歌山県	Wakayama-ken	14.99	18	92.9	33	60.6	34	3,104.4	25
31 鳥取県	Tottori-ken	16.25	11	86.8	41	57.2	40	2,815.4	45
32 島根県	Shimane-ken	15.46	16	92.1	34	61.6	33	2,878.9	41
33 岡山県	Okayama-ken	12.10	35	104.8	26	69.2	16	3,126.9	23
34 広島県	Hiroshima-ken	12.23	31	115.1	11	68.7	19	3,310.6	11
35 山口県	Yamaguchi-ken	13.44	22	102.5	27	66.2	24	3,084.8	28
36 徳島県	Tokushima-ken	11.76	36	98.1	30	65.3	26	3,080.0	29
37 香川県	Kagawa-ken	10.62	39	109.1	20	63.5	30	3,120.8	24
38 愛媛県	Ehime-ken	15.01	17	95.0	32	67.0	22	3,053.9	30
39 高知県	Kochi-ken	16.84	7	87.4	40	55.8	44	2,897.6	39
40 福岡県	Fukuoka-ken	12.14	33	108.3	23	64.1	27	3,263.5	15
41 佐賀県	Saga-ken	13.89	20	88.3	39	59.6	35	2,928.4	35
42 長崎県	Nagasaki-ken	17.83	5	86.2	42	50.1	47	2,914.3	37
43 熊本県	Kumamoto-ken	16.44	10	89.4	36	56.7	41	2,983.3	33
44 大分県	Oita-ken	15.83	13	89.2	38	63.5	29	2,945.9	34
45 宮崎県	Miyazaki-ken	15.58	15	81.0	44	59.0	36	2,831.7	44
46 鹿児島県	Kagoshima-ken	17.36	6	80.9	45	59.0	37	2,885.3	40
47 沖縄県	Okinawa-ken	26.14	1	82.1	43	61.8	32	2,918.0	36

No. 103 民生費割合 (対歳出決算総額) (都道府県財政) Percentage of welfare expenditure (Prefecture) #D0310301 % 2019 指標値 Indicator	順位 Rank	No. 104 社会福祉費割合 (対歳出決算総額) (都道府県財政) Percentage of social welfare expenditure (Prefecture) #D0310401 % 2019 指標値 Indicator	順位 Rank	No. 105 老人福祉費割合 (対歳出決算総額) (都道府県財政) Percentage of welfare expenditure for the aged (Prefecture) #D0310501 % 2019 指標値 Indicator	順位 Rank	No. 106 児童福祉費割合 (対歳出決算総額) (都道府県財政) Percentage of welfare expenditure for children (Prefecture) #D0310601 % 2019 指標値 Indicator	順位 Rank	No. 107 生活保護費割合 (対歳出決算総額) (都道府県財政) Percentage of expenditure for livelihood protection (Prefecture) #D0310701 % 2019 指標値 Indicator	順位 Rank	都道府県コード Pref. code
16.58		5.14		6.75		3.85		0.49		00
16.18	21	5.39	13	6.69	25	2.69	42	1.38	2	01
15.92	22	4.49	32	6.46	28	3.73	21	1.23	4	02
10.31	47	3.07	46	4.05	47	2.32	46	0.29	28	03
13.48	39	3.88	38	5.14	42	3.12	33	0.45	20	04
13.50	38	4.59	30	5.86	36	2.68	43	0.28	32	05
13.18	42	3.55	43	5.76	38	3.44	27	0.34	27	06
18.81	6	2.72	47	4.13	46	2.46	45	0.26	33	07
17.50	13	5.94	6	6.75	22	4.08	15	0.50	17	08
16.23	20	4.82	25	5.89	35	4.34	10	0.50	15	09
17.28	14	5.03	18	6.92	19	4.79	3	0.42	21	10
20.49	4	6.48	3	8.49	5	4.73	5	0.68	10	11
18.24	7	5.65	9	7.93	9	4.17	12	0.36	24	12
14.47	34	4.97	20	4.55	45	4.59	6	0.29	30	13
23.01	1	7.07	2	9.96	1	5.29	2	0.54	13	14
12.72	43	3.70	41	6.57	27	2.23	47	0.13	44	15
13.28	41	3.50	44	6.78	21	2.84	38	0.07	45	16
13.93	36	4.21	35	6.29	31	3.21	29	0.21	37	17
12.38	44	3.72	40	5.36	41	3.14	32	0.15	42	18
12.34	45	3.80	39	4.96	43	3.29	28	0.28	31	19
15.48	26	5.53	10	6.74	24	2.54	44	0.38	22	20
15.29	28	5.01	19	6.97	18	3.06	34	0.25	34	21
16.83	17	4.87	21	7.91	10	3.69	23	0.35	26	22
16.53	18	5.41	12	7.26	15	3.71	22	0.15	41	23
17.18	16	5.12	17	7.53	12	4.08	14	0.45	18	24
15.43	27	4.86	22	6.35	30	3.98	18	0.23	36	25
19.24	5	6.19	5	8.73	4	3.97	19	0.35	25	26
21.42	3	7.46	1	9.17	2	4.41	8	0.24	35	27
17.80	10	5.68	8	7.94	8	4.02	17	0.16	39	28
17.52	12	5.15	15	7.65	11	3.57	25	1.14	5	29
14.37	35	4.63	29	6.16	33	2.77	39	0.73	9	30
13.63	37	3.99	37	5.41	40	4.08	13	0.14	43	31
11.87	46	3.59	42	5.54	39	2.72	41	0.02	47	32
16.41	19	4.72	26	8.02	7	3.21	30	0.16	40	33
17.98	8	5.51	11	8.38	6	3.86	20	0.04	46	34
15.21	31	4.27	34	7.52	13	3.15	31	0.17	38	35
13.38	40	3.40	45	6.20	32	2.72	40	0.99	6	36
15.26	29	4.72	27	6.89	20	3.04	36	0.50	16	37
15.60	24	4.86	23	7.13	16	3.03	37	0.54	14	38
14.74	33	4.09	36	6.61	26	3.06	35	0.87	7	39
21.51	2	5.86	7	8.99	3	4.42	7	2.14	1	40
15.24	30	4.54	31	5.97	34	4.06	16	0.45	19	41
15.58	25	5.17	14	6.42	29	3.53	26	0.37	23	42
17.18	15	4.85	24	7.08	17	4.26	11	0.60	12	43
15.15	32	4.48	33	6.75	23	3.62	24	0.29	29	44
15.88	23	4.65	28	5.82	37	4.78	4	0.62	11	45
17.85	9	5.13	16	7.40	14	4.38	9	0.85	8	46
17.73	11	6.41	4	4.64	44	5.32	1	1.34	3	47

行政基盤 D （指標）

		No. 108 衛生費割合 (対歳出決算総額) (都道府県財政) Percentage of health expenditure (Prefecture) #D0310801		No. 109 労働費割合 (対歳出決算総額) (都道府県財政) Percentage of labour expenditure (Prefecture) #D0310901		No. 110 農林水産業費割合 (対歳出決算総額) (都道府県財政) Percentage of agriculture, forestry and fishery expenditure (Prefecture) #D0311001		No. 111 商工費割合 (対歳出決算総額) (都道府県財政) Percentage of commerce and manufacturing expenditure (Prefecture) #D0311101	
単位	Unit	%		%		%		%	
年度	Fiscal year	2019		2019		2019		2019	
都道府県	Prefecture	指標値 Indicator	順位 Rank	指標値 Indicator	順位 Rank	指標値 Indicator	順位 Rank	指標値 Indicator	順位 Rank
00 全国	All Japan	3.21		0.31		4.94		6.14	
01 北海道	Hokkaido	2.52	41	0.22	39	12.35	1	4.68	32
02 青森県	Aomori-ken	3.40	19	0.27	26	7.86	18	5.76	25
03 岩手県	Iwate-ken	6.05	1	0.28	22	8.27	15	12.37	2
04 宮城県	Miyagi-ken	2.90	34	0.27	24	6.81	23	9.32	6
05 秋田県	Akita-ken	3.24	23	0.20	45	11.86	2	8.32	14
06 山形県	Yamagata-ken	5.47	2	0.47	3	8.50	11	8.32	13
07 福島県	Fukushima-ken	3.09	27	0.33	12	7.47	20	8.96	10
08 茨城県	Ibaraki-ken	3.06	30	0.26	31	4.03	37	5.37	27
09 栃木県	Tochigi-ken	4.21	6	0.24	36	4.78	33	6.28	20
10 群馬県	Gumma-ken	2.59	38	0.25	35	4.33	36	5.81	23
11 埼玉県	Saitama-ken	3.08	28	0.27	25	1.32	44	0.93	47
12 千葉県	Chiba-ken	3.53	18	0.17	47	2.89	41	8.86	11
13 東京都	Tokyo-to	3.32	20	0.43	5	0.28	47	5.87	22
14 神奈川県	Kanagawa-ken	2.82	35	0.29	20	1.31	45	0.99	46
15 新潟県	Niigata-ken	3.84	11	0.21	43	9.15	7	5.09	30
16 富山県	Toyama-ken	3.03	31	0.31	15	8.46	12	3.78	37
17 石川県	Ishikawa-ken	2.51	42	0.39	7	7.29	22	7.64	16
18 福井県	Fukui-ken	2.40	43	0.28	23	8.51	10	3.13	38
19 山梨県	Yamanashi-ken	3.20	25	0.31	17	7.35	21	3.94	36
20 長野県	Nagano-ken	2.61	37	0.31	16	5.29	32	3.97	35
21 岐阜県	Gifu-ken	3.18	26	0.36	11	6.21	25	5.09	29
22 静岡県	Shizuoka-ken	4.17	7	0.26	27	5.32	31	2.51	40
23 愛知県	Aichi-ken	2.06	47	0.22	42	3.72	39	9.19	8
24 三重県	Mie-ken	3.58	17	0.20	46	5.39	30	1.28	45
25 滋賀県	Shiga-ken	3.68	13	0.25	33	5.46	29	2.45	42
26 京都府	Kyoto-fu	2.74	36	0.39	6	2.44	42	9.20	7
27 大阪府	Osaka-fu	2.31	45	0.25	34	0.60	46	9.54	5
28 兵庫県	Hyogo-ken	2.93	33	0.45	4	4.52	34	8.73	12
29 奈良県	Nara-ken	4.06	8	0.21	44	2.43	43	1.31	44
30 和歌山県	Wakayama-ken	2.33	44	0.26	28	5.54	28	9.65	4
31 鳥取県	Tottori-ken	3.61	14	0.49	2	8.45	13	5.15	28
32 島根県	Shimane-ken	3.97	10	0.38	8	8.20	16	7.12	19
33 岡山県	Okayama-ken	2.17	46	0.22	41	10.54	3	2.47	41
34 広島県	Hiroshima-ken	3.59	16	0.29	21	3.29	40	5.50	26
35 山口県	Yamaguchi-ken	3.21	24	0.31	14	5.99	27	6.03	21
36 徳島県	Tokushima-ken	5.00	3	0.55	1	6.80	24	12.47	1
37 香川県	Kagawa-ken	4.02	9	0.25	32	4.51	35	10.75	3
38 愛媛県	Ehime-ken	4.82	4	0.26	29	6.16	26	9.10	9
39 高知県	Kochi-ken	3.84	12	0.26	30	8.38	14	2.69	39
40 福岡県	Fukuoka-ken	2.54	40	0.32	13	3.75	38	7.48	17
41 佐賀県	Saga-ken	2.96	32	0.31	18	7.89	17	7.22	18
42 長崎県	Nagasaki-ken	3.07	29	0.30	19	8.87	8	4.53	34
43 熊本県	Kumamoto-ken	3.60	15	0.22	40	8.56	9	7.92	15
44 大分県	Oita-ken	2.58	39	0.37	9	9.32	6	5.77	24
45 宮崎県	Miyazaki-ken	3.32	22	0.23	37	9.70	5	4.56	33
46 鹿児島県	Kagoshima-ken	3.32	21	0.23	38	10.08	4	1.32	43
47 沖縄県	Okinawa-ken	4.37	5	0.36	10	7.70	19	4.81	31

No. 112 土木費割合（対歳出決算総額）（都道府県財政） Percentage of public works expenditure (Prefecture) #D0311201 % 2019 指標値 Indicator	順位 Rank	No. 113 警察費割合（対歳出決算総額）（都道府県財政） Percentage of police expenditure (Prefecture) #D03113 % 2019 指標値 Indicator	順位 Rank	No. 114 消防費割合（対歳出決算総額）（東京都・市町村財政合計） Percentage of fire service expenditure (Tokyo-to + Municipality) #D03114 % 2019 指標値 Indicator	順位 Rank	No. 115 教育費割合（対歳出決算総額）（都道府県財政） Percentage of education expenditure (Prefecture) #D0311501 % 2019 指標値 Indicator	順位 Rank	No. 116 災害復旧費割合（対歳出決算総額）（都道府県財政） Percentage of disaster relief expenditure (Prefecture) #D0312301 % 2019 指標値 Indicator	順位 Rank	都道府県コード Pref. code
11.97		6.81		3.97		20.63		1.20		00
12.59	27	5.46	23	4.45	28	17.74	40	1.37	17	01
12.98	21	4.56	41	7.33	1	20.98	23	0.03	47	02
16.27	9	2.98	47	5.45	9	16.04	47	7.57	2	03
11.87	34	4.90	32	3.66	37	17.21	44	8.75	1	04
12.69	25	4.33	44	5.73	3	17.93	39	2.44	10	05
12.76	24	4.58	40	4.70	25	19.28	36	1.37	18	06
17.22	4	3.55	46	5.10	14	17.63	41	2.85	8	07
13.67	19	5.86	17	5.68	4	26.37	3	0.33	38	08
12.46	30	5.82	18	4.73	23	25.05	7	1.03	24	09
14.98	13	5.74	20	5.57	6	24.21	11	0.75	28	10
8.07	44	8.52	5	5.53	7	27.53	1	0.32	39	11
6.79	46	8.84	4	4.87	21	25.44	4	0.06	43	12
11.71	35	8.48	6	2.61	47	16.76	46	0.03	45	13
6.23	47	10.53	2	3.21	44	21.51	19	0.10	42	14
16.99	5	5.02	29	4.96	18	17.42	42	0.84	26	15
14.72	15	5.16	27	4.31	30	22.56	14	0.34	37	16
15.51	12	4.65	38	4.22	31	20.12	33	0.46	32	17
16.60	7	5.28	24	5.29	11	20.51	28	0.41	33	18
20.30	1	4.81	35	6.05	2	20.87	26	1.12	21	19
15.58	11	5.19	26	4.95	19	25.09	6	2.41	11	20
13.99	17	5.94	16	5.17	12	24.82	8	1.45	15	21
11.48	38	6.99	11	5.15	13	21.17	22	0.41	34	22
8.95	42	7.72	8	3.69	36	21.41	20	0.03	46	23
12.02	31	5.63	22	4.95	20	25.42	5	0.87	25	24
14.72	16	6.00	15	4.69	27	27.02	2	0.17	41	25
8.82	43	10.14	3	3.60	38	20.62	27	1.36	19	26
7.84	45	10.55	1	3.10	45	20.94	24	0.06	44	27
9.43	41	7.36	10	3.35	42	20.43	30	0.74	29	28
14.95	14	5.69	21	5.61	5	24.66	9	0.69	31	29
18.69	2	5.25	25	4.97	16	19.84	34	1.38	16	30
15.75	10	4.50	43	5.07	15	19.09	37	3.00	7	31
17.82	3	4.32	45	4.15	32	19.81	35	0.81	27	32
10.60	40	7.55	9	3.72	35	20.93	25	3.39	4	33
11.54	36	6.61	12	3.89	33	20.43	31	3.04	6	34
13.00	20	6.05	14	4.70	24	23.56	12	1.19	20	35
12.56	28	4.99	30	4.74	22	17.41	43	0.74	30	36
11.95	33	5.76	19	4.33	29	21.53	18	0.38	36	37
12.66	26	4.95	31	4.96	17	20.47	29	2.82	9	38
16.96	6	4.67	37	5.30	10	21.66	17	3.33	5	39
11.19	39	7.86	7	3.30	43	18.82	38	1.75	12	40
12.86	23	4.84	34	5.46	8	22.49	15	1.09	22	41
13.91	18	6.07	13	3.54	39	22.18	16	0.39	35	42
12.54	29	5.05	28	4.69	26	17.09	45	4.75	3	43
16.38	8	4.54	42	3.53	40	21.21	21	1.47	14	44
12.91	22	4.70	36	3.40	41	20.23	32	1.55	13	45
11.53	37	4.62	39	3.84	34	23.49	13	1.04	23	46
12.00	32	4.89	33	2.69	46	24.61	10	0.18	40	47

行政基盤 D （指標）

都道府県 Prefecture		No. 117 人件費割合 （対歳出決算総額） （都道府県財政） Percentage of personnel expenses (Prefecture) #D0320101		No. 118 扶助費割合 （対歳出決算総額） （都道府県財政） Percentage of allowances (Prefecture) #D0320201		No. 119 普通建設事業費割合 （対歳出決算総額） （都道府県財政） Percentage of ordinary construction expenses (Prefecture) #D0320301		No. 120 歳出決算総額 （人口１人当たり） （都道府県・市町村財政合計） Total expenditure per capita (Prefecture + Municipality) #D0330103	
単位	Unit	%		%		%		千円：thousand yen	
年度	Fiscal year	2019		2019		2019		2019	
		指標値 Indicator	順位 Rank	指標値 Indicator	順位 Rank	指標値 Indicator	順位 Rank	指標値 Indicator	順位 Rank
00 全国	All Japan	25.44		2.25		16.11		870.7	
01 北海道	Hokkaido	23.56	40	2.56	15	20.15	16	1,107.0	11
02 青森県	Aomori-ken	24.89	36	2.97	10	20.01	19	1,111.3	10
03 岩手県	Iwate-ken	19.08	47	1.41	43	22.13	10	1,449.5	1
04 宮城県	Miyagi-ken	20.58	44	1.62	37	18.58	25	1,073.3	17
05 秋田県	Akita-ken	23.25	41	1.17	45	22.34	9	1,190.5	6
06 山形県	Yamagata-ken	26.10	26	1.40	44	18.84	23	1,104.0	13
07 福島県	Fukushima-ken	19.62	46	1.59	39	21.20	15	1,312.4	4
08 茨城県	Ibaraki-ken	30.34	5	2.38	20	15.00	35	800.2	41
09 栃木県	Tochigi-ken	29.83	6	2.27	24	17.19	30	821.1	35
10 群馬県	Gumma-ken	29.68	7	3.94	3	20.12	17	820.6	36
11 埼玉県	Saitama-ken	32.41	2	2.69	11	8.70	45	596.8	47
12 千葉県	Chiba-ken	31.92	3	2.42	18	8.46	46	642.2	45
13 東京都	Tokyo-to	20.21	45	1.88	33	14.70	37	949.4	24
14 神奈川県	Kanagawa-ken	27.34	17	2.42	19	8.77	44	629.7	46
15 新潟県	Niigata-ken	22.80	42	0.87	47	22.45	7	1,008.3	22
16 富山県	Toyama-ken	26.58	21	1.17	46	21.44	12	932.1	28
17 石川県	Ishikawa-ken	24.31	38	2.04	30	21.31	14	938.1	27
18 福井県	Fukui-ken	25.86	27	2.46	17	25.20	1	1,088.2	16
19 山梨県	Yamanashi-ken	24.98	35	1.63	36	23.69	2	1,070.6	19
20 長野県	Nagano-ken	29.65	8	2.07	29	18.83	24	942.5	25
21 岐阜県	Gifu-ken	29.57	9	1.64	35	20.06	18	839.0	32
22 静岡県	Shizuoka-ken	26.51	22	1.46	42	16.74	31	748.6	43
23 愛知県	Aichi-ken	26.21	25	2.10	28	13.47	41	719.9	44
24 三重県	Mie-ken	32.52	1	1.90	32	14.82	36	819.5	37
25 滋賀県	Shiga-ken	31.70	4	1.92	31	17.71	26	807.8	39
26 京都府	Kyoto-fu	24.99	34	1.61	38	13.65	40	832.2	34
27 大阪府	Osaka-fu	26.63	19	2.14	27	6.90	47	767.9	42
28 兵庫県	Hyogo-ken	25.34	31	1.59	40	12.81	43	800.5	40
29 奈良県	Nara-ken	28.07	14	3.22	8	16.73	32	813.8	38
30 和歌山県	Wakayama-ken	25.52	29	2.30	23	22.95	6	1,128.9	8
31 鳥取県	Tottori-ken	25.61	28	1.57	41	21.68	11	1,234.8	5
32 島根県	Shimane-ken	25.40	30	2.46	16	22.34	8	1,362.0	2
33 岡山県	Okayama-ken	27.14	18	1.66	34	14.42	38	872.7	30
34 広島県	Hiroshima-ken	25.10	33	2.34	21	13.20	42	849.3	31
35 山口県	Yamaguchi-ken	28.80	11	2.18	26	17.59	28	941.0	26
36 徳島県	Tokushima-ken	24.53	37	2.56	14	16.52	33	1,166.1	7
37 香川県	Kagawa-ken	28.44	12	2.32	22	14.27	39	909.6	29
38 愛媛県	Ehime-ken	26.32	24	4.55	1	17.27	29	967.3	23
39 高知県	Kochi-ken	25.27	32	2.98	9	23.54	3	1,325.3	3
40 福岡県	Fukuoka-ken	23.87	39	3.70	4	15.00	34	832.5	33
41 佐賀県	Saga-ken	27.90	15	2.68	12	21.32	13	1,105.7	12
42 長崎県	Nagasaki-ken	27.44	16	3.50	6	23.54	4	1,114.8	9
43 熊本県	Kumamoto-ken	21.73	43	3.23	7	19.87	21	1,090.9	15
44 大分県	Oita-ken	26.62	20	2.23	25	23.15	5	1,026.1	21
45 宮崎県	Miyazaki-ken	26.45	23	2.67	13	19.38	22	1,071.4	18
46 鹿児島県	Kagoshima-ken	28.99	10	3.50	5	19.92	20	1,092.5	14
47 沖縄県	Okinawa-ken	28.28	13	4.20	2	17.69	27	1,056.4	20

No. 121 民生費（人口1人当たり）（都道府県・市町村財政合計）Welfare expenditure per capita (Prefecture + Municipality) #D0330203 千円：thousand yen 2019		No. 122 社会福祉費（人口1人当たり）（都道府県・市町村財政合計）Social welfare expenditure per capita (Prefecture + Municipality) #D0330303 千円：thousand yen 2019		No. 123 老人福祉費（65歳以上人口1人当たり）（都道府県・市町村財政合計）Social welfare expenditure for aged persons per capita 65 years old and over (Prefecture + Municipality) #D0330403 千円：thousand yen 2019		No. 124 児童福祉費（17歳以下人口1人当たり）（都道府県・市町村財政合計）Welfare expenditure for children per capita 0-17 years old (Prefecture + Municipality) #D0330503 千円：thousand yen 2019		No. 125 生活保護費（被保護実人員1人当たり）（都道府県・市町村財政合計）Welfare expenditure for livelihood protection per person assisted by livelihood protection (Prefecture + Municipality) #D0330603 千円：thousand yen 2019		都道府県コード Pref. code
指標値 Indicator	順位 Rank	指標値 Indicator	順位 Rank	指標値 Indicator	順位 Rank	指標値 Indicator	順位 Rank	指標値 Indicator	順位 Rank	
237.2		63.1		204.3		537.4		1,913.8		00
281.7	5	84.4	2	222.5	12	496.6	29	1,842.5	25	01
270.8	12	75.3	11	213.6	20	578.8	9	1,626.4	45	02
241.3	22	66.7	21	203.2	30	545.1	16	1,593.9	46	03
212.0	35	54.6	42	182.8	41	505.7	23	1,689.1	42	04
257.5	18	76.4	9	219.6	15	549.2	13	1,634.9	44	05
228.8	28	56.5	38	207.6	26	575.8	10	1,752.3	36	06
302.3	3	56.1	39	200.7	35	495.2	31	1,714.3	41	07
206.0	41	59.2	34	181.0	42	471.9	39	1,908.2	13	08
208.8	39	57.0	37	173.0	45	496.5	30	1,838.6	26	09
211.2	36	57.7	36	196.9	37	501.1	27	1,891.6	17	10
190.1	46	49.1	45	165.4	46	469.4	40	1,899.6	16	11
191.9	45	48.5	46	162.4	47	481.3	36	1,889.2	18	12
281.1	6	68.9	19	230.9	7	877.5	1	2,175.0	1	13
208.7	40	52.8	43	179.0	43	514.8	21	1,954.2	7	14
212.8	33	55.9	40	206.4	28	486.6	35	1,563.7	47	15
203.6	42	50.9	44	209.1	23	506.4	22	1,990.2	5	16
213.2	32	57.9	35	207.5	27	505.4	24	2,015.0	2	17
230.5	26	66.8	20	208.5	25	545.6	14	1,825.3	28	18
221.2	30	65.1	26	195.7	39	504.8	25	1,944.9	8	19
212.2	34	65.8	22	202.3	33	426.1	46	1,962.4	6	20
196.7	44	60.0	32	195.8	38	400.8	47	1,928.4	9	21
184.7	47	47.2	47	177.8	44	430.7	44	1,787.1	32	22
199.8	43	55.4	41	202.6	31	456.2	43	1,822.9	29	23
211.0	37	60.3	31	201.4	34	460.2	42	1,872.6	21	24
209.5	38	62.1	28	194.8	40	475.8	37	1,727.4	40	25
254.2	20	70.6	16	224.5	9	533.2	19	1,770.5	35	26
274.1	9	71.2	15	208.6	24	536.4	18	2,014.2	3	27
234.4	23	61.6	29	202.6	32	494.6	32	1,903.5	14	28
220.7	31	65.2	25	198.4	36	428.1	45	1,751.3	37	29
264.5	15	78.3	5	235.8	5	493.6	33	1,923.1	10	30
270.6	14	76.8	8	221.3	13	623.0	2	1,733.6	38	31
273.7	10	77.5	7	246.8	4	616.7	3	1,786.5	33	32
227.2	29	59.2	33	212.3	22	490.4	34	1,799.0	31	33
229.1	27	61.0	30	205.0	29	497.2	28	1,780.2	34	34
232.4	24	65.2	24	217.5	18	463.6	41	1,902.7	15	35
271.7	11	70.0	18	254.8	1	552.7	12	1,850.6	24	36
232.3	25	63.8	27	213.5	21	503.0	26	1,922.9	11	37
250.6	21	75.2	12	219.8	14	473.0	38	1,866.1	22	38
311.8	1	81.5	3	252.6	2	614.6	4	1,829.4	27	39
255.1	19	65.3	23	218.5	16	522.1	20	1,883.4	20	40
260.1	17	72.1	14	235.8	6	544.4	17	2,004.9	4	41
280.8	7	78.2	6	223.2	11	561.2	11	1,730.0	39	42
270.7	13	72.8	13	228.9	8	581.7	8	1,852.1	23	43
263.8	16	70.2	17	224.4	10	545.2	15	1,915.5	12	44
274.9	8	75.8	10	216.5	19	596.2	6	1,670.1	43	45
296.3	4	80.7	4	252.4	3	586.9	7	1,884.9	19	46
311.2	2	92.7	1	217.7	17	605.8	5	1,815.4	30	47

行政基盤 D （指標）

			No. 126 衛生費 （人口1人当たり） （都道府県・市町村財政合計） Health expenditure per capita (Prefecture + Municipality) #D0330703		No. 127 土木費 （人口1人当たり） （都道府県・市町村財政合計） Public works expenditure per capita (Prefecture + Municipality) #D0331103		No. 128 警察費 （人口1人当たり） （都道府県財政） Police expenditure per capita (Prefecture) #D03312		No. 129 消防費 （人口1人当たり） （東京都・市町村財政合計） Fire service expenditure per capita (Tokyo-to + Municipality) #D03313	
単位	Unit		千円：thousand yen		千円：thousand yen		千円：thousand yen		千円：thousand yen	
年度	Fiscal year		2019		2019		2019		2019	
都道府県	Prefecture		指標値 Indicator	順位 Rank	指標値 Indicator	順位 Rank	指標値 Indicator	順位 Rank	指標値 Indicator	順位 Rank
00	全国	All Japan	55.4		97.5		26.5		21.5	
01	北海道	Hokkaido	64.8	14	132.2	12	25.0	17	28.9	10
02	青森県	Aomori-ken	79.3	6	126.8	16	23.5	24	43.7	1
03	岩手県	Iwate-ken	106.5	1	230.7	1	22.4	33	38.1	2
04	宮城県	Miyagi-ken	64.3	16	155.6	7	21.9	38	23.0	26
05	秋田県	Akita-ken	68.9	12	131.3	13	25.9	16	33.9	4
06	山形県	Yamagata-ken	83.3	5	123.1	20	24.6	20	26.6	15
07	福島県	Fukushima-ken	70.5	11	178.7	3	24.2	21	32.1	5
08	茨城県	Ibaraki-ken	59.6	28	97.0	32	21.2	44	24.9	19
09	栃木県	Tochigi-ken	60.5	25	96.6	33	22.2	34	20.8	30
10	群馬県	Gumma-ken	47.8	44	102.2	28	21.5	42	24.8	20
11	埼玉県	Saitama-ken	38.5	47	55.6	46	20.3	47	19.8	35
12	千葉県	Chiba-ken	50.0	40	49.6	47	23.3	27	18.5	39
13	東京都	Tokyo-to	54.9	34	100.1	30	45.9	1	24.8	21
14	神奈川県	Kanagawa-ken	40.0	46	64.1	45	21.3	43	13.7	47
15	新潟県	Niigata-ken	64.2	17	151.2	8	23.3	26	27.0	14
16	富山県	Toyama-ken	52.7	37	125.9	18	24.1	23	20.0	33
17	石川県	Ishikawa-ken	54.3	35	126.6	17	21.7	39	19.9	34
18	福井県	Fukui-ken	57.3	31	146.4	10	30.0	8	27.6	12
19	山梨県	Yamanashi-ken	71.0	9	166.6	5	26.7	13	31.2	6
20	長野県	Nagano-ken	62.2	22	118.1	21	21.1	45	26.5	16
21	岐阜県	Gifu-ken	53.4	36	101.3	29	23.0	30	23.4	24
22	静岡県	Shizuoka-ken	62.7	21	89.6	39	21.6	41	22.6	27
23	愛知県	Aichi-ken	48.4	43	78.1	42	23.0	28	15.6	44
24	三重県	Mie-ken	62.0	23	89.9	38	20.9	46	22.2	28
25	滋賀県	Shiga-ken	61.1	24	91.9	36	22.0	37	20.7	31
26	京都府	Kyoto-fu	51.3	39	72.7	44	33.9	2	17.9	41
27	大阪府	Osaka-fu	42.7	45	73.3	43	30.1	6	15.0	46
28	兵庫県	Hyogo-ken	48.7	41	82.6	41	24.6	19	15.6	43
29	奈良県	Nara-ken	56.8	32	92.2	35	21.6	40	24.3	22
30	和歌山県	Wakayama-ken	67.2	13	166.2	6	30.2	5	27.5	13
31	鳥取県	Tottori-ken	73.6	8	147.1	9	28.0	10	31.1	7
32	島根県	Shimane-ken	93.8	2	179.6	2	29.7	9	28.0	11
33	岡山県	Okayama-ken	58.1	30	93.5	34	27.8	11	18.8	38
34	広島県	Hiroshima-ken	63.5	19	97.5	31	22.0	36	20.1	32
35	山口県	Yamaguchi-ken	59.1	29	106.3	26	27.3	12	23.0	25
36	徳島県	Tokushima-ken	88.1	3	125.9	19	31.5	3	25.3	17
37	香川県	Kagawa-ken	60.3	26	90.9	37	26.2	14	19.7	36
38	愛媛県	Ehime-ken	63.7	18	106.9	25	23.0	31	25.0	18
39	高知県	Kochi-ken	76.9	7	168.6	4	30.0	7	36.2	3
40	福岡県	Fukuoka-ken	48.5	42	87.5	40	24.8	18	17.1	42
41	佐賀県	Saga-ken	70.9	10	111.5	23	26.1	15	31.0	8
42	長崎県	Nagasaki-ken	86.5	4	127.3	15	30.8	4	21.5	29
43	熊本県	Kumamoto-ken	63.0	20	140.3	11	23.0	29	29.8	9
44	大分県	Oita-ken	52.6	38	129.6	14	22.8	32	18.4	40
45	宮崎県	Miyazaki-ken	56.2	33	113.7	22	24.2	22	19.0	37
46	鹿児島県	Kagoshima-ken	64.3	15	109.2	24	22.2	35	23.5	23
47	沖縄県	Okinawa-ken	59.7	27	105.7	27	23.5	25	15.5	45

No. 130 教育費 (人口1人当たり) (都道府県・市町村財政合計) Education expenditure per capita (Prefecture + Municipality) #D0331403 千円：thousand yen 2019		No. 131 社会教育費 (人口1人当たり) (都道府県・市町村財政合計) Social education expenditure per capita (Prefecture + Municipality) #D0332003 千円：thousand yen 2019		No. 132 災害復旧費 (人口1人当たり) (都道府県・市町村財政合計) Disaster relief expenditure per capita (Prefecture + Municipality) #D0332103 千円：thousand yen 2019		No. 133 公立小学校費 (児童1人当たり) (都道府県・市町村財政合計) Elementary school expenditure per student (Prefecture + Municipality) #D0331503 千円：thousand yen 2019		No. 134 公立中学校費 (生徒1人当たり) (都道府県・市町村財政合計) Lower secondary school expenditure per student (Prefecture + Municipality) #D0331603 千円：thousand yen 2019		都道府県コード
指標値 Indicator	順位 Rank	指標値 Indicator	順位 Rank	指標値 Indicator	順位 Rank	指標値 Indicator	順位 Rank	指標値 Indicator	順位 Rank	Pref. code
140. 2		10. 2		8. 4		788. 1		942. 2		00
151. 9	28	10. 1	36	10. 5	19	993. 5	7	1,108. 6	12	01
173. 1	8	13. 1	20	1. 1	42	1,017. 6	4	1,224. 8	2	02
187. 1	4	15. 7	9	81. 2	1	1,161. 9	1	1,208. 7	4	03
158. 4	22	12. 9	22	62. 3	2	855. 6	20	1,080. 7	17	04
166. 7	13	13. 5	15	17. 5	11	980. 3	9	1,224. 6	3	05
164. 1	14	12. 9	23	11. 3	16	996. 7	6	1,027. 1	20	06
177. 3	6	14. 0	12	40. 9	4	933. 5	12	1,038. 7	19	07
150. 6	29	9. 7	39	2. 3	38	840. 2	21	961. 6	27	08
143. 7	36	10. 6	33	8. 3	24	763. 8	33	896. 8	33	09
144. 9	34	12. 8	24	4. 2	32	722. 0	39	851. 7	39	10
108. 7	46	7. 2	46	1. 0	43	588. 6	47	771. 2	47	11
117. 2	45	7. 4	44	2. 0	39	696. 1	42	823. 7	43	12
144. 2	35	8. 5	41	0. 5	46	871. 3	18	1,133. 5	8	13
107. 9	47	5. 8	47	0. 7	45	655. 3	46	786. 5	46	14
155. 8	24	10. 4	35	5. 3	28	977. 4	10	1,099. 3	14	15
160. 5	19	14. 8	10	2. 5	37	894. 8	15	919. 9	31	16
152. 2	27	19. 2	4	4. 1	33	801. 5	27	810. 8	44	17
164. 0	16	19. 1	5	3. 0	35	796. 5	28	886. 0	34	18
171. 8	10	13. 8	14	8. 3	25	910. 8	14	964. 2	26	19
161. 5	17	15. 8	8	17. 8	10	961. 6	11	1,107. 2	13	20
150. 2	31	13. 0	21	8. 6	23	779. 0	32	835. 9	41	21
131. 4	40	8. 6	40	3. 2	34	719. 7	40	838. 3	40	22
125. 0	43	8. 3	42	0. 2	47	698. 8	41	799. 1	45	23
152. 2	26	11. 5	29	4. 6	30	819. 8	23	971. 2	25	24
159. 5	21	12. 7	25	1. 3	41	677. 8	45	834. 6	42	25
138. 7	38	13. 1	19	8. 2	26	788. 6	29	931. 6	29	26
121. 8	44	7. 3	45	1. 0	44	744. 7	36	857. 9	37	27
129. 5	41	7. 8	43	5. 1	29	737. 4	38	872. 3	36	28
145. 1	33	15. 8	7	4. 6	31	754. 1	35	927. 4	30	29
169. 8	12	16. 4	6	14. 0	13	885. 3	17	1,124. 0	9	30
178. 5	5	20. 9	3	27. 4	6	932. 3	13	1,084. 6	15	31
202. 6	1	21. 1	2	9. 6	20	1,052. 0	2	1,167. 4	6	32
143. 7	37	10. 1	37	23. 0	9	779. 4	31	854. 0	38	33
137. 7	39	11. 9	26	24. 4	7	739. 6	37	934. 6	28	34
160. 5	18	10. 8	32	10. 7	18	890. 2	16	1,110. 2	11	35
164. 0	15	11. 5	30	8. 7	22	868. 5	19	1,083. 6	16	36
154. 9	25	13. 1	18	2. 6	36	691. 3	43	919. 2	32	37
147. 3	32	14. 6	11	23. 9	8	803. 1	26	1,022. 3	21	38
202. 4	2	25. 0	1	34. 1	5	1,034. 9	3	1,525. 8	1	39
128. 3	42	10. 0	38	9. 4	21	682. 6	44	882. 8	35	40
172. 3	9	13. 5	16	13. 3	15	784. 4	30	1,120. 5	10	41
170. 0	11	13. 2	17	7. 1	27	1,016. 9	5	1,180. 7	5	42
150. 5	30	10. 5	34	46. 7	3	814. 5	25	974. 7	24	43
159. 8	20	13. 8	13	13. 9	14	816. 0	24	1,012. 9	22	44
155. 9	23	11. 7	28	14. 2	12	755. 7	34	1,056. 9	18	45
174. 5	7	11. 4	31	11. 1	17	992. 5	8	1,155. 1	7	46
188. 3	3	11. 8	27	1. 4	40	831. 9	22	983. 7	23	47

			No. 135 公立高等学校費 （生徒1人当たり） （都道府県・市町村財政合計） Upper secondary school expenditure per student (Prefecture + Municipality) #D0331703		No. 136 特別支援学校費（公立） （児童・生徒1人当たり） （都道府県・市町村財政合計） Expenditure for schools for special needs education per student (Prefecture + Municipality) #D0331804		No. 137 幼稚園費 （児童1人当たり） （都道府県・市町村財政合計） Kindergarten expenditure per pupil (Prefecture + Municipality) #D0331903	
単位	Unit		千円：thousand yen		千円：thousand yen		千円：thousand yen	
年度	Fiscal year		2019		2019		2019	
都道府県	Prefecture		指標値 Indicator	順位 Rank	指標値 Indicator	順位 Rank	指標値 Indicator	順位 Rank
00	全国	All Japan	1,039.1		6,654.8		238.0	
01	北海道	Hokkaido	1,117.2	22	8,618.7	5	189.0	34
02	青森県	Aomori-ken	1,210.5	11	6,723.1	29	533.8	14
03	岩手県	Iwate-ken	1,291.0	3	8,032.5	10	498.6	17
04	宮城県	Miyagi-ken	1,218.7	8	8,135.1	9	290.2	25
05	秋田県	Akita-ken	1,159.5	16	8,560.3	7	535.1	13
06	山形県	Yamagata-ken	1,250.8	5	7,802.5	13	202.6	32
07	福島県	Fukushima-ken	1,237.3	7	8,000.7	11	418.9	21
08	茨城県	Ibaraki-ken	955.6	39	5,666.0	43	448.8	19
09	栃木県	Tochigi-ken	891.2	45	5,282.3	46	126.2	40
10	群馬県	Gumma-ken	991.7	34	7,067.8	20	343.7	23
11	埼玉県	Saitama-ken	991.9	33	5,635.3	44	84.1	45
12	千葉県	Chiba-ken	893.2	44	5,917.3	36	110.0	41
13	東京都	Tokyo-to	1,205.1	12	7,424.0	14	107.7	42
14	神奈川県	Kanagawa-ken	970.0	37	6,583.1	30	74.0	46
15	新潟県	Niigata-ken	1,178.8	14	7,184.1	19	419.9	20
16	富山県	Toyama-ken	1,152.8	18	7,283.5	18	625.8	12
17	石川県	Ishikawa-ken	1,023.8	29	6,029.2	34	200.9	33
18	福井県	Fukui-ken	1,116.8	23	9,468.7	3	815.9	5
19	山梨県	Yamanashi-ken	1,245.7	6	10,033.0	2	245.8	31
20	長野県	Nagano-ken	1,190.9	13	7,808.4	12	642.3	10
21	岐阜県	Gifu-ken	932.4	42	5,937.8	35	280.7	27
22	静岡県	Shizuoka-ken	962.1	38	5,272.2	47	462.8	18
23	愛知県	Aichi-ken	811.0	47	5,875.9	37	139.0	38
24	三重県	Mie-ken	930.1	43	6,782.5	28	502.1	16
25	滋賀県	Shiga-ken	945.4	40	5,793.8	40	828.7	3
26	京都府	Kyoto-fu	1,129.1	21	7,335.5	16	164.5	36
27	大阪府	Osaka-fu	852.0	46	5,388.2	45	274.0	29
28	兵庫県	Hyogo-ken	988.2	35	6,830.6	26	330.7	24
29	奈良県	Nara-ken	978.0	36	5,864.2	39	627.2	11
30	和歌山県	Wakayama-ken	1,017.9	30	6,914.9	25	522.0	15
31	鳥取県	Tottori-ken	1,151.4	19	8,152.3	8	106.5	43
32	島根県	Shimane-ken	1,262.9	4	8,581.6	6	980.1	1
33	岡山県	Okayama-ken	1,099.5	24	6,269.4	32	677.4	8
34	広島県	Hiroshima-ken	1,069.2	27	6,032.3	33	128.9	39
35	山口県	Yamaguchi-ken	1,217.6	9	8,628.0	4	141.6	37
36	徳島県	Tokushima-ken	1,045.0	28	6,937.9	23	756.1	6
37	香川県	Kagawa-ken	1,158.8	17	7,030.3	21	722.2	7
38	愛媛県	Ehime-ken	1,213.1	10	5,864.4	38	278.1	28
39	高知県	Kochi-ken	1,738.1	1	10,260.1	1	381.3	22
40	福岡県	Fukuoka-ken	937.4	41	5,787.7	41	72.8	47
41	佐賀県	Saga-ken	1,168.2	15	7,397.6	15	188.5	35
42	長崎県	Nagasaki-ken	1,069.5	26	7,025.3	22	930.0	2
43	熊本県	Kumamoto-ken	1,076.2	25	6,935.1	24	270.2	30
44	大分県	Oita-ken	1,137.7	20	7,322.3	17	665.1	9
45	宮崎県	Miyazaki-ken	1,014.6	31	6,365.1	31	85.4	44
46	鹿児島県	Kagoshima-ken	1,340.1	2	5,772.2	42	287.3	26
47	沖縄県	Okinawa-ken	999.4	32	6,790.8	27	817.4	4

D （解説）

基本設定

E. 教育　　E Education

都道府県 Prefecture	No. 138 小学校数（6～11歳人口10万人当たり）Number of elementary schools (per 100,000 population 6-11 years) #E0110101		No. 139 中学校数（12～14歳人口10万人当たり）Number of lower secondary schools (per 100,000 population 12-14 years) #E0110102		No. 140 高等学校数（15～17歳人口10万人当たり）Number of upper secondary schools (per 100,000 population 15-17 years) #E0110103		No. 141 幼稚園数（3～5歳人口10万人当たり）Number of kindergartens (per 100,000 population 3-5 years) #E0110104	
単位 Unit	校 : number of schools		校 : number of schools		校 : number of schools		園 : number of kindergartens	
年度 Fiscal year	2021		2021		2021		2021	
	指標値 Indicator	順位 Rank	指標値 Indicator	順位 Rank	指標値 Indicator	順位 Rank	指標値 Indicator	順位 Rank
00 全国 All Japan	311.3		312.0		146.9		324.0	
01 北海道 Hokkaido	422.0	18	467.8	12	208.2	10	346.6	19
02 青森県 Aomori-ken	487.9	7	529.5	4	236.6	4	352.7	18
03 岩手県 Iwate-ken	532.3	6	506.1	7	241.7	3	296.5	32
04 宮城県 Miyagi-ken	333.1	31	347.7	25	154.5	29	427.4	10
05 秋田県 Akita-ken	462.8	14	499.9	9	221.8	5	194.3	42
06 山形県 Yamagata-ken	464.5	13	340.2	26	209.8	9	279.5	35
07 福島県 Fukushima-ken	483.4	9	477.0	10	214.4	7	570.2	3
08 茨城県 Ibaraki-ken	332.3	32	300.3	34	151.3	30	352.9	17
09 栃木県 Tochigi-ken	369.7	24	318.0	30	140.5	37	177.8	44
10 群馬県 Gumma-ken	325.8	33	323.1	29	142.2	34	290.9	34
11 埼玉県 Saitama-ken	228.1	45	241.2	44	102.6	46	304.8	30
12 千葉県 Chiba-ken	250.8	42	243.7	43	111.4	44	330.5	25
13 東京都 Tokyo-to	210.3	46	262.9	40	143.1	33	300.6	31
14 神奈川県 Kanagawa-ken	197.0	47	203.3	47	98.5	47	296.1	33
15 新潟県 Niigata-ken	424.6	17	412.8	16	174.3	21	162.7	46
16 富山県 Toyama-ken	379.6	23	294.0	36	189.6	14	174.1	45
17 石川県 Ishikawa-ken	358.3	26	290.0	38	176.9	20	180.7	43
18 福井県 Fukui-ken	487.4	8	387.5	18	156.3	28	354.5	16
19 山梨県 Yamanashi-ken	465.7	12	450.1	13	189.0	15	316.6	29
20 長野県 Nagano-ken	357.4	27	353.4	23	170.8	22	203.9	41
21 岐阜県 Gifu-ken	355.6	28	338.8	27	141.7	35	341.6	23
22 静岡県 Shizuoka-ken	271.3	38	296.3	35	136.9	39	420.7	11
23 愛知県 Aichi-ken	241.0	43	212.9	46	106.4	45	215.0	40
24 三重県 Mie-ken	413.0	20	353.8	22	141.6	36	431.9	9
25 滋賀県 Shiga-ken	274.3	37	247.8	42	134.0	40	344.1	21
26 京都府 Kyoto-fu	302.1	36	292.4	37	166.1	25	345.6	20
27 大阪府 Osaka-fu	235.2	44	233.6	45	112.1	43	276.0	36
28 兵庫県 Hyogo-ken	271.0	39	263.1	39	139.4	38	361.3	14
29 奈良県 Nara-ken	302.5	35	310.3	31	157.8	27	525.3	7
30 和歌山県 Wakayama-ken	558.0	5	544.4	2	188.2	16	337.5	24
31 鳥取県 Tottori-ken	416.9	19	390.2	17	203.3	12	150.1	47
32 島根県 Shimane-ken	579.5	3	538.4	3	245.7	2	529.2	5
33 岡山県 Okayama-ken	407.7	21	332.6	28	166.0	26	487.9	8
34 広島県 Hiroshima-ken	317.3	34	351.8	24	168.9	23	319.6	27
35 山口県 Yamaguchi-ken	461.9	15	472.6	11	220.6	6	557.3	4
36 徳島県 Tokushima-ken	579.9	2	522.6	5	205.3	11	712.9	1
37 香川県 Kagawa-ken	334.0	30	301.2	33	150.7	31	526.5	6
38 愛媛県 Ehime-ken	430.2	16	382.7	20	180.5	19	418.3	12
39 高知県 Kochi-ken	721.5	1	755.1	1	255.0	1	258.2	37
40 福岡県 Fukuoka-ken	262.7	41	262.3	41	121.8	42	319.5	28
41 佐賀県 Saga-ken	364.4	25	383.8	19	182.8	18	236.9	38
42 長崎県 Nagasaki-ken	470.3	10	522.3	6	213.4	8	321.1	26
43 熊本県 Kumamoto-ken	353.5	29	355.5	21	148.3	32	226.8	39
44 大分県 Oita-ken	468.2	11	434.4	15	184.1	17	609.9	2
45 宮崎県 Miyazaki-ken	397.6	22	442.1	14	166.2	24	342.3	22
46 鹿児島県 Kagoshima-ken	575.0	4	505.9	8	199.6	13	358.1	15
47 沖縄県 Okinawa-ken	267.4	40	303.6	32	130.7	41	372.4	13

No. 142 保育所等数（0～5歳人口10万人当たり）Number of nursery centers (per 100,000 population 0-5 years) #E0110105 所：number of centers		No. 143 認定こども園数（0～5歳人口10万人当たり）Number of authorized child centers (per 100,000 population 0-5 years) #E0110106 園：number of centers		No. 144 小学校数（可住地面積100km²当たり）Number of elementary schools (per inhabitable area 100 km²) #E0110201 校：number of schools		No. 145 中学校数（可住地面積100km²当たり）Number of lower secondary schools (per inhabitable area 100 km²) #E0110202 校：number of schools		No. 146 高等学校数（可住地面積100km²当たり）Number of upper secondary schools (per inhabitable area 100 km²) #E0110203 校：number of schools		都道府県コード
2020		2021		2021		2021		2021		
指標値 Indicator	順位 Rank	指標値 Indicator	順位 Rank	指標値 Indicator	順位 Rank	指標値 Indicator	順位 Rank	指標値 Indicator	順位 Rank	Pref. code
534.5		155.7		15.73		8.19		3.95		00
525.5	31	247.9	16	4.33	47	2.55	47	1.20	47	01
1,042.8	1	656.4	1	8.08	44	4.83	42	2.37	42	02
847.3	5	282.4	12	7.94	45	4.11	44	2.11	45	03
506.2	35	108.0	40	11.74	37	6.43	33	2.98	35	04
873.5	4	343.6	7	5.63	46	3.43	45	1.61	46	05
696.2	17	259.0	14	8.14	43	3.27	46	2.12	44	06
516.3	34	156.0	35	9.74	42	5.25	40	2.55	40	07
518.4	33	202.1	22	11.98	36	5.81	38	3.06	33	08
535.9	27	184.4	29	11.68	38	5.42	39	2.50	41	09
582.2	23	316.4	9	13.49	31	7.32	28	3.39	28	10
445.9	41	46.4	46	31.19	6	17.21	4	7.41	5	11
457.1	40	79.9	42	21.62	12	11.01	14	5.12	12	12
534.2	28	25.7	47	93.34	1	56.30	1	30.15	1	13
480.2	37	56.9	45	60.05	3	32.03	3	15.67	3	14
826.9	8	285.6	11	9.76	41	5.05	41	2.22	43	15
711.8	14	339.0	8	9.83	40	4.18	43	2.88	36	16
698.8	16	481.1	2	14.56	30	6.31	35	4.02	19	17
827.6	7	413.8	4	18.01	19	7.70	24	3.25	31	18
706.9	15	257.9	15	18.57	16	9.76	17	4.51	16	19
661.6	19	109.5	39	11.17	39	6.03	37	3.05	34	20
497.0	36	164.1	34	16.38	25	8.37	20	3.66	25	21
429.1	43	208.4	21	18.09	18	10.49	16	4.97	13	22
420.0	44	78.9	43	32.38	4	14.65	6	7.34	7	23
572.0	24	92.0	41	17.73	20	8.14	21	3.39	29	24
474.2	39	186.8	28	16.93	23	7.93	22	4.31	17	25
474.6	38	132.7	37	31.26	5	16.05	5	9.43	4	26
407.3	46	194.5	27	74.51	2	38.75	2	19.04	2	27
443.0	42	241.1	18	26.97	7	13.72	7	7.40	6	28
404.8	47	167.4	32	22.95	10	12.77	10	6.91	8	29
524.2	32	196.9	26	21.99	11	11.39	12	4.18	18	30
739.2	13	198.7	25	13.05	32	6.41	34	3.54	27	31
989.8	2	213.3	20	15.50	27	7.47	25	3.70	24	32
530.1	30	169.6	31	17.46	22	7.40	27	3.86	23	33
532.5	29	167.1	33	20.49	13	11.57	11	5.61	10	34
555.0	25	131.9	38	17.49	21	9.39	18	4.55	15	35
743.3	11	262.1	13	18.40	17	8.76	19	3.64	26	36
537.1	26	234.4	19	15.92	26	7.46	26	3.98	20	37
587.6	22	200.2	24	16.87	24	7.92	23	3.90	22	38
927.9	3	137.3	36	19.38	14	10.94	15	3.96	21	39
418.1	45	70.9	44	26.16	8	13.03	9	5.93	9	40
654.5	20	244.5	17	12.29	35	6.89	31	3.37	30	41
814.7	9	286.6	10	19.36	15	11.15	13	4.74	14	42
742.0	12	201.5	23	12.30	34	6.26	36	2.66	39	43
685.0	18	344.6	6	14.82	29	7.19	29	3.06	32	44
840.1	6	423.0	3	12.53	33	7.14	30	2.72	37	45
775.3	10	366.9	5	15.15	28	6.78	32	2.71	38	46
645.1	21	178.8	30	23.80	9	13.23	8	5.59	11	47

教 育 E （指標）

			No. 147		No. 148		No. 149		No. 150	
			小学校教員割合（女） （対小学校教員数）		中学校教員割合（女） （対中学校教員数）		小学校児童数 （小学校教員1人当たり）		中学校生徒数 （中学校教員1人当たり）	
			Percentage of elementary school teachers (Female)		Percentage of lower secondary school teachers (Female)		Number of elementary school students (per teacher)		Number of lower secondary school students (per teacher)	
			#E0410201		#E0410202		#E0510301		#E0510302	
単位	Unit		％		％		人：persons		人：persons	
年度	Fiscal year		2021		2021		2021		2021	
都道府県	Prefecture		指標値 Indicator	順位 Rank	指標値 Indicator	順位 Rank	指標値 Indicator	順位 Rank	指標値 Indicator	順位 Rank
00	全国	All Japan	62.4		44.0		14.72		13.01	
01	北海道	Hokkaido	53.8	47	37.6	47	12.18	40	10.63	39
02	青森県	Aomori-ken	65.8	6	46.0	15	12.20	38	10.08	44
03	岩手県	Iwate-ken	63.1	26	46.1	14	11.83	41	10.68	38
04	宮城県	Miyagi-ken	60.3	39	45.0	20	14.19	16	11.95	25
05	秋田県	Akita-ken	63.0	28	42.4	40	12.58	37	10.12	43
06	山形県	Yamagata-ken	62.2	32	46.0	16	12.70	34	12.03	24
07	福島県	Fukushima-ken	64.6	12	43.2	32	12.74	33	11.07	35
08	茨城県	Ibaraki-ken	65.4	9	44.1	26	14.20	15	12.37	21
09	栃木県	Tochigi-ken	65.0	10	46.2	13	13.77	23	12.52	20
10	群馬県	Gumma-ken	63.4	23	42.6	38	13.98	20	12.58	19
11	埼玉県	Saitama-ken	61.7	35	42.9	35	17.39	1	14.91	4
12	千葉県	Chiba-ken	61.5	36	42.9	34	16.59	4	14.61	5
13	東京都	Tokyo-to	60.3	40	43.7	31	17.24	2	15.41	1
14	神奈川県	Kanagawa-ken	63.5	21	44.3	25	17.20	3	15.33	2
15	新潟県	Niigata-ken	61.9	33	42.8	37	12.69	35	11.31	32
16	富山県	Toyama-ken	64.4	17	46.9	9	13.25	28	12.84	13
17	石川県	Ishikawa-ken	65.9	5	46.4	11	14.04	17	13.71	9
18	福井県	Fukui-ken	65.4	8	41.9	42	12.82	32	11.47	30
19	山梨県	Yamanashi-ken	62.6	31	44.6	22	12.20	39	11.46	31
20	長野県	Nagano-ken	58.9	43	38.7	46	14.24	14	11.63	29
21	岐阜県	Gifu-ken	64.5	13	40.5	44	14.01	18	12.81	15
22	静岡県	Shizuoka-ken	58.8	44	39.6	45	15.90	6	14.07	6
23	愛知県	Aichi-ken	64.4	19	44.0	27	16.41	5	15.04	3
24	三重県	Mie-ken	64.4	16	45.0	21	13.28	26	12.60	17
25	滋賀県	Shiga-ken	62.9	29	43.8	29	14.39	12	13.09	11
26	京都府	Kyoto-fu	63.3	25	42.9	36	14.24	13	12.59	18
27	大阪府	Osaka-fu	61.7	34	45.6	17	14.64	11	12.95	12
28	兵庫県	Hyogo-ken	63.0	27	43.8	30	15.17	9	13.75	8
29	奈良県	Nara-ken	59.1	42	41.6	43	13.48	25	12.65	16
30	和歌山県	Wakayama-ken	61.1	37	45.2	19	11.22	45	10.23	42
31	鳥取県	Tottori-ken	59.4	41	42.0	41	11.62	43	10.34	41
32	島根県	Shimane-ken	62.7	30	43.9	28	10.71	46	9.35	46
33	岡山県	Okayama-ken	63.4	24	47.4	8	12.88	30	12.27	22
34	広島県	Hiroshima-ken	68.1	2	47.7	7	14.80	10	13.23	10
35	山口県	Yamaguchi-ken	64.4	15	45.6	18	12.92	29	11.26	33
36	徳島県	Tokushima-ken	68.2	1	52.4	1	11.36	44	10.01	45
37	香川県	Kagawa-ken	66.4	4	50.4	2	13.90	21	12.24	23
38	愛媛県	Ehime-ken	63.6	20	46.5	10	13.79	22	11.91	27
39	高知県	Kochi-ken	64.8	11	48.7	5	10.65	47	8.38	47
40	福岡県	Fukuoka-ken	65.5	7	46.2	12	15.70	7	13.80	7
41	佐賀県	Saga-ken	64.5	14	47.8	6	12.63	36	11.00	37
42	長崎県	Nagasaki-ken	58.5	45	48.7	4	12.86	31	11.05	36
43	熊本県	Kumamoto-ken	61.0	38	44.5	23	13.68	24	11.94	26
44	大分県	Oita-ken	63.4	22	43.1	33	13.25	27	11.74	28
45	宮崎県	Miyazaki-ken	64.4	18	44.4	24	14.00	19	11.17	34
46	鹿児島県	Kagoshima-ken	57.1	46	42.5	39	11.77	42	10.58	40
47	沖縄県	Okinawa-ken	66.6	3	49.4	3	15.61	8	12.81	14

No. 151 高等学校生徒数（高等学校教員1人当たり）Number of upper secondary school students (per teacher) #E0510303 人：persons 2021		No. 152 幼稚園在園者数（幼稚園教員1人当たり）Number of kindergarten pupils (per teacher) #E0510304 人：persons 2021		No. 153 保育所等在所児数（保育所等保育士1人当たり）Number of infants enrolled in nursery centers (per nurse) #E0510305 人：persons 2020		No. 154 公立高等学校生徒比率（対高等学校生徒数）Percentage of public upper secondary school students #E05203 % 2021		No. 155 公立幼稚園在園者比率（対幼稚園在園者数）Percentage of public kindergarteners #E05204 % 2021		都道府県コード
指標値 Indicator	順位 Rank	指標値 Indicator	順位 Rank	指標値 Indicator	順位 Rank	指標値 Indicator	順位 Rank	指標値 Indicator	順位 Rank	Pref. code
13.27		10.67		7.73		66.1		12.7		00
11.56	31	7.89	33	7.98	28	73.9	20	3.7	39	01
10.73	41	6.17	45	11.84	6	74.0	18	0.6	46	02
10.38	43	8.26	31	7.89	29	78.4	7	15.6	22	03
12.19	26	10.42	10	6.26	45	71.0	24	11.9	24	04
10.59	42	5.54	46	8.62	22	90.3	3	4.5	37	05
11.28	34	7.37	38	7.20	37	67.1	36	9.6	28	06
11.59	30	9.36	19	6.84	40	77.3	12	29.6	11	07
12.84	17	10.45	9	9.33	13	71.8	22	18.6	18	08
14.14	9	8.41	29	7.36	36	70.1	25	0.6	47	09
13.51	10	6.96	40	12.43	4	74.1	17	30.0	10	10
14.87	4	13.07	3	6.57	41	67.5	34	2.7	43	11
14.60	6	13.22	2	6.31	43	66.7	38	5.9	34	12
15.68	1	12.07	5	5.21	47	42.0	47	7.0	30	13
15.03	3	12.40	4	6.42	42	64.7	41	1.6	44	14
13.13	14	6.17	44	8.97	19	75.2	13	23.8	15	15
11.80	29	7.65	36	12.93	2	78.9	6	21.1	17	16
12.52	22	7.85	34	12.71	3	69.6	26	1.5	45	17
12.69	18	4.88	47	13.58	1	69.1	29	31.1	9	18
12.48	23	6.90	41	9.81	9	71.6	23	3.1	41	19
12.43	24	8.62	27	7.48	35	80.5	5	4.2	38	20
12.52	21	10.11	14	8.53	25	78.3	8	16.8	20	21
14.22	8	10.19	13	10.06	8	65.5	39	28.7	12	22
15.17	2	14.35	1	8.58	23	67.1	35	6.5	32	23
13.11	15	10.20	12	7.88	30	77.4	11	32.6	8	24
13.33	11	9.01	23	9.24	17	77.9	10	78.7	2	25
12.68	19	9.54	17	7.99	27	51.6	46	11.3	26	26
14.49	7	11.61	6	10.85	7	55.3	45	14.6	23	27
13.17	13	10.65	8	11.99	5	74.6	16	28.2	13	28
12.88	16	9.33	20	9.29	14	69.5	27	50.0	6	29
11.31	33	9.75	15	9.66	10	80.8	4	24.2	14	30
10.30	45	7.50	37	8.79	21	74.9	15	7.4	29	31
9.92	46	6.81	42	6.30	44	78.1	9	87.7	1	32
12.65	20	8.79	26	8.54	24	67.9	33	55.4	5	33
13.21	12	10.74	7	7.85	32	64.1	42	6.6	31	34
10.95	39	9.27	21	7.51	34	68.8	31	5.1	35	35
10.76	40	7.67	35	8.06	26	95.7	1	77.8	3	36
12.07	27	9.04	22	9.36	12	74.9	14	43.3	7	37
11.37	32	8.97	24	7.81	33	73.1	21	11.3	27	38
8.75	47	7.25	39	6.03	46	69.1	28	18.4	19	39
14.69	5	10.25	11	6.86	39	57.5	44	3.0	42	40
11.16	36	8.41	30	9.24	16	74.0	19	4.9	36	41
10.99	38	8.13	32	7.85	31	67.0	37	6.1	33	42
11.99	28	8.80	25	8.88	20	62.5	43	11.7	25	43
11.07	37	8.61	28	9.26	15	69.0	30	23.4	16	44
11.23	35	6.76	43	8.97	18	68.7	32	3.5	40	45
10.33	44	9.41	18	9.52	11	64.7	40	16.4	21	46
12.36	25	9.60	16	6.86	38	93.2	2	62.9	4	47

教育 E （指標）

		No. 156 公営保育所等在所児比率（対保育所等在所児数）Percentage of infants enrolled in public nursery centers #E05205		No. 157 小学校児童数（1学級当たり）Number of elementary school students (per class) #E0510205		No. 158 中学校生徒数（1学級当たり）Number of lower secondary school students (per class) #E0510206		No. 159 幼稚園教育普及度（幼稚園修了者数／小学校児童数（第1学年児童数））Educational diffusion rate (Kindergartens) #E0910101	
単位 Unit		%		人：persons		人：persons		%	
年度 Fiscal year		2020		2021		2021		2020	
都道府県 Prefecture		指標値 Indicator	順位 Rank	指標値 Indicator	順位 Rank	指標値 Indicator	順位 Rank	指標値 Indicator	順位 Rank
00 全国	All Japan	25.8		22.8		26.9		39.0	
01 北海道	Hokkaido	23.3	28	19.6	33	22.5	40	40.6	15
02 青森県	Aomori-ken	0.6	47	19.3	37	22.9	39	19.8	38
03 岩手県	Iwate-ken	21.6	31	18.6	42	22.4	41	23.3	32
04 宮城県	Miyagi-ken	27.9	21	22.7	10	25.2	25	51.3	2
05 秋田県	Akita-ken	11.8	38	19.3	38	22.2	43	13.5	44
06 山形県	Yamagata-ken	25.5	25	19.4	35	23.7	34	27.6	28
07 福島県	Fukushima-ken	44.6	4	19.4	36	23.5	36	47.1	7
08 茨城県	Ibaraki-ken	17.9	33	21.2	23	25.0	27	37.1	20
09 栃木県	Tochigi-ken	13.7	37	21.5	20	25.4	23	25.2	30
10 群馬県	Gumma-ken	17.4	34	21.6	18	25.5	20	24.1	31
11 埼玉県	Saitama-ken	28.2	20	26.8	2	30.4	3	51.1	3
12 千葉県	Chiba-ken	27.8	22	24.9	4	28.9	6	51.4	1
13 東京都	Tokyo-to	29.0	19	29.3	1	32.3	1	48.4	5
14 神奈川県	Kanagawa-ken	15.5	35	26.0	3	30.5	2	50.4	4
15 新潟県	Niigata-ken	38.1	9	19.2	40	23.6	35	11.7	45
16 富山県	Toyama-ken	30.9	17	21.7	17	28.4	8	10.0	46
17 石川県	Ishikawa-ken	23.4	27	22.4	13	28.6	7	18.2	41
18 福井県	Fukui-ken	32.1	15	20.0	31	23.3	37	7.6	47
19 山梨県	Yamanashi-ken	46.3	3	19.3	39	23.7	33	20.8	35
20 長野県	Nagano-ken	57.9	1	20.9	24	23.9	32	18.6	40
21 岐阜県	Gifu-ken	44.0	7	22.5	12	26.5	14	41.7	14
22 静岡県	Shizuoka-ken	26.7	24	24.3	6	27.3	11	42.7	12
23 愛知県	Aichi-ken	37.8	10	24.6	5	29.6	4	37.2	19
24 三重県	Mie-ken	48.2	2	20.8	25	25.5	21	33.9	23
25 滋賀県	Shiga-ken	22.8	29	22.1	14	25.9	15	33.1	25
26 京都府	Kyoto-fu	22.4	30	22.9	9	27.6	9	40.2	17
27 大阪府	Osaka-fu	20.9	32	22.1	15	26.8	13	42.0	13
28 兵庫県	Hyogo-ken	27.2	23	23.9	7	29.5	5	39.1	18
29 奈良県	Nara-ken	35.7	12	20.3	29	25.5	19	40.2	16
30 和歌山県	Wakayama-ken	31.4	16	18.6	41	22.3	42	22.8	33
31 鳥取県	Tottori-ken	35.5	14	18.4	43	22.0	44	16.2	43
32 島根県	Shimane-ken	11.2	41	17.1	46	21.3	45	20.0	36
33 岡山県	Okayama-ken	29.2	18	20.5	27	25.7	17	32.0	26
34 広島県	Hiroshima-ken	41.8	8	22.5	11	27.0	12	33.7	24
35 山口県	Yamaguchi-ken	23.8	26	20.1	30	23.0	38	48.1	6
36 徳島県	Tokushima-ken	44.3	6	17.7	45	21.0	46	44.1	9
37 香川県	Kagawa-ken	44.3	5	21.3	22	25.7	16	43.3	10
38 愛媛県	Ehime-ken	35.7	13	20.5	28	25.6	18	35.3	22
39 高知県	Kochi-ken	35.8	11	16.4	47	20.6	47	17.7	42
40 福岡県	Fukuoka-ken	11.1	42	23.6	8	27.5	10	44.5	8
41 佐賀県	Saga-ken	8.7	43	19.5	34	24.4	30	20.0	37
42 長崎県	Nagasaki-ken	7.8	45	19.7	32	23.9	31	27.9	27
43 熊本県	Kumamoto-ken	11.6	40	21.5	19	25.2	26	19.6	39
44 大分県	Oita-ken	11.6	39	20.6	26	25.2	24	43.1	11
45 宮崎県	Miyazaki-ken	3.7	46	21.4	21	25.4	22	22.7	34
46 鹿児島県	Kagoshima-ken	8.0	44	17.9	44	24.5	29	25.5	29
47 沖縄県	Okinawa-ken	14.4	36	21.7	16	24.9	28	36.9	21

No. 160 保育所等教育普及度（保育所等修了者数／小学校児童数（第1学年児童数）） Educational diffusion rate (Nursery centers) #E0910102 % 2020		No. 161 不登校による小学校長期欠席児童比率（年度間30日以上）（児童千人当たり） Ratio of long-term absentees from elementary school due to refusal to attend school a) #E09213 — 2020		No. 162 不登校による中学校長期欠席生徒比率（年度間30日以上）（生徒千人当たり） Ratio of long-term absentees from lower secondary school due to refusal to attend school a) #E09214 — 2020		No. 163 中学校卒業者の進学率 Percentage of lower secondary graduates going on to further education #E09401 % 2020		No. 164 高等学校卒業者の進学率 Percentage of upper secondary graduates going on to further education #E09402 % 2020		都道府県コード
指標値 Indicator	順位 Rank	指標値 Indicator	順位 Rank	指標値 Indicator	順位 Rank	指標値 Indicator	順位 Rank	指標値 Indicator	順位 Rank	Pref. code
51.1		10.05		41.35		95.0		57.3		00
42.5	44	11.46	7	50.74	1	95.1	32	48.2	34	01
66.4	11	6.41	44	37.41	34	97.6	6	49.3	32	02
62.5	16	6.27	46	33.43	44	97.6	6	45.4	44	03
43.1	42	10.55	18	46.54	7	95.7	24	51.8	28	04
73.7	9	6.97	41	35.34	38	97.3	9	48.1	35	05
64.3	14	6.76	42	32.10	46	98.0	2	46.4	40	06
42.9	43	7.89	36	36.26	36	94.4	38	47.7	36	07
53.1	29	11.03	13	41.43	22	95.4	30	52.6	26	08
50.8	32	10.10	22	46.70	6	94.6	37	54.0	22	09
62.4	17	9.80	25	38.36	30	96.5	16	54.1	21	10
39.0	46	7.18	40	34.64	40	94.2	40	60.6	8	11
35.4	47	8.72	34	33.92	42	95.4	30	58.1	12	12
47.2	37	10.35	21	41.48	20	94.7	36	68.9	2	13
39.6	45	11.38	9	42.42	19	94.3	39	63.0	5	14
81.1	2	9.16	31	39.89	23	96.0	22	48.3	33	15
80.4	3	11.40	8	33.84	43	97.7	5	54.7	18	16
77.0	5	10.48	20	45.54	10	98.1	1	57.9	13	17
85.8	1	6.00	47	29.52	47	98.0	2	59.5	10	18
67.8	10	9.25	28	46.41	8	94.9	34	58.7	11	19
76.7	6	13.17	3	43.90	14	95.5	28	50.7	30	20
53.8	28	11.29	10	41.45	21	93.1	46	57.3	15	21
45.3	41	11.07	12	45.50	11	93.5	45	53.9	24	22
52.4	30	10.64	16	43.00	18	92.1	47	59.8	9	23
60.9	19	9.05	32	35.56	37	94.1	42	52.5	27	24
56.0	25	10.56	17	34.85	39	96.2	19	57.4	14	25
56.0	24	9.86	24	39.88	24	95.7	24	69.8	1	26
46.4	40	10.54	19	44.55	12	94.2	40	64.3	3	27
46.9	39	10.07	23	47.18	3	94.0	43	64.3	3	28
51.1	31	11.24	11	44.17	13	96.2	19	61.8	6	29
64.5	13	8.27	35	39.10	29	97.8	4	54.0	22	30
77.5	4	12.15	4	38.22	32	96.5	16	46.2	41	31
75.8	7	14.83	2	45.56	9	97.3	9	47.3	38	32
60.3	20	9.43	26	32.89	45	95.5	28	54.2	20	33
54.6	27	10.95	14	37.42	33	94.9	34	61.8	6	34
50.3	33	9.22	29	43.20	16	95.7	24	44.2	46	35
48.7	35	9.26	27	39.83	25	97.2	11	56.5	16	36
55.4	26	6.30	45	34.07	41	96.1	21	55.2	17	37
49.9	34	7.38	39	39.57	26	96.7	13	53.8	25	38
74.1	8	11.81	6	50.65	2	96.7	13	51.2	29	39
47.4	36	11.92	5	46.93	5	95.0	33	54.5	19	40
63.0	15	9.04	33	39.40	28	95.6	27	45.7	43	41
61.9	18	7.75	37	39.54	27	97.2	11	47.6	37	42
65.5	12	9.17	30	43.70	15	96.4	18	47.2	39	43
46.9	38	10.71	15	47.04	4	97.4	8	49.7	31	44
60.0	21	7.56	38	36.38	35	96.0	22	46.1	42	45
56.1	23	6.71	43	38.25	31	96.6	15	45.1	45	46
59.1	22	15.35	1	43.04	17	94.0	43	40.7	47	47

a) (per 1,000 students, 30 days and more for a school year)

			No. 165 大学数 （人口10万人当たり） Number of colleges and universities (per 100,000 persons) #E0610102		No. 166 出身高校所在地県の県内大学への入学者割合（対大学入学者数） Percentage of upper secondary school graduates entering colleges and universities in the same prefecture #E0940302		No. 167 大学収容力指数 （高等学校卒業者のうち大学進学者数） Entrance capacity index of colleges and universities #E0610202		No. 168 短期大学数 （人口10万人当たり） Number of junior colleges (per 100,000 persons) #E0610101	
単位		Unit	校 : number of schools		%		—		校 : number of schools	
年度		Fiscal year	2021		2021		2021		2021	
都道府県		Prefecture	指標値 Indicator	順位 Rank	指標値 Indicator	順位 Rank	指標値 Indicator	順位 Rank	指標値 Indicator	順位 Rank
00	全国	All Japan	0.64		...		117.4		0.25	
01	北海道	Hokkaido	0.71	15	67.3	3	110.6	10	0.29	19
02	青森県	Aomori-ken	0.82	8	41.1	14	72.9	31	0.41	6
03	岩手県	Iwate-ken	0.50	32	28.3	26	61.5	36	0.33	16
04	宮城県	Miyagi-ken	0.61	24	56.6	6	133.7	4	0.22	30
05	秋田県	Akita-ken	0.74	13	26.3	29	67.7	33	0.42	4
06	山形県	Yamagata-ken	0.57	25	22.6	35	73.1	30	0.28	20
07	福島県	Fukushima-ken	0.44	36	22.6	34	52.6	43	0.28	22
08	茨城県	Ibaraki-ken	0.35	44	20.7	40	58.7	38	0.11	47
09	栃木県	Tochigi-ken	0.47	34	24.1	33	58.0	39	0.31	18
10	群馬県	Gumma-ken	0.78	10	31.9	22	87.3	20	0.36	13
11	埼玉県	Saitama-ken	0.37	43	29.4	24	91.7	17	0.16	37
12	千葉県	Chiba-ken	0.43	37	33.7	19	102.0	15	0.13	44
13	東京都	Tokyo-to	1.02	3	67.6	2	230.3	2	0.26	24
14	神奈川県	Kanagawa-ken	0.34	45	38.7	16	117.0	9	0.15	39
15	新潟県	Niigata-ken	1.01	4	39.8	15	87.6	19	0.23	27
16	富山県	Toyama-ken	0.49	33	20.8	39	62.4	34	0.20	32
17	石川県	Ishikawa-ken	1.24	2	47.8	9	127.3	6	0.36	14
18	福井県	Fukui-ken	0.79	9	31.2	23	61.8	35	0.13	43
19	山梨県	Yamanashi-ken	0.87	6	24.6	32	102.6	13	0.37	11
20	長野県	Nagano-ken	0.54	30	20.4	41	53.2	41	0.39	7
21	岐阜県	Gifu-ken	0.66	18	22.0	38	53.1	42	0.56	1
22	静岡県	Shizuoka-ken	0.39	40	28.5	25	50.8	45	0.17	36
23	愛知県	Aichi-ken	0.69	16	71.3	1	121.8	7	0.24	26
24	三重県	Mie-ken	0.40	39	22.2	37	46.7	47	0.23	29
25	滋賀県	Shiga-ken	0.64	21	22.4	36	117.0	8	0.21	31
26	京都府	Kyoto-fu	1.33	1	52.2	8	242.7	1	0.39	8
27	大阪府	Osaka-fu	0.64	22	58.9	5	135.1	3	0.27	23
28	兵庫県	Hyogo-ken	0.66	19	44.3	12	102.4	14	0.28	21
29	奈良県	Nara-ken	0.84	7	14.3	47	76.0	28	0.23	28
30	和歌山県	Wakayama-ken	0.55	27	17.8	42	51.7	44	0.11	46
31	鳥取県	Tottori-ken	0.55	28	15.2	46	85.2	23	0.18	34
32	島根県	Shimane-ken	0.30	46	17.4	43	68.6	32	0.15	40
33	岡山県	Okayama-ken	0.96	5	42.4	13	110.0	11	0.43	3
34	広島県	Hiroshima-ken	0.76	11	53.3	7	101.8	16	0.18	35
35	山口県	Yamaguchi-ken	0.75	12	25.8	30	106.7	12	0.38	10
36	徳島県	Tokushima-ken	0.56	26	36.4	17	86.3	22	0.42	5
37	香川県	Kagawa-ken	0.42	38	17.2	44	50.5	46	0.32	17
38	愛媛県	Ehime-ken	0.38	42	33.1	21	75.7	29	0.38	9
39	高知県	Kochi-ken	0.73	14	26.5	27	86.5	21	0.15	41
40	福岡県	Fukuoka-ken	0.66	17	65.1	4	131.6	5	0.35	15
41	佐賀県	Saga-ken	0.25	47	16.6	45	59.5	37	0.37	12
42	長崎県	Nagasaki-ken	0.62	23	36.3	18	79.6	25	0.15	38
43	熊本県	Kumamoto-ken	0.52	31	46.4	10	91.4	18	0.12	45
44	大分県	Oita-ken	0.45	35	26.4	28	79.6	24	0.45	2
45	宮崎県	Miyazaki-ken	0.66	20	25.8	31	57.3	40	0.19	33
46	鹿児島県	Kagoshima-ken	0.38	41	33.5	20	76.9	27	0.25	25
47	沖縄県	Okinawa-ken	0.54	29	45.9	11	79.1	26	0.14	42

No. 169 専修学校数 （人口10万人当たり） Number of specialized training colleges (per 100,000 persons) #E08101 校：number of schools 2021		No. 170 各種学校数 （人口10万人当たり） Number of miscellaneous schools (per 100,000 persons) #E08102 校：number of schools 2021		No. 171 最終学歴が小学・中学卒の者の割合（対卒業者総数） Percentage of people having completed up to elementary or lower secondary school only #E09501 % 2020		No. 172 最終学歴が高校・旧中卒の者の割合（対卒業者総数） Percentage of people having completed up to upper secondary school only #E09502 % 2020		No. 173 最終学歴が短大・高専卒の者の割合（対卒業者総数） Percentage of people having completed up to junior colleges or equivalent #E09503 % 2020		都道府県コード
指標値 Indicator	順位 Rank	指標値 Indicator	順位 Rank	指標値 Indicator	順位 Rank	指標値 Indicator	順位 Rank	指標値 Indicator	順位 Rank	Pref. code
2.46		0.85		12.0		37.6		13.8		00
3.07	13	0.93	22	15.8	17	41.5	31	14.1	16	01
2.13	36	0.82	27	22.0	1	47.5	7	11.4	46	02
2.84	21	0.50	34	20.7	2	47.6	6	12.7	38	03
3.01	14	0.96	21	13.0	29	45.6	14	12.2	41	04
1.69	42	0.32	43	19.0	3	50.8	2	11.3	47	05
2.09	38	0.38	37	16.7	11	51.1	1	12.2	42	06
2.92	18	0.66	31	16.9	9	47.3	8	11.6	45	07
2.21	35	0.42	36	14.5	24	43.5	20	12.7	39	08
2.92	19	0.88	23	14.5	25	43.2	21	13.2	28	09
3.53	7	0.99	19	14.6	23	42.9	25	14.7	11	10
1.44	46	0.35	40	10.3	40	35.4	41	15.1	7	11
1.47	45	0.22	45	9.6	45	35.1	42	14.7	10	12
2.86	20	1.09	17	5.6	47	23.1	47	12.8	36	13
1.15	47	0.13	46	7.6	46	30.2	46	15.1	6	14
3.86	3	0.32	42	18.8	5	46.2	11	13.6	22	15
2.24	34	2.15	6	14.2	26	42.9	26	15.7	4	16
3.20	9	1.78	9	14.8	22	41.2	33	14.7	9	17
2.50	30	1.58	11	16.4	13	43.9	17	12.9	35	18
2.98	16	1.49	12	12.4	33	43.0	24	15.9	3	19
2.95	17	0.98	20	12.3	34	44.1	16	16.9	1	20
1.68	43	1.68	10	16.6	12	42.9	27	13.4	25	21
2.55	28	0.72	29	15.5	18	43.6	19	13.9	17	22
2.34	33	0.82	26	12.9	30	36.2	39	13.6	21	23
2.11	37	2.11	7	15.4	20	41.6	30	12.2	44	24
1.56	44	0.71	30	11.9	36	38.6	37	14.9	8	25
2.38	32	2.07	8	9.7	42	32.9	44	13.3	27	26
2.52	29	0.43	35	10.2	41	32.1	45	13.2	29	27
1.80	41	1.38	14	10.7	38	36.0	40	13.7	20	28
2.05	39	2.43	5	9.7	43	36.5	38	15.2	5	29
2.41	31	2.63	4	16.0	16	43.2	22	12.9	34	30
3.83	4	3.10	2	13.0	27	47.3	9	13.4	26	31
3.16	10	3.76	1	18.2	7	43.9	18	12.9	32	32
2.83	22	0.80	28	11.4	37	43.0	23	13.9	19	33
2.59	27	0.83	25	9.6	44	38.7	36	16.1	2	34
3.09	12	2.86	3	12.5	32	48.9	4	13.5	24	35
1.97	40	0.56	33	16.4	14	42.1	28	13.1	30	36
2.76	25	1.49	13	11.9	35	42.0	29	14.3	13	37
2.80	23	0.83	24	15.2	21	41.2	32	14.2	14	38
3.80	5	1.02	18	18.2	6	39.7	34	12.9	33	39
3.12	11	0.37	39	10.4	39	39.7	35	14.2	15	40
3.72	6	0.12	47	15.5	19	48.6	5	13.1	31	41
2.78	24	0.62	32	18.1	8	45.8	13	12.3	40	42
3.01	15	0.35	41	16.1	15	45.5	15	12.8	37	43
4.40	1	1.35	15	12.8	31	50.2	3	13.5	23	44
3.39	8	0.38	38	18.8	4	46.0	12	12.2	43	45
2.66	26	0.25	44	16.9	10	46.4	10	14.4	12	46
4.09	2	1.16	16	13.0	28	33.7	43	13.9	18	47

教　育

E

（指標）

		No. 174 最終学歴が大学・大学院卒の者の割合（対卒業者総数）Percentage of people having completed up to colleges and universities #E09504		No. 175 小学校教育費（児童1人当たり）Elementary school educational expenses (per student) #E10102		No. 176 中学校教育費（生徒1人当たり）Lower secondary school educational expenses (per student) #E10103		No. 177 高等学校教育費（全日制）（生徒1人当たり）Upper secondary school educational expenses (Full-day course) (per student) #E10104	
単位	Unit	%		円：yen		円：yen		円：yen	
年度	Fiscal year	2020		2019		2019		2019	
都道府県	Prefecture	指標値 Indicator	順位 Rank	指標値 Indicator	順位 Rank	指標値 Indicator	順位 Rank	指標値 Indicator	順位 Rank
00 全国	All Japan	21.7		989,122		1,168,297		1,231,128	
01 北海道	Hokkaido	14.4	38	1,203,471	11	1,344,034	14	1,341,212	16
02 青森県	Aomori-ken	11.8	47	1,281,839	5	1,481,290	5	1,507,780	7
03 岩手県	Iwate-ken	12.7	45	1,495,990	2	1,562,652	3	1,492,541	8
04 宮城県	Miyagi-ken	18.4	22	1,079,846	21	1,287,117	21	1,331,239	18
05 秋田県	Akita-ken	11.9	46	1,278,020	6	1,534,552	4	1,518,945	6
06 山形県	Yamagata-ken	13.7	42	1,287,984	4	1,305,972	18	1,357,620	14
07 福島県	Fukushima-ken	13.1	44	1,184,541	14	1,346,493	13	1,492,279	9
08 茨城県	Ibaraki-ken	18.2	23	1,058,727	22	1,228,363	26	1,140,105	37
09 栃木県	Tochigi-ken	17.3	28	977,200	33	1,134,060	33	1,106,201	41
10 群馬県	Gumma-ken	17.5	27	945,676	35	1,094,665	37	1,147,158	36
11 埼玉県	Saitama-ken	23.9	7	754,925	47	975,050	45	1,110,075	40
12 千葉県	Chiba-ken	24.9	4	926,289	39	1,092,328	38	1,083,904	44
13 東京都	Tokyo-to	31.6	1	1,021,885	28	1,397,027	9	1,441,492	11
14 神奈川県	Kanagawa-ken	29.2	2	819,006	46	932,477	47	1,112,278	39
15 新潟県	Niigata-ken	14.5	37	1,263,256	7	1,377,279	10	1,286,256	21
16 富山県	Toyama-ken	19.8	16	1,203,403	12	1,182,285	29	1,257,875	24
17 石川県	Ishikawa-ken	19.8	17	996,838	31	1,033,157	43	1,270,903	22
18 福井県	Fukui-ken	18.8	20	1,049,775	24	1,104,186	35	1,186,947	31
19 山梨県	Yamanashi-ken	19.9	15	1,193,974	13	1,234,687	25	1,530,595	5
20 長野県	Nagano-ken	18.1	24	1,117,914	18	1,270,126	22	1,171,981	33
21 岐阜県	Gifu-ken	18.5	21	977,867	32	1,050,594	41	1,148,828	35
22 静岡県	Shizuoka-ken	19.5	18	897,534	43	1,046,511	42	1,099,369	42
23 愛知県	Aichi-ken	23.7	8	866,880	44	957,012	46	1,009,371	47
24 三重県	Mie-ken	18.0	26	1,049,725	25	1,221,185	27	1,130,329	38
25 滋賀県	Shiga-ken	22.4	10	909,007	41	1,103,805	36	1,042,913	46
26 京都府	Kyoto-fu	24.0	6	958,748	34	1,111,298	34	1,549,820	3
27 大阪府	Osaka-fu	21.8	11	905,004	42	1,009,576	44	1,086,902	43
28 兵庫県	Hyogo-ken	24.5	5	932,173	37	1,080,420	40	1,150,372	34
29 奈良県	Nara-ken	26.3	3	942,328	36	1,177,762	30	1,079,788	45
30 和歌山県	Wakayama-ken	16.3	31	1,152,858	15	1,413,184	8	1,173,747	32
31 鳥取県	Tottori-ken	16.6	30	1,253,027	8	1,341,792	15	1,470,743	10
32 島根県	Shimane-ken	15.8	34	1,424,109	3	1,643,213	2	1,403,827	13
33 岡山県	Okayama-ken	20.4	13	1,095,281	19	1,210,850	28	1,250,920	25
34 広島県	Hiroshima-ken	23.1	9	924,195	40	1,146,758	32	1,330,519	19
35 山口県	Yamaguchi-ken	16.9	29	1,122,125	17	1,365,710	11	1,544,604	4
36 徳島県	Tokushima-ken	19.2	19	1,123,126	16	1,424,259	6	1,313,448	20
37 香川県	Kagawa-ken	20.8	12	1,024,367	27	1,302,895	20	1,262,356	23
38 愛媛県	Ehime-ken	18.0	25	1,030,723	26	1,305,640	19	1,224,008	28
39 高知県	Kochi-ken	14.3	39	1,512,245	1	1,864,980	1	1,732,014	1
40 福岡県	Fukuoka-ken	20.4	14	842,894	45	1,088,536	39	1,237,689	26
41 佐賀県	Saga-ken	15.7	36	1,006,463	30	1,325,137	17	1,216,892	30
42 長崎県	Nagasaki-ken	14.1	40	1,220,634	9	1,419,083	7	1,345,385	15
43 熊本県	Kumamoto-ken	16.3	32	1,057,839	23	1,248,028	24	1,336,854	17
44 大分県	Oita-ken	15.9	33	1,087,151	20	1,355,967	12	1,419,835	12
45 宮崎県	Miyazaki-ken	13.4	43	926,653	38	1,260,159	23	1,222,034	29
46 鹿児島県	Kagoshima-ken	14.0	41	1,210,116	10	1,331,398	16	1,616,078	2
47 沖縄県	Okinawa-ken	15.8	35	1,006,564	29	1,175,052	31	1,236,804	27

No. 178 幼稚園教育費 （在園者1人当たり） Kindergarten educational expenses (per kindergarten pupil) #E10101 円：yen 2019		No. 179 幼保連携型認定こども園教育 費（在園者1人当たり） Authorized child centers educational expenses (per pupil) b) #E10105 円：yen 2019		都道府県コード
指標値 Indicator	順位 Rank	指標値 Indicator	順位 Rank	Pref. code
1,076,601		1,460,340		00
2,036,956	2	2,036,882	4	01
2,386,844	1	1,368,078	16	02
1,796,647	3	1,881,046	5	03
998,678	35	1,382,187	15	04
1,603,288	4	1,353,090	18	05
1,251,513	16	821,767	42	06
995,967	36	1,435,827	14	07
1,164,443	19	1,325,322	19	08
835,946	47	1,111,935	32	09
1,074,313	26	880,530	40	10
1,017,254	32	0	44	11
1,018,625	31	1,516,769	11	12
1,151,050	21	1,739,463	7	13
1,057,822	29	1,355,677	17	14
1,491,486	6	946,789	39	15
1,377,094	9	1,103,662	34	16
1,353,892	11	1,093,615	35	17
1,323,233	13	1,267,754	23	18
966,102	40	0	44	19
935,269	43	1,106,071	33	20
1,098,211	24	1,164,292	29	21
986,429	39	1,484,778	13	22
988,677	38	819,623	43	23
935,465	42	1,011,422	37	24
863,170	45	1,239,236	25	25
1,014,506	33	1,219,759	27	26
1,177,307	17	1,682,712	8	27
1,051,205	30	1,602,312	10	28
1,066,917	27	1,282,401	22	29
1,092,941	25	3,956,147	1	30
1,363,787	10	1,230,376	26	31
1,271,965	14	1,488,457	12	32
939,591	41	1,615,570	9	33
1,158,266	20	2,845,463	2	34
1,482,295	7	1,248,888	24	35
918,744	44	2,486,547	3	36
1,503,994	5	1,142,220	30	37
1,061,317	28	1,059,323	36	38
1,255,739	15	1,208,757	28	39
991,869	37	845,867	41	40
1,144,708	22	0	44	41
1,327,760	12	1,321,703	20	42
1,425,482	8	997,408	38	43
1,129,026	23	1,878,468	6	44
1,174,572	18	0	44	45
1,002,807	34	1,313,862	21	46
842,098	46	1,116,932	31	47

b) (Kindergarten-and-day-care center type)

F. 労働　　　F Labour

			No. 180 労働力人口比率 (対15歳以上人口) (男) Labour force participation rate (Male) #F0110101		No. 181 労働力人口比率 (対15歳以上人口) (女) Labour force participation rate (Female) #F0110102		No. 182 第1次産業就業者比率 (対就業者) Percentage of persons employed in primary industry #F01201		No. 183 第2次産業就業者比率 (対就業者) Percentage of persons employed in secondary industry #F01202	
単位	Unit		%		%		%		%	
年度	Fiscal year		2020		2020		2020		2020	
都道府県	Prefecture		指標値 Indicator	順位 Rank	指標値 Indicator	順位 Rank	指標値 Indicator	順位 Rank	指標値 Indicator	順位 Rank
00	全国	All Japan	63.2		48.1		3.4		23.0	
01	北海道	Hokkaido	62.0	41	45.4	44	6.7	15	16.5	44
02	青森県	Aomori-ken	67.3	10	49.9	20	11.1	1	19.6	38
03	岩手県	Iwate-ken	68.3	5	50.8	14	9.6	4	24.3	21
04	宮城県	Miyagi-ken	65.7	21	48.7	28	4.1	27	21.9	30
05	秋田県	Akita-ken	66.0	19	47.9	34	8.6	6	23.6	23
06	山形県	Yamagata-ken	67.9	7	52.1	6	8.6	7	28.1	12
07	福島県	Fukushima-ken	65.9	20	48.7	30	6.2	19	28.8	10
08	茨城県	Ibaraki-ken	65.5	25	49.1	27	5.1	23	27.9	13
09	栃木県	Tochigi-ken	66.0	17	49.8	22	5.2	21	30.4	8
10	群馬県	Gumma-ken	67.1	11	51.3	12	4.5	25	30.3	9
11	埼玉県	Saitama-ken	64.2	33	48.5	32	1.5	44	22.2	29
12	千葉県	Chiba-ken	62.6	38	47.5	35	2.4	37	18.4	43
13	東京都	Tokyo-to	57.2	46	45.8	42	0.4	47	14.6	46
14	神奈川県	Kanagawa-ken	62.0	40	46.8	40	0.8	45	19.5	39
15	新潟県	Niigata-ken	66.6	14	50.8	13	5.1	22	27.9	14
16	富山県	Toyama-ken	68.7	3	53.0	3	2.9	33	32.5	1
17	石川県	Ishikawa-ken	66.8	12	52.7	5	2.6	36	27.4	16
18	福井県	Fukui-ken	69.4	1	54.5	1	3.2	31	30.9	6
19	山梨県	Yamanashi-ken	67.5	8	51.6	11	6.6	16	27.5	15
20	長野県	Nagano-ken	68.8	2	52.9	4	8.4	8	28.1	11
21	岐阜県	Gifu-ken	67.4	9	51.7	10	2.8	34	31.9	3
22	静岡県	Shizuoka-ken	68.0	6	52.1	7	3.5	30	32.1	2
23	愛知県	Aichi-ken	66.5	15	50.7	16	1.9	42	31.5	5
24	三重県	Mie-ken	65.6	23	49.9	21	3.1	32	30.7	7
25	滋賀県	Shiga-ken	66.0	18	50.3	19	2.4	39	31.9	4
26	京都府	Kyoto-fu	58.8	44	44.9	45	2.0	41	21.7	31
27	大阪府	Osaka-fu	57.5	45	43.9	47	0.5	46	21.6	32
28	兵庫県	Hyogo-ken	62.3	39	45.9	41	1.8	43	24.1	22
29	奈良県	Nara-ken	60.9	42	44.1	46	2.4	40	21.4	34
30	和歌山県	Wakayama-ken	64.2	32	47.2	37	8.1	10	21.5	33
31	鳥取県	Tottori-ken	66.1	16	51.7	8	7.7	11	21.1	35
32	島根県	Shimane-ken	66.8	13	51.7	9	6.4	18	22.9	26
33	岡山県	Okayama-ken	64.9	28	49.1	24	4.1	26	26.2	17
34	広島県	Hiroshima-ken	65.5	24	49.3	23	2.7	35	25.3	19
35	山口県	Yamaguchi-ken	64.0	34	47.0	39	4.1	28	25.7	18
36	徳島県	Tokushima-ken	63.9	35	48.7	29	7.4	12	22.7	27
37	香川県	Kagawa-ken	64.3	30	49.1	25	4.7	24	24.4	20
38	愛媛県	Ehime-ken	63.0	36	47.1	38	6.8	14	23.3	25
39	高知県	Kochi-ken	60.0	43	47.4	36	10.2	2	16.5	45
40	福岡県	Fukuoka-ken	62.7	37	48.0	33	2.4	38	19.4	40
41	佐賀県	Saga-ken	68.4	4	53.0	2	7.4	13	23.5	24
42	長崎県	Nagasaki-ken	65.2	26	49.1	26	6.6	17	18.8	41
43	熊本県	Kumamoto-ken	65.0	27	50.8	15	8.8	5	20.7	36
44	大分県	Oita-ken	64.9	29	48.6	31	6.1	20	22.6	28
45	宮崎県	Miyazaki-ken	64.3	31	50.5	17	9.9	3	20.4	37
46	鹿児島県	Kagoshima-ken	65.7	22	50.5	18	8.3	9	18.8	42
47	沖縄県	Okinawa-ken	56.9	47	45.6	43	4.0	29	13.7	47

No. 184 第3次産業就業者比率（対就業者） Percentage of persons employed in tertiary industry #F01203 % 2020 指標値 Indicator	順位 Rank	No. 185 完全失業率（完全失業者数／労働力人口） Unemployment rate (Both sexes) #F01301 % 2020 指標値 Indicator	順位 Rank	No. 186 雇用者比率（雇用者数／就業者） Percentage of employees to all workers #F02301 % 2020 指標値 Indicator	順位 Rank	No. 187 県内就業者比率（対就業者） Percentage of persons living and working in the same prefecture #F02501 % 2020 指標値 Indicator	順位 Rank	No. 188 他市区町村への通勤者比率（対就業者） Percentage of commuters to other municipalities #F02701 % 2020 指標値 Indicator	順位 Rank	都道府県コード Pref. code
70.6		3.8		81.4		88.4		42.6		00
74.1	6	4.2	7	81.1	18	96.9	7	29.1	27	01
67.1	26	4.6	2	77.0	43	97.0	6	20.1	40	02
64.3	33	3.8	26	79.1	31	96.6	11	22.9	37	03
71.4	12	4.3	5	82.4	8	95.8	20	43.2	11	04
66.1	31	4.1	14	78.6	36	97.7	2	16.6	42	05
61.4	46	3.4	38	77.1	42	97.1	3	27.5	34	06
62.0	44	4.1	10	79.1	32	95.9	18	22.5	38	07
64.0	35	3.9	21	81.2	17	87.7	39	41.1	14	08
61.6	45	4.1	13	80.5	23	90.3	35	33.8	20	09
62.5	42	3.8	25	80.5	25	91.6	32	35.8	19	10
73.0	9	4.0	18	83.9	2	68.6	47	57.4	3	11
75.7	4	3.8	23	83.8	3	70.4	45	54.8	6	12
81.1	1	3.6	32	80.9	21	88.2	38	58.9	1	13
76.5	3	3.7	29	84.9	1	72.7	44	58.3	2	14
65.0	32	3.6	31	81.0	19	97.8	1	28.4	31	15
62.3	43	3.1	45	82.8	6	96.3	15	29.0	28	16
67.9	23	3.4	39	81.6	15	96.4	13	30.1	26	17
63.7	36	2.9	46	80.5	24	96.9	9	28.9	29	18
64.1	34	3.9	19	77.0	44	94.9	27	41.6	13	19
61.3	47	3.3	43	77.3	40	97.0	5	28.2	32	20
63.1	38	3.3	41	81.2	16	87.1	40	40.0	15	21
62.8	39	3.8	27	82.1	11	96.7	10	36.3	18	22
63.7	37	3.3	42	83.6	5	94.6	29	48.0	8	23
62.7	40	3.1	44	82.0	12	91.1	33	30.6	25	24
62.5	41	3.4	40	83.7	4	86.4	41	41.9	12	25
72.8	10	4.1	11	79.6	30	84.0	42	48.2	7	26
73.7	7	4.5	4	81.8	13	89.4	37	56.0	4	27
70.6	14	4.0	16	82.5	7	83.4	43	46.5	10	28
73.1	8	4.1	9	80.9	20	70.4	46	55.2	5	29
67.1	28	3.9	22	74.7	46	91.0	34	28.0	33	30
68.3	19	3.5	35	78.8	34	94.3	30	23.4	36	31
68.0	21	2.7	47	79.7	29	95.5	22	13.5	47	32
66.6	30	3.6	30	80.8	22	94.8	28	32.4	23	33
69.0	17	3.4	37	82.1	10	95.0	26	33.5	21	34
68.3	20	3.5	36	82.1	9	95.5	21	20.5	39	35
67.1	27	4.2	6	76.8	45	95.3	25	33.3	22	36
68.0	22	3.5	34	80.3	26	95.9	19	28.7	30	37
67.3	25	3.7	28	78.0	38	96.4	12	15.4	45	38
70.2	15	4.1	12	74.7	47	96.2	17	23.5	35	39
74.9	5	4.6	3	81.6	14	93.9	31	46.6	9	40
66.9	29	3.6	33	78.7	35	89.5	36	32.3	24	41
72.2	11	3.8	24	79.0	33	96.2	16	17.7	41	42
68.5	18	3.9	20	77.6	39	95.5	23	37.3	17	43
69.3	16	4.2	8	80.0	27	96.4	14	16.2	43	44
67.8	24	4.0	17	77.3	41	96.9	8	15.6	44	45
71.1	13	4.0	15	78.5	37	97.1	4	14.5	46	46
78.2	2	5.5	1	79.9	28	95.4	24	39.1	16	47

労働 F （指標）

			No. 189 他市区町村からの通勤者比率（対就業者） Percentage of commuters from other municipalities #F02702		No. 190 就職率（就職件数／求職者数） Percentage of new employment #F03101		No. 191 有効求人倍率（求人数／求職者数） Ratio of job vacancies to application #F03103		No. 192 充足率（就職件数／求人数） Percentage of newly filled vacancies #F03104	
単位	Unit		%		%		倍：times		%	
年度	Fiscal year		2020		2021		2021		2021	
都道府県	Prefecture		指標値 Indicator	順位 Rank	指標値 Indicator	順位 Rank	指標値 Indicator	順位 Rank	指標値 Indicator	順位 Rank
00	全国	All Japan	42.6		4.6		1.16		4.0	
01	北海道	Hokkaido	29.1	28	4.1	39	1.05	40	3.9	36
02	青森県	Aomori-ken	20.0	40	7.4	16	1.10	34	6.7	3
03	岩手県	Iwate-ken	22.6	38	8.8	3	1.29	23	6.8	2
04	宮城県	Miyagi-ken	43.0	6	5.7	28	1.40	17	4.1	35
05	秋田県	Akita-ken	16.4	42	9.1	2	1.50	6	6.1	6
06	山形県	Yamagata-ken	27.3	33	8.6	5	1.45	11	5.9	8
07	福島県	Fukushima-ken	23.1	37	7.7	12	1.41	16	5.5	14
08	茨城県	Ibaraki-ken	37.4	11	5.2	34	1.35	21	3.8	38
09	栃木県	Tochigi-ken	32.3	23	5.0	35	1.12	33	4.5	27
10	群馬県	Gumma-ken	36.3	16	5.5	31	1.25	30	4.4	29
11	埼玉県	Saitama-ken	36.6	13	2.9	44	0.91	44	3.2	43
12	千葉県	Chiba-ken	34.7	18	3.0	43	0.83	45	3.6	41
13	東京都	Tokyo-to	93.6	1	2.1	47	1.14	32	1.9	47
14	神奈川県	Kanagawa-ken	41.3	7	2.5	46	0.78	47	3.2	44
15	新潟県	Niigata-ken	28.4	31	7.7	14	1.56	3	4.9	22
16	富山県	Toyama-ken	28.9	29	7.8	11	1.48	8	5.2	17
17	石川県	Ishikawa-ken	30.2	25	6.1	23	1.37	20	4.5	28
18	福井県	Fukui-ken	29.5	26	9.5	1	1.87	1	5.1	20
19	山梨県	Yamanashi-ken	40.3	8	5.9	26	1.25	28	4.7	24
20	長野県	Nagano-ken	28.1	32	6.8	18	1.52	4	4.5	26
21	岐阜県	Gifu-ken	34.2	19	5.8	27	1.50	5	3.8	39
22	静岡県	Shizuoka-ken	36.3	17	4.5	37	1.25	29	3.6	40
23	愛知県	Aichi-ken	50.0	3	3.5	42	1.26	26	2.8	45
24	三重県	Mie-ken	28.6	30	5.7	29	1.31	22	4.3	32
25	滋賀県	Shiga-ken	36.6	14	5.4	32	0.93	42	5.8	9
26	京都府	Kyoto-fu	49.4	4	3.8	40	1.07	39	3.5	42
27	大阪府	Osaka-fu	65.2	2	2.8	45	1.09	35	2.5	46
28	兵庫県	Hyogo-ken	38.1	10	3.7	41	0.91	43	4.1	34
29	奈良県	Nara-ken	36.4	15	5.2	33	1.09	36	4.8	23
30	和歌山県	Wakayama-ken	25.2	34	6.0	25	1.07	38	5.6	12
31	鳥取県	Tottori-ken	23.1	36	7.5	15	1.45	10	5.2	18
32	島根県	Shimane-ken	13.7	47	8.8	4	1.73	2	5.1	21
33	岡山県	Okayama-ken	32.1	24	6.1	24	1.39	19	4.4	31
34	広島県	Hiroshima-ken	33.9	20	5.5	30	1.41	15	3.9	37
35	山口県	Yamaguchi-ken	20.1	39	7.8	10	1.48	9	5.3	16
36	徳島県	Tokushima-ken	32.5	22	6.7	19	1.25	27	5.3	15
37	香川県	Kagawa-ken	29.2	27	7.3	17	1.42	13	5.2	19
38	愛媛県	Ehime-ken	15.6	44	6.5	21	1.42	14	4.6	25
39	高知県	Kochi-ken	23.4	35	6.2	22	1.08	37	5.8	10
40	福岡県	Fukuoka-ken	46.5	5	4.4	38	1.04	41	4.2	33
41	佐賀県	Saga-ken	33.6	21	7.9	9	1.28	24	6.2	5
42	長崎県	Nagasaki-ken	17.2	41	8.1	8	1.16	31	7.0	1
43	熊本県	Kumamoto-ken	36.7	12	6.6	20	1.50	7	4.4	30
44	大分県	Oita-ken	16.1	43	8.1	7	1.28	25	6.3	4
45	宮崎県	Miyazaki-ken	15.5	45	8.6	6	1.44	12	6.0	7
46	鹿児島県	Kagoshima-ken	14.4	46	7.7	13	1.39	18	5.5	13
47	沖縄県	Okinawa-ken	39.1	9	4.5	36	0.80	46	5.7	11

No. 193 パートタイム就職率 （常用） （就職件数／求職者数） Percentage of employment to part-time job applications (Regular) #F0320101 % 2021		No. 194 高齢就業者割合 （65歳以上） （対65歳以上人口） Percentage of aged employees (65 years old and over) #F0350303 % 2020		No. 195 高齢一般労働者割合 （65歳以上） （対65歳以上人口） Percentage of aged general workers (65 years old and over) #F0350406 % 2021		No. 196 障害者就職率 Percentage of employment for the disabled persons #F03602 % 2021		No. 197 高等学校卒業者に占める 就職者の割合 （対高等学校卒業者数） Percentage of new employment to upper secondary school graduates #F03303 % 2020		都道府県コード
指標値 Indicator	順位 Rank	指標値 Indicator	順位 Rank	指標値 Indicator	順位 Rank	指標値 Indicator	順位 Rank	指標値 Indicator	順位 Rank	Pref. code
5.6		24.7		2.90		42.9		15.7		00
4.6	41	22.6	43	3.48	4	40.8	41	19.9	25	01
8.4	5	25.6	20	2.71	26	52.3	10	26.5	9	02
9.3	3	27.5	7	2.76	23	54.5	6	27.1	6	03
6.5	28	24.3	37	3.28	8	45.9	30	20.5	20	04
10.3	1	25.0	27	2.51	30	55.0	5	27.8	3	05
8.9	4	27.8	6	1.91	47	48.7	16	27.3	5	06
7.6	14	26.3	15	3.00	14	47.6	23	26.8	8	07
6.2	31	25.4	21	2.75	24	48.7	16	19.1	27	08
6.0	35	26.7	10	2.91	18	53.5	7	20.2	23	09
7.3	24	26.4	14	2.84	21	45.1	32	17.6	29	10
4.3	44	24.5	32	2.31	39	35.9	45	11.7	41	11
4.5	42	23.8	40	2.32	38	38.3	44	11.4	42	12
3.8	47	25.6	19	4.72	1	31.4	47	5.4	47	13
4.1	46	22.7	42	2.35	36	31.7	46	7.6	45	14
7.7	13	24.9	28	2.15	41	49.1	15	16.7	35	15
8.0	7	26.5	13	3.24	9	60.7	3	20.1	24	16
7.5	21	26.6	12	4.00	2	48.6	18	19.4	26	17
9.4	2	29.0	3	3.36	6	50.5	13	20.7	19	18
8.0	10	29.8	2	2.77	22	47.4	26	14.6	37	19
7.6	15	30.6	1	2.45	33	50.3	14	17.0	33	20
6.9	26	27.2	9	2.48	32	53.4	8	22.2	15	21
4.9	37	26.6	11	2.53	28	43.2	33	20.9	17	22
4.3	45	25.4	22	2.88	19	41.0	39	17.5	30	23
6.4	29	25.1	25	2.34	37	48.3	20	25.5	10	24
7.6	16	25.1	26	2.07	43	50.6	12	16.8	34	25
4.8	39	24.3	34	2.04	44	40.4	42	7.3	46	26
4.3	43	21.7	46	3.07	13	43.2	33	9.9	44	27
4.8	40	22.3	44	2.11	42	40.0	43	12.5	40	28
8.1	6	21.6	47	2.22	40	41.0	39	10.9	43	29
6.7	27	25.3	23	1.96	46	42.1	37	18.6	28	30
7.9	11	27.2	8	2.48	31	69.4	1	22.9	14	31
7.5	18	28.1	5	2.93	17	61.5	2	21.5	16	32
6.1	33	24.5	33	3.13	10	47.6	23	20.2	22	33
5.4	36	24.7	30	3.07	12	42.3	36	13.6	39	34
7.5	17	24.0	39	2.62	27	47.6	23	29.9	1	35
7.2	25	24.3	35	2.98	15	55.3	4	20.4	21	36
7.5	19	24.8	29	2.94	16	45.4	31	17.1	32	37
6.1	32	24.3	38	2.52	29	52.6	9	20.7	18	38
7.5	22	25.3	24	2.04	45	46.6	27	17.4	31	39
4.8	38	23.6	41	3.89	3	41.8	38	16.2	36	40
7.9	12	28.1	4	3.45	5	46.2	28	28.9	2	41
8.0	8	24.3	36	2.37	35	42.6	35	27.0	7	42
6.4	30	25.8	17	2.87	20	48.5	19	24.3	12	43
8.0	9	24.6	31	3.33	7	46.2	28	23.4	13	44
7.4	23	26.2	16	3.13	11	51.5	11	27.4	4	45
7.5	20	25.8	18	2.43	34	47.9	22	24.6	11	46
6.1	34	21.7	45	2.72	25	48.1	21	14.3	38	47

労

働

F

（指標）

都道府県 Prefecture		No. 198 高等学校卒業者に占める 県外就職者の割合 （対高等学校卒業者就職者数） Percentage of upper secondary school graduates getting jobs outside the prefecture #F03302		No. 199 高等学校新規卒業者の 求人倍率 （対新規高等学校卒業者求職者数） Job vacancies rate of new upper secondary school graduates #F03304		No. 200 大学卒業者に占める就職者の 割合 （対大学卒業者数） Percentage of new employment to college or university graduates #F03403		No. 201 大学新規卒業者の無業者率 （対大学卒業者数） Percentage of new college or university graduates not working #F03402	
単位	Unit	%		倍：times		%		%	
年度	Fiscal year	2020		2020		2020		2020	
		指標値 Indicator	順位 Rank	指標値 Indicator	順位 Rank	指標値 Indicator	順位 Rank	指標値 Indicator	順位 Rank
00 全国	All Japan	18.1		2.64		74.2		9.6	
01 北海道	Hokkaido	6.3	45	2.64	14	72.2	26	10.0	11
02 青森県	Aomori-ken	41.3	1	1.75	44	80.5	1	7.0	35
03 岩手県	Iwate-ken	29.1	9	2.10	27	71.1	31	7.4	29
04 宮城県	Miyagi-ken	18.9	25	2.83	9	73.8	16	8.6	22
05 秋田県	Akita-ken	27.4	11	2.34	21	71.7	29	5.9	44
06 山形県	Yamagata-ken	20.0	20	2.24	24	67.3	40	7.6	28
07 福島県	Fukushima-ken	17.5	28	2.03	32	77.2	8	8.7	20
08 茨城県	Ibaraki-ken	13.7	31	2.33	22	62.4	46	9.0	19
09 栃木県	Tochigi-ken	19.0	23	2.05	30	76.9	10	6.1	42
10 群馬県	Gumma-ken	12.0	36	2.70	11	77.4	7	8.0	25
11 埼玉県	Saitama-ken	28.5	10	2.61	15	78.4	4	9.9	12
12 千葉県	Chiba-ken	19.4	21	2.36	19	73.9	14	10.5	7
13 東京都	Tokyo-to	12.1	35	8.03	1	73.7	18	10.8	6
14 神奈川県	Kanagawa-ken	20.2	19	2.66	13	72.6	25	11.2	5
15 新潟県	Niigata-ken	11.0	38	3.00	5	68.1	37	8.3	24
16 富山県	Toyama-ken	5.0	46	2.71	10	67.4	39	5.6	45
17 石川県	Ishikawa-ken	9.7	41	2.60	16	73.1	22	6.6	37
18 福井県	Fukui-ken	10.0	39	2.83	8	73.6	20	3.7	47
19 山梨県	Yamanashi-ken	13.3	32	1.90	35	71.9	27	11.4	3
20 長野県	Nagano-ken	9.4	42	2.12	26	64.4	44	6.3	40
21 岐阜県	Gifu-ken	24.7	15	2.34	20	74.7	13	6.0	43
22 静岡県	Shizuoka-ken	8.7	44	2.23	25	77.0	9	7.7	26
23 愛知県	Aichi-ken	4.7	47	2.90	7	80.2	2	6.8	36
24 三重県	Mie-ken	11.9	37	2.07	29	73.5	21	7.4	30
25 滋賀県	Shiga-ken	9.2	43	1.85	38	71.5	30	6.5	38
26 京都府	Kyoto-fu	18.6	26	3.09	4	73.8	15	9.7	14
27 大阪府	Osaka-fu	9.9	40	4.63	2	75.7	12	9.3	17
28 兵庫県	Hyogo-ken	16.2	30	2.67	12	77.5	6	10.3	10
29 奈良県	Nara-ken	33.5	6	1.78	41	75.9	11	9.3	18
30 和歌山県	Wakayama-ken	22.4	17	2.08	28	69.8	34	6.5	39
31 鳥取県	Tottori-ken	21.6	18	1.92	34	63.9	45	6.3	41
32 島根県	Shimane-ken	23.1	16	2.32	23	68.5	36	5.2	46
33 岡山県	Okayama-ken	17.2	29	2.03	31	73.6	19	8.6	21
34 広島県	Hiroshima-ken	12.5	34	3.33	3	78.8	3	8.5	23
35 山口県	Yamaguchi-ken	17.8	27	1.95	33	71.1	33	10.4	8
36 徳島県	Tokushima-ken	25.2	14	1.87	36	65.8	43	7.4	32
37 香川県	Kagawa-ken	13.2	33	2.97	6	73.8	17	9.5	16
38 愛媛県	Ehime-ken	19.1	22	2.54	17	77.7	5	7.2	34
39 高知県	Kochi-ken	30.1	7	1.86	37	69.1	35	7.4	31
40 福岡県	Fukuoka-ken	19.0	24	2.53	18	72.9	23	9.9	13
41 佐賀県	Saga-ken	34.2	5	1.79	40	66.8	41	7.6	27
42 長崎県	Nagasaki-ken	30.1	8	1.47	47	72.8	24	9.7	15
43 熊本県	Kumamoto-ken	38.3	4	1.80	39	71.9	28	10.4	9
44 大分県	Oita-ken	25.2	13	1.76	43	66.5	42	18.2	2
45 宮崎県	Miyazaki-ken	39.5	3	1.78	42	71.1	32	7.2	33
46 鹿児島県	Kagoshima-ken	40.2	2	1.58	46	67.5	38	11.3	4
47 沖縄県	Okinawa-ken	26.1	12	1.70	45	57.8	47	20.4	1

No. 202 転職率 (転職者数／有業者数) Percentage of persons who changed jobs #F04101 % 2017		No. 203 離職率 (離職者数／(継続就業者数＋転職者数＋離職者数)) Percentage of persons who quit their jobs #F04102 % 2017		No. 204 新規就業率 (新規就業者数／有業者数) Percentage of newly employed #F04103 % 2017		No. 205 就業異動率 ((転職者数+離職者数+新規就業者数)/15歳以上人口) Percentage of job changes #F04104 % 2017		No. 206 月間平均実労働時間数(男) Monthly average of hours actually worked (Male) #F0610103 時間：hours 2021		都道府県コード Pref. code
指標値 Indicator	順位 Rank	指標値 Indicator	順位 Rank	指標値 Indicator	順位 Rank	指標値 Indicator	順位 Rank	指標値 Indicator	順位 Rank	
5.0		4.0		5.7		8.7		181		00
4.9	16	4.9	1	5.6	13	8.4	16	182	9	01
3.7	46	3.6	39	4.5	39	6.7	46	181	21	02
4.7	19	3.9	30	4.1	44	7.5	38	183	3	03
5.1	10	4.0	22	5.4	19	8.5	11	180	30	04
4.0	45	3.8	32	4.0	46	6.6	47	180	30	05
4.1	43	3.5	42	3.8	47	6.8	45	181	21	06
4.4	36	3.9	28	4.7	35	7.6	35	182	9	07
4.4	38	4.1	15	5.0	28	8.0	24	182	9	08
5.0	14	3.9	31	4.8	32	8.2	22	180	30	09
5.1	13	4.0	23	5.1	25	8.4	13	183	3	10
5.6	4	4.0	24	6.2	7	9.5	4	182	9	11
5.8	2	4.1	16	5.7	11	9.3	5	181	21	12
5.7	3	3.5	44	6.2	6	9.8	2	175	47	13
5.3	6	4.1	18	6.4	4	9.5	3	181	21	14
4.5	34	4.1	20	4.1	45	7.3	40	180	30	15
4.3	39	3.5	43	4.3	40	7.2	42	179	39	16
4.4	37	3.4	46	5.2	22	7.9	27	182	9	17
4.5	31	3.1	47	4.3	42	7.4	39	180	30	18
4.5	30	3.7	34	4.8	34	7.9	28	182	9	19
4.1	44	3.4	45	5.0	27	7.7	33	180	30	20
4.5	29	3.7	36	4.7	38	7.8	31	182	9	21
5.1	9	3.6	38	5.0	26	8.3	18	183	3	22
4.7	23	3.7	37	6.1	8	8.9	9	183	3	23
4.9	15	3.7	33	5.0	29	8.1	23	183	3	24
4.6	26	3.9	27	5.6	12	8.6	10	182	9	25
4.7	22	4.0	25	6.9	1	8.9	8	180	30	26
5.1	12	4.6	4	6.3	5	9.0	7	179	39	27
4.6	24	4.5	5	6.0	10	8.4	12	180	30	28
5.1	8	4.4	7	6.1	9	8.4	17	182	9	29
3.7	47	4.4	6	4.9	30	7.2	41	189	1	30
4.5	32	3.6	40	4.8	33	7.5	37	178	43	31
4.6	25	3.5	41	4.3	41	7.2	43	179	39	32
5.2	7	3.7	35	5.1	24	8.0	26	182	9	33
4.8	17	4.0	21	5.4	17	8.4	15	182	9	34
4.6	27	4.2	11	4.9	31	7.5	36	181	21	35
4.1	42	4.2	14	4.1	43	6.8	44	177	44	36
4.5	33	4.0	26	5.1	23	7.8	29	181	21	37
4.3	41	4.3	10	5.3	21	7.8	32	179	39	38
4.5	35	4.3	9	4.7	37	7.6	34	177	44	39
5.5	5	4.2	13	6.5	3	9.3	6	181	21	40
4.7	20	3.9	29	5.4	16	8.3	19	182	9	41
4.3	40	4.1	17	5.4	20	7.8	30	181	21	42
4.5	28	4.3	8	5.6	14	8.2	21	183	3	43
4.7	21	4.1	19	5.4	18	8.0	25	180	30	44
4.7	18	4.8	3	4.7	36	8.3	20	184	2	45
5.1	11	4.2	12	5.5	15	8.4	14	181	21	46
6.7	1	4.8	2	6.7	2	10.5	1	177	44	47

労 働 （指標）

F

			No. 207 月間平均実労働時間数(女) Monthly average of hours actually worked (Female) #F0610104		No. 208 男性パートタイムの給与(1時間当たり) Salary of part-time workers (per hour, Male) #F06207		No. 209 女性パートタイムの給与(1時間当たり) Salary of part-time workers (per hour, Female) #F06206		No. 210 男性パートタイム労働者数 Number of part-time workers (Male) #F03242	
単位		Unit	時間:hours		円:yen		円:yen		人:person	
年度		Fiscal year	2021		2021		2021		2021	
都道府県		Prefecture	指標値 Indicator	順位 Rank	指標値 Indicator	順位 Rank	指標値 Indicator	順位 Rank	指標値 Indicator	順位 Rank
00	全国	All Japan	169		1,631		1,290		3,148,110	
01	北海道	Hokkaido	168	33	1,415	26	1,209	17	113,000	8
02	青森県	Aomori-ken	170	12	1,474	21	1,149	30	18,230	33
03	岩手県	Iwate-ken	170	12	1,191	43	1,043	45	13,970	41
04	宮城県	Miyagi-ken	170	12	1,337	32	1,129	32	49,850	14
05	秋田県	Akita-ken	169	23	1,101	47	1,007	47	13,800	42
06	山形県	Yamagata-ken	172	4	1,249	38	1,084	37	16,600	36
07	福島県	Fukushima-ken	172	4	1,241	39	1,073	40	27,840	26
08	茨城県	Ibaraki-ken	169	23	1,496	20	1,202	19	63,540	13
09	栃木県	Tochigi-ken	170	12	1,297	34	1,187	23	47,570	16
10	群馬県	Gumma-ken	170	12	1,435	25	1,227	14	45,620	17
11	埼玉県	Saitama-ken	169	23	1,623	12	1,245	9	167,440	5
12	千葉県	Chiba-ken	166	46	1,577	15	1,266	6	140,660	6
13	東京都	Tokyo-to	168	33	2,062	2	1,607	1	524,580	1
14	神奈川県	Kanagawa-ken	168	33	1,681	8	1,391	3	256,150	3
15	新潟県	Niigata-ken	169	23	1,278	36	1,072	41	41,190	20
16	富山県	Toyama-ken	170	12	1,606	13	1,165	25	24,320	29
17	石川県	Ishikawa-ken	168	33	1,237	40	1,229	12	41,840	18
18	福井県	Fukui-ken	171	6	1,375	29	1,100	35	16,220	38
19	山梨県	Yamanashi-ken	170	12	1,536	18	1,219	15	16,400	37
20	長野県	Nagano-ken	169	23	1,298	33	1,157	27	41,200	19
21	岐阜県	Gifu-ken	173	1	1,296	35	1,133	31	48,830	15
22	静岡県	Shizuoka-ken	171	6	1,893	4	1,192	20	93,720	10
23	愛知県	Aichi-ken	173	1	1,644	11	1,252	8	235,550	4
24	三重県	Mie-ken	169	23	1,355	31	1,261	7	37,420	21
25	滋賀県	Shiga-ken	168	33	1,709	7	1,218	16	29,450	25
26	京都府	Kyoto-fu	168	33	1,967	3	1,404	2	69,550	11
27	大阪府	Osaka-fu	169	23	1,605	14	1,357	4	313,400	2
28	兵庫県	Hyogo-ken	168	33	1,667	9	1,296	5	123,620	7
29	奈良県	Nara-ken	170	12	1,465	22	1,188	22	27,360	28
30	和歌山県	Wakayama-ken	171	6	1,544	17	1,152	28	17,350	34
31	鳥取県	Tottori-ken	169	23	1,813	5	1,244	10	10,210	47
32	島根県	Shimane-ken	168	33	1,757	6	1,077	39	10,630	45
33	岡山県	Okayama-ken	170	12	2,079	1	1,229	12	30,040	24
34	広島県	Hiroshima-ken	170	12	1,501	19	1,233	11	69,350	12
35	山口県	Yamaguchi-ken	168	33	1,372	30	1,152	28	27,490	27
36	徳島県	Tokushima-ken	168	33	1,448	23	1,109	34	11,610	44
37	香川県	Kagawa-ken	171	6	1,233	41	1,173	24	16,800	35
38	愛媛県	Ehime-ken	168	33	1,119	46	1,069	42	21,040	32
39	高知県	Kochi-ken	166	46	1,558	16	1,093	36	10,300	46
40	福岡県	Fukuoka-ken	169	23	1,440	24	1,204	18	109,110	9
41	佐賀県	Saga-ken	171	6	1,664	10	1,161	26	15,700	40
42	長崎県	Nagasaki-ken	169	23	1,403	27	1,057	43	22,060	31
43	熊本県	Kumamoto-ken	171	6	1,396	28	1,121	33	31,440	23
44	大分県	Oita-ken	168	33	1,230	42	1,083	38	16,110	39
45	宮崎県	Miyazaki-ken	170	12	1,259	37	1,048	44	13,550	43
46	鹿児島県	Kagoshima-ken	173	1	1,177	44	1,030	46	33,910	22
47	沖縄県	Okinawa-ken	168	33	1,160	45	1,192	20	22,520	30

No. 211 女性パートタイム労働者数 Number of part-time workers (Female) #F03241 人：person		No. 212 新規学卒者所定内給与額(高校)(男) Scheduled cash earnings for upper secondary school graduates (Male) #F0620307 千円：thousand yen		No. 213 新規学卒者所定内給与額(高校)(女) Scheduled cash earnings for upper secondary school graduates (Female) #F0620308 千円：thousand yen		都道府県コード
2021		2021		2021		
指標値 Indicator	順位 Rank	指標値 Indicator	順位 Rank	指標値 Indicator	順位 Rank	Pref. code
8,247,990		181.6		176.3		00
306,380	9	179.8	17	168.4	30	01
55,790	34	173.0	33	163.2	42	02
47,420	39	168.9	40	168.4	30	03
135,920	14	175.6	28	169.4	28	04
38,300	43	163.7	47	163.2	42	05
43,620	41	169.5	38	162.7	44	06
85,990	24	171.2	36	164.8	36	07
168,860	13	185.4	8	174.2	16	08
124,800	16	179.5	18	169.1	29	09
117,000	18	180.2	16	172.3	21	10
438,510	5	183.5	11	176.5	12	11
361,800	7	186.7	7	184.5	5	12
1,195,170	1	192.3	2	211.7	1	13
640,200	3	201.2	1	191.0	2	14
113,480	20	182.2	13	177.5	9	15
66,880	32	176.5	26	175.5	15	16
72,020	30	175.3	29	170.5	27	17
39,570	42	188.2	5	181.8	7	18
43,700	40	177.5	23	162.1	45	19
124,280	17	177.7	22	183.5	6	20
135,500	15	175.2	30	172.8	19	21
252,820	10	178.8	19	172.4	20	22
601,600	4	182.1	14	175.7	14	23
113,510	19	180.8	15	172.2	22	24
87,070	23	189.7	3	173.4	18	25
172,540	12	188.8	4	181.8	7	26
753,060	2	188.0	6	187.6	3	27
381,250	6	184.4	10	185.8	4	28
78,290	26	168.2	42	176.4	13	29
52,530	37	176.9	24	164.1	38	30
27,070	47	172.4	34	171.8	23	31
29,200	46	169.1	39	161.4	46	32
94,690	21	175.0	31	171.5	24	33
195,060	11	176.8	25	163.5	41	34
69,870	31	176.3	27	163.6	40	35
30,740	44	174.7	32	165.9	34	36
53,600	35	178.5	21	171.2	26	37
73,120	29	178.8	19	176.6	11	38
29,700	45	168.4	41	171.5	24	39
314,680	8	182.9	12	177.4	10	40
49,790	38	166.7	45	168.0	32	41
73,950	28	171.8	35	165.2	35	42
80,820	25	167.5	44	164.4	37	43
61,690	33	185.3	9	174.0	17	44
52,700	36	166.5	46	157.6	47	45
88,590	22	171.1	37	166.8	33	46
74,880	27	167.9	43	164.1	38	47

G. 文化・スポーツ　　G Culture and Sports

			No. 214 公民館数（人口100万人当たり）Number of community centers (per 1,000,000 persons) #G01101		No. 215 図書館数（人口100万人当たり）Number of libraries (per 1,000,000 persons) #G01104		No. 216 博物館数（人口100万人当たり）Number of museums (per 1,000,000 persons) #G01107		No. 217 青少年教育施設数（人口100万人当たり）Number of educational facilities for youth and children (per 1,000,000 persons) #G01109	
単位	Unit		館：number of community centers		館：number of libraries		館：number of museums		所：number of facilities	
年度	Fiscal year		2018		2018		2018		2018	
都道府県	Prefecture		指標値 Indicator	順位 Rank	指標値 Indicator	順位 Rank	指標値 Indicator	順位 Rank	指標値 Indicator	順位 Rank
00	全国	All Japan	107.6		26.5		10.1		7.0	
01	北海道	Hokkaido	72.0	35	28.7	28	12.1	22	13.4	7
02	青森県	Aomori-ken	194.0	18	27.6	33	3.9	46	6.3	35
03	岩手県	Iwate-ken	141.9	26	37.9	12	16.9	9	4.0	43
04	宮城県	Miyagi-ken	189.2	19	15.1	45	7.8	38	5.2	40
05	秋田県	Akita-ken	347.2	4	48.7	7	11.2	26	16.2	4
06	山形県	Yamagata-ken	393.8	3	36.6	14	15.6	16	11.0	12
07	福島県	Fukushima-ken	200.1	17	36.4	16	9.1	35	12.8	10
08	茨城県	Ibaraki-ken	87.1	33	22.1	42	9.0	36	4.1	42
09	栃木県	Tochigi-ken	96.3	31	28.2	31	13.3	18	6.7	33
10	群馬県	Gumma-ken	113.4	30	29.1	26	10.2	32	9.7	16
11	埼玉県	Saitama-ken	66.8	36	23.5	39	3.4	47	2.7	47
12	千葉県	Chiba-ken	45.9	43	23.0	40	6.9	41	5.9	36
13	東京都	Tokyo-to	5.7	47	28.7	29	7.4	39	2.9	46
14	神奈川県	Kanagawa-ken	17.6	45	9.2	47	6.0	43	3.9	44
15	新潟県	Niigata-ken	180.3	20	35.2	19	16.9	10	8.5	24
16	富山県	Toyama-ken	285.7	9	54.3	5	35.2	2	9.5	18
17	石川県	Ishikawa-ken	253.3	14	34.9	20	26.2	5	14.0	5
18	福井県	Fukui-ken	266.4	13	47.6	8	24.5	6	12.9	9
19	山梨県	Yamanashi-ken	343.5	5	64.6	1	31.7	4	17.1	3
20	長野県	Nagano-ken	869.3	1	60.8	2	40.0	1	13.5	6
21	岐阜県	Gifu-ken	136.4	28	35.5	17	10.0	33	10.0	15
22	静岡県	Shizuoka-ken	17.5	46	26.2	36	11.7	24	5.7	38
23	愛知県	Aichi-ken	46.7	42	13.0	46	5.6	44	3.4	45
24	三重県	Mie-ken	180.1	21	26.2	35	11.2	27	5.0	41
25	滋賀県	Shiga-ken	63.6	37	35.4	18	12.7	19	9.2	19
26	京都府	Kyoto-fu	59.3	39	26.2	37	15.8	15	7.3	32
27	大阪府	Osaka-fu	22.5	44	16.6	44	4.2	45	8.5	23
28	兵庫県	Hyogo-ken	51.4	41	19.5	43	8.0	37	8.2	27
29	奈良県	Nara-ken	271.4	11	24.6	38	16.4	13	8.9	20
30	和歌山県	Wakayama-ken	269.1	12	27.7	32	10.6	28	5.3	39
31	鳥取県	Tottori-ken	311.4	7	53.4	6	12.5	21	19.6	1
32	島根県	Shimane-ken	287.4	8	58.7	3	32.3	3	11.7	11
33	岡山県	Okayama-ken	210.6	16	36.8	13	16.8	11	7.9	30
34	広島県	Hiroshima-ken	95.3	32	29.7	23	10.6	29	8.9	21
35	山口県	Yamaguchi-ken	124.2	29	40.2	9	16.8	12	8.8	22
36	徳島県	Tokushima-ken	436.1	2	38.0	11	14.9	17	8.2	28
37	香川県	Kagawa-ken	162.0	23	31.2	22	12.5	20	8.3	25
38	愛媛県	Ehime-ken	319.1	6	33.2	21	17.7	8	9.6	17
39	高知県	Kochi-ken	284.3	10	58.0	4	19.8	7	18.4	2
40	福岡県	Fukuoka-ken	60.4	38	22.2	41	6.0	42	5.8	37
41	佐賀県	Saga-ken	154.7	24	36.5	15	15.8	14	13.4	8
42	長崎県	Nagasaki-ken	140.2	27	28.3	30	11.9	23	8.2	26
43	熊本県	Kumamoto-ken	176.8	22	29.6	24	9.7	34	8.0	29
44	大分県	Oita-ken	214.3	15	28.9	27	11.4	25	10.5	14
45	宮崎県	Miyazaki-ken	83.9	34	29.5	25	7.4	40	6.5	34
46	鹿児島県	Kagoshima-ken	151.2	25	39.0	10	10.5	30	10.5	13
47	沖縄県	Okinawa-ken	58.5	40	27.5	34	10.3	31	7.6	31

No. 218 常設の興行場数(映画館)(人口100万人当たり) Number of performance facilities (Theaters) (per 1,000,000 persons) #G01202		No. 219 社会体育施設数(人口100万人当たり) Number of sports facilities (per 1,000,000 persons) #G01321		No. 220 多目的運動広場数(公共)(人口100万人当たり) Number of multi-purpose playgrounds (Public) (per 1,000,000 persons) #G01323		No. 221 青少年学級・講座数(人口100万人当たり) Youth education classes (per 1,000,000 persons) #G03201		No. 222 成人一般学級・講座数(人口100万人当たり) Number of general adults education classes (per 1,000,000 persons) #G03203		都道府県コード
館：number of theaters		施設：number of facilities		施設：number of playgrounds		学級・講座：number of classes		学級・講座：number of classes		
2020		2018		2018		2017		2017		
指標値 Indicator	順位 Rank	指標値 Indicator	順位 Rank	指標値 Indicator	順位 Rank	指標値 Indicator	順位 Rank	指標値 Indicator	順位 Rank	Pref. code
11.6		370.7		59.6		603.4		2,079.2		00
10.0	21	743.4	6	62.2	31	1,537.3	6	1,298.6	36	01
13.7	10	554.4	19	55.2	38	957.9	14	2,379.1	20	02
9.9	22	732.3	8	93.5	22	769.5	18	1,379.6	34	03
7.4	32	387.9	33	60.3	34	736.9	19	1,683.1	26	04
9.4	23	877.2	3	138.1	7	820.8	16	2,078.1	24	05
9.4	24	590.7	18	90.7	23	727.1	20	1,531.3	30	06
13.1	11	737.8	7	141.8	6	859.0	15	2,350.5	21	07
11.5	16	425.0	31	65.7	30	190.6	45	963.5	39	08
8.3	29	486.9	27	55.3	37	438.8	33	1,124.9	37	09
10.8	18	626.0	13	130.8	9	532.3	30	1,530.8	31	10
4.2	46	225.0	43	31.0	44	317.5	40	1,004.9	38	11
5.9	41	246.1	41	32.5	42	230.4	43	679.0	40	12
23.0	4	155.0	46	8.9	47	246.5	41	217.8	47	13
5.5	43	159.7	45	27.3	45	107.5	47	239.5	46	14
5.9	40	652.7	10	70.8	29	569.9	29	1,384.6	33	15
6.8	37	652.4	11	100.0	19	1,495.3	8	4,984.8	8	16
7.1	33	725.8	9	71.6	28	2,054.0	4	8,836.2	5	17
11.7	14	626.8	12	61.8	33	4,261.5	1	10,184.6	3	18
6.2	39	754.0	5	165.7	3	630.8	26	3,323.2	15	19
10.7	19	954.2	2	127.4	12	781.5	17	3,535.1	14	20
5.6	42	535.2	22	100.9	17	599.4	27	2,289.3	22	21
6.3	38	373.1	35	87.5	24	342.0	38	523.0	44	22
6.9	35	234.5	42	32.4	43	386.3	36	661.4	41	23
11.9	13	365.9	36	51.9	39	675.7	23	5,457.0	7	24
8.5	26	407.4	32	82.0	25	685.3	21	1,891.8	25	25
7.0	34	258.7	40	58.1	36	244.2	42	495.0	45	26
6.8	36	133.5	47	26.0	46	118.7	46	581.6	42	27
11.7	15	211.6	44	34.4	41	351.0	37	9,137.8	4	28
3.0	47	360.9	37	58.9	35	655.3	25	1,354.3	35	29
8.7	25	469.1	29	97.9	20	684.6	22	4,606.5	11	30
21.7	5	957.3	1	194.0	1	2,353.4	3	27,203.2	1	31
4.5	45	843.1	4	152.5	4	2,861.7	2	10,398.8	2	32
4.8	44	441.7	30	79.3	26	1,155.9	11	4,705.9	10	33
17.5	7	387.7	34	100.6	18	474.4	32	2,191.3	23	34
11.9	12	535.4	21	135.9	8	1,261.9	10	3,785.1	13	35
8.3	28	498.6	25	101.9	16	587.4	28	4,727.2	9	36
29.5	3	487.0	26	71.7	27	423.6	34	1,431.8	32	37
15.0	9	482.7	28	112.7	14	1,528.5	7	2,617.7	17	38
10.1	20	550.2	20	128.7	11	334.7	39	2,407.6	19	39
31.9	2	260.4	39	43.9	40	1,697.1	5	2,467.9	18	40
7.4	31	604.1	16	174.2	2	1,110.3	13	1,661.8	27	41
21.3	6	611.5	15	130.5	10	1,152.8	12	2,724.0	16	42
42.6	1	520.2	23	126.8	13	668.4	24	1,658.2	28	43
15.1	8	510.9	24	95.4	21	1,286.5	9	7,349.8	6	44
8.4	27	603.3	17	102.4	15	201.6	44	1,626.0	29	45
8.2	30	625.2	14	141.9	5	418.8	35	4,163.0	12	46
10.9	17	348.7	38	61.9	32	500.7	31	576.7	43	47

文化・スポーツ

G

（指標）

			No. 223 女性学級・講座数 （女性人口100万人当たり） Number of women education classes (per 1,000,000 persons) (Female) #G0320501		No. 224 高齢者学級・講座数 （人口100万人当たり） Number of education classes for the aged (per 1,000,000 persons) #G03207		No. 225 ボランティア活動の 年間行動者率 （10歳以上） Participation rate of volunteer activities (10 years old and over) #G041011		No. 226 スポーツの年間行動者率 （10歳以上） Participation rate of sports (10 years old and over) #G042111	
単位		Unit	学級・講座：number of classes		学級・講座：number of classes		%		%	
年度		Fiscal year	2017		2017		2016		2016	
	都道府県	Prefecture	指標値 Indicator	順位 Rank	指標値 Indicator	順位 Rank	指標値 Indicator	順位 Rank	指標値 Indicator	順位 Rank
00	全国	All Japan	373.9		269.9		26.0		68.8	
01	北海道	Hokkaido	139.6	38	329.2	26	22.6	43	64.9	35
02	青森県	Aomori-ken	544.9	22	372.9	22	22.4	45	56.0	47
03	岩手県	Iwate-ken	1,043.0	11	370.0	23	30.2	14	60.6	45
04	宮城県	Miyagi-ken	496.6	24	362.0	24	26.7	29	66.4	28
05	秋田県	Akita-ken	914.9	15	1,050.1	6	27.2	27	60.6	45
06	山形県	Yamagata-ken	1,117.3	9	746.1	11	32.1	11	61.6	44
07	福島県	Fukushima-ken	1,011.5	13	547.2	14	28.1	22	63.1	41
08	茨城県	Ibaraki-ken	264.1	30	101.7	40	26.2	30	68.5	12
09	栃木県	Tochigi-ken	315.7	28	197.2	36	26.2	30	69.3	10
10	群馬県	Gumma-ken	685.8	20	243.5	34	28.3	20	68.1	16
11	埼玉県	Saitama-ken	108.4	42	177.8	37	24.2	41	72.6	2
12	千葉県	Chiba-ken	97.6	43	91.7	41	25.2	36	71.6	4
13	東京都	Tokyo-to	23.2	47	13.1	47	21.6	46	75.7	1
14	神奈川県	Kanagawa-ken	24.8	46	50.3	44	25.5	35	72.4	3
15	新潟県	Niigata-ken	261.1	31	377.2	21	24.5	40	62.6	43
16	富山県	Toyama-ken	2,737.6	1	1,172.3	2	32.4	7	67.9	18
17	石川県	Ishikawa-ken	2,403.7	2	1,108.0	4	31.6	12	69.1	11
18	福井県	Fukui-ken	2,094.8	5	942.3	7	32.2	9	65.0	34
19	山梨県	Yamanashi-ken	401.4	25	280.9	29	29.7	16	68.2	13
20	長野県	Nagano-ken	526.7	23	494.7	17	32.3	8	68.1	16
21	岐阜県	Gifu-ken	347.2	26	252.5	32	33.4	2	67.4	20
22	静岡県	Shizuoka-ken	66.9	44	86.7	43	29.4	17	68.2	13
23	愛知県	Aichi-ken	113.9	41	89.7	42	24.6	38	71.2	6
24	三重県	Mie-ken	895.0	16	316.5	27	29.0	19	66.9	22
25	滋賀県	Shiga-ken	159.0	35	339.5	25	33.9	1	71.6	4
26	京都府	Kyoto-fu	179.5	34	113.7	39	24.6	38	70.1	7
27	大阪府	Osaka-fu	31.4	45	21.9	46	20.6	47	66.9	22
28	兵庫県	Hyogo-ken	150.4	37	201.5	35	26.0	33	69.5	8
29	奈良県	Nara-ken	293.1	29	250.6	33	26.8	28	69.5	8
30	和歌山県	Wakayama-ken	818.7	17	534.8	15	24.2	41	63.6	38
31	鳥取県	Tottori-ken	1,101.4	10	793.3	9	32.2	9	65.2	33
32	島根県	Shimane-ken	1,865.2	6	1,062.6	5	33.1	3	63.5	39
33	岡山県	Okayama-ken	1,506.0	8	1,258.0	1	30.8	13	66.8	24
34	広島県	Hiroshima-ken	201.4	32	290.2	28	25.6	34	66.5	27
35	山口県	Yamaguchi-ken	1,013.7	12	505.1	16	27.8	24	65.8	30
36	徳島県	Tokushima-ken	2,293.1	3	845.4	8	26.2	30	65.4	32
37	香川県	Kagawa-ken	726.0	19	391.5	20	28.2	21	66.0	29
38	愛媛県	Ehime-ken	2,223.3	4	1,125.7	3	27.5	26	66.8	24
39	高知県	Kochi-ken	568.8	21	392.2	19	22.6	43	62.7	42
40	福岡県	Fukuoka-ken	180.0	33	444.1	18	28.1	22	65.8	30
41	佐賀県	Saga-ken	319.5	27	278.8	30	32.6	5	63.4	40
42	長崎県	Nagasaki-ken	739.9	18	594.8	13	27.7	25	64.5	36
43	熊本県	Kumamoto-ken	126.5	40	165.3	38	32.7	4	66.7	26
44	大分県	Oita-ken	1,535.4	7	783.0	10	29.8	15	67.2	21
45	宮崎県	Miyazaki-ken	152.5	36	276.8	31	29.1	18	64.5	36
46	鹿児島県	Kagoshima-ken	954.8	14	601.5	12	32.6	5	68.2	13
47	沖縄県	Okinawa-ken	127.7	39	44.9	45	25.1	37	67.9	18

No. 227 旅行・行楽の年間行動者率（10歳以上）Participation rate of travels and day excursion (10 years old and over) #G043061 % 2016		No. 228 海外旅行の年間行動者率（10歳以上）Participation rate of travel outside Japan (10 years old and over) #G043071 % 2016		No. 229 客室稼働率 Hotel room occupancy rate #G04308 % 2021		No. 230 一般旅券発行件数（人口千人当たり）Number of passports issued (per 1,000 persons) #G0430501 件：number of issues 2021		都道府県コード
指標値 Indicator	順位 Rank	指標値 Indicator	順位 Rank	指標値 Indicator	順位 Rank	指標値 Indicator	順位 Rank	Pref. code
73.5		7.2		39.3		4.1		00
69.1	30	4.3	28	36.2	42	2.1	27	01
59.4	46	2.4	45	48.9	6	1.2	46	02
65.7	43	2.1	46	48.2	8	1.3	45	03
74.1	13	4.7	23	42.4	27	2.2	23	04
68.5	33	2.1	46	49.2	4	1.1	47	05
72.5	24	4.0	33	43.9	17	1.3	43	06
70.3	27	3.3	40	43.2	21	1.6	40	07
73.4	20	5.4	17	50.0	2	2.9	15	08
72.4	25	5.4	17	42.8	24	2.6	17	09
75.0	10	4.9	21	43.8	18	2.4	19	10
77.9	4	8.1	5	47.1	9	4.0	9	11
77.4	6	9.4	3	39.5	36	5.0	3	12
78.5	1	13.8	1	37.0	40	9.7	1	13
78.0	3	10.6	2	45.1	11	6.6	2	14
72.7	23	3.2	41	43.7	19	1.5	42	15
76.1	7	5.0	19	39.4	37	2.1	28	16
73.9	14	6.2	14	34.6	43	2.2	24	17
73.6	16	4.8	22	49.0	5	1.8	33	18
74.2	12	6.7	12	38.0	39	2.4	20	19
73.5	18	4.6	24	38.6	38	2.5	18	20
75.0	10	6.9	11	39.9	35	2.3	21	21
73.5	18	5.6	16	43.1	22	3.2	12	22
78.5	1	8.0	8	40.9	31	4.2	8	23
75.2	9	6.3	13	43.4	20	2.7	16	24
77.6	5	7.4	10	44.1	16	3.4	11	25
73.1	22	8.0	8	29.5	47	4.6	5	26
71.4	26	8.1	5	30.2	46	4.6	4	27
73.9	14	8.4	4	40.8	32	4.2	7	28
75.6	8	8.1	5	32.9	44	3.6	10	29
67.4	38	4.5	26	45.7	10	1.9	31	30
68.7	31	3.1	42	44.2	15	1.7	37	31
67.6	36	3.1	42	55.7	1	1.3	44	32
73.3	21	5.0	19	48.3	7	2.1	26	33
70.1	28	4.2	30	41.7	30	2.9	14	34
68.7	31	4.6	24	49.5	3	2.0	29	35
66.8	39	4.3	28	44.4	14	1.8	36	36
67.5	37	3.8	35	40.3	34	2.1	25	37
67.8	35	3.5	38	42.1	28	1.8	32	38
60.8	45	3.8	35	44.6	13	1.8	35	39
73.6	16	6.2	14	36.9	41	3.2	13	40
68.5	33	4.2	30	42.7	26	1.6	38	41
62.2	44	3.7	37	41.8	29	2.0	30	42
66.6	41	4.0	33	42.8	24	2.3	22	43
70.1	28	4.1	32	40.4	33	1.8	34	44
65.9	42	3.4	39	44.7	12	1.6	39	45
66.8	39	2.9	44	42.9	23	1.5	41	46
52.4	47	4.5	26	30.7	45	4.4	6	47

H. 居住　　　　H Dwelling

都道府県	Prefecture	No. 231 着工新設住宅比率（対居住世帯あり住宅数） Percentage of newly constructed dwellings #H01204 % 2021		No. 232 持ち家比率（対居住世帯あり住宅数） Percentage of owned houses #H01301 % 2018		No. 233 借家比率（対居住世帯あり住宅数） Percentage of rented houses #H01302 % 2018		No. 234 民営借家比率（対居住世帯あり住宅数） Percentage of rented houses owned privately #H0130202 % 2018	
	単位 Unit / 年度 Fiscal year	指標値 Indicator	順位 Rank	指標値 Indicator	順位 Rank	指標値 Indicator	順位 Rank	指標値 Indicator	順位 Rank
00 全国	All Japan	1.6		61.2		35.6		28.5	
01 北海道	Hokkaido	1.3	32	56.3	43	41.3	4	31.9	4
02 青森県	Aomori-ken	1.1	44	70.3	14	28.2	32	22.6	29
03 岩手県	Iwate-ken	1.4	27	69.9	17	28.6	28	22.0	32
04 宮城県	Miyagi-ken	1.8	7	58.1	42	38.7	6	31.6	6
05 秋田県	Akita-ken	1.1	43	77.3	1	21.6	46	16.6	47
06 山形県	Yamagata-ken	1.3	34	74.9	3	23.1	44	18.8	43
07 福島県	Fukushima-ken	1.4	31	67.7	23	29.7	25	22.5	30
08 茨城県	Ibaraki-ken	1.7	10	71.2	13	25.9	38	21.7	33
09 栃木県	Tochigi-ken	1.5	18	69.1	21	28.4	31	24.0	25
10 群馬県	Gumma-ken	1.4	30	71.4	11	26.5	36	21.1	35
11 埼玉県	Saitama-ken	1.7	11	65.7	28	31.0	22	25.9	15
12 千葉県	Chiba-ken	1.7	8	65.4	30	31.6	18	25.4	16
13 東京都	Tokyo-to	2.0	2	45.0	46	49.1	2	40.0	2
14 神奈川県	Kanagawa-ken	1.6	14	59.1	41	37.2	8	30.6	7
15 新潟県	Niigata-ken	1.3	38	74.0	7	24.3	41	20.4	40
16 富山県	Toyama-ken	1.4	23	76.8	2	21.6	47	17.0	46
17 石川県	Ishikawa-ken	1.6	16	69.3	18	28.5	29	24.2	23
18 福井県	Fukui-ken	1.9	3	74.9	4	22.8	45	17.7	45
19 山梨県	Yamanashi-ken	1.4	28	70.2	16	26.8	34	20.5	39
20 長野県	Nagano-ken	1.5	22	71.2	12	26.7	35	21.1	36
21 岐阜県	Gifu-ken	1.5	19	74.3	5	23.2	43	19.7	42
22 静岡県	Shizuoka-ken	1.5	21	67.0	25	30.1	24	25.3	18
23 愛知県	Aichi-ken	2.0	1	59.5	40	37.7	7	30.2	8
24 三重県	Mie-ken	1.4	29	72.0	9	25.6	39	20.8	38
25 滋賀県	Shiga-ken	1.9	4	71.6	10	25.9	37	21.4	34
26 京都府	Kyoto-fu	1.4	25	61.3	39	34.7	10	28.7	10
27 大阪府	Osaka-fu	1.7	9	54.7	44	41.2	5	31.6	5
28 兵庫県	Hyogo-ken	1.3	35	64.8	33	32.7	16	24.0	24
29 奈良県	Nara-ken	1.1	42	74.1	6	24.1	42	18.4	44
30 和歌山県	Wakayama-ken	1.3	37	73.0	8	24.9	40	19.7	41
31 鳥取県	Tottori-ken	1.3	39	68.8	22	29.0	26	23.1	27
32 島根県	Shimane-ken	1.0	45	70.2	15	28.4	30	21.0	37
33 岡山県	Okayama-ken	1.7	12	64.9	32	31.5	19	26.8	12
34 広島県	Hiroshima-ken	1.5	20	61.4	38	35.7	9	30.1	9
35 山口県	Yamaguchi-ken	1.3	40	67.1	24	30.4	23	22.8	28
36 徳島県	Tokushima-ken	1.0	46	69.2	20	27.7	33	22.2	31
37 香川県	Kagawa-ken	1.4	24	69.3	19	29.0	27	23.6	26
38 愛媛県	Ehime-ken	1.3	33	66.5	27	31.4	20	26.0	14
39 高知県	Kochi-ken	0.9	47	64.9	31	31.8	17	25.0	20
40 福岡県	Fukuoka-ken	1.9	5	52.8	45	44.4	3	35.1	3
41 佐賀県	Saga-ken	1.6	13	66.9	26	31.2	21	24.7	22
42 長崎県	Nagasaki-ken	1.1	41	63.7	35	34.2	12	24.9	21
43 熊本県	Kumamoto-ken	1.9	6	61.9	37	34.5	11	26.2	13
44 大分県	Oita-ken	1.3	36	63.6	36	34.0	13	27.4	11
45 宮崎県	Miyazaki-ken	1.5	17	65.7	29	32.9	15	25.3	17
46 鹿児島県	Kagoshima-ken	1.4	26	64.6	34	33.8	14	25.1	19
47 沖縄県	Okinawa-ken	1.6	15	44.4	47	49.5	1	43.3	1

No. 235 空き家比率（対総住宅数）Percentage of vacant houses #H01405 % 2018		No. 236 着工新設持ち家比率（対着工新設住宅戸数）Percentage of newly constructed owned dwellings #H01601 % 2021		No. 237 着工新設貸家比率（対着工新設住宅戸数）Percentage of newly constructed rented dwellings #H01603 % 2021		No. 238 一戸建住宅比率（対居住世帯あり住宅数）Percentage of detached houses #H01401 % 2018		No. 239 共同住宅比率（対居住世帯あり住宅数）Percentage of apartments #H01403 % 2018		都道府県コード
指標値 Indicator	順位 Rank	指標値 Indicator	順位 Rank	指標値 Indicator	順位 Rank	指標値 Indicator	順位 Rank	指標値 Indicator	順位 Rank	Pref. code
13.6		32.5		38.2		53.6		43.6		00
13.5	34	36.2	35	45.3	4	52.0	40	43.8	9	01
15.0	24	64.8	2	20.3	44	75.2	5	21.3	43	02
16.1	14	52.2	18	37.6	12	72.9	12	23.4	39	03
12.0	42	29.6	41	42.9	5	55.3	37	42.4	11	04
13.6	33	62.5	4	18.3	47	79.8	1	17.8	47	05
12.1	41	55.3	10	29.7	29	77.6	2	20.5	45	06
14.3	29	52.4	16	24.9	38	70.1	19	26.8	29	07
14.8	25	48.2	23	25.8	37	72.3	14	24.7	34	08
17.3	10	54.3	13	19.5	46	71.6	16	25.9	31	09
16.7	12	54.8	11	19.6	45	73.9	9	23.9	37	10
10.2	47	31.2	37	30.5	28	54.8	38	43.5	10	11
12.6	40	29.5	42	37.0	16	53.1	39	44.8	8	12
10.6	45	12.5	47	51.8	1	26.8	47	71.1	1	13
10.8	44	22.8	45	37.1	15	41.4	44	56.1	3	14
14.7	26	56.9	8	26.4	35	74.3	7	23.6	38	15
13.3	36	54.6	12	32.1	26	77.1	3	19.7	46	16
14.5	27	48.7	21	35.8	19	69.8	20	28.4	27	17
13.8	31	47.4	24	37.2	14	76.7	4	21.2	44	18
21.3	1	63.7	3	23.3	43	73.8	10	24.2	36	19
19.6	3	61.1	5	23.8	42	73.2	11	23.3	40	20
15.6	15	53.7	14	25.9	36	74.4	6	23.1	41	21
16.4	13	53.3	15	28.0	32	66.0	31	31.8	17	22
11.3	43	31.2	38	34.1	21	51.0	41	45.8	7	23
15.2	21	51.7	20	33.3	22	72.9	13	24.6	35	24
13.0	37	44.4	29	24.2	40	67.4	29	30.3	19	25
12.8	38	27.4	43	41.9	8	55.3	36	41.9	12	26
15.2	22	16.4	46	47.1	2	40.7	45	55.4	4	27
13.4	35	32.9	36	37.5	13	50.4	42	46.6	6	28
14.1	30	48.3	22	24.3	39	67.6	25	28.9	22	29
20.3	2	57.6	7	28.0	31	74.1	8	22.1	42	30
15.5	17	60.9	6	27.5	33	70.9	17	25.4	32	31
15.4	20	55.7	9	33.3	23	71.7	15	25.0	33	32
15.6	16	42.8	34	35.8	18	66.6	30	30.7	18	33
15.1	23	29.6	40	42.2	7	55.5	35	41.3	13	34
17.6	9	46.3	28	32.4	25	67.5	28	29.1	21	35
19.5	4	64.9	1	24.0	41	70.7	18	26.4	30	36
18.1	8	51.8	19	27.2	34	67.6	27	28.4	26	37
18.2	7	47.3	25	36.8	17	68.3	23	28.7	23	38
19.1	5	52.4	17	28.7	30	67.6	26	28.4	25	39
12.7	39	23.5	44	46.1	3	44.3	43	52.8	5	40
14.3	28	46.8	26	31.0	27	69.2	21	27.4	28	41
15.4	19	44.2	30	40.8	9	64.4	32	31.8	16	42
13.8	32	43.5	32	38.9	10	63.1	33	32.7	15	43
16.8	11	43.9	31	38.7	11	63.1	34	34.0	14	44
15.4	18	43.0	33	35.2	20	68.4	22	28.5	24	45
19.0	6	46.4	27	33.1	24	67.9	24	29.6	20	46
10.4	46	31.1	39	42.6	6	38.8	46	59.0	2	47

居 住 H （指標）

都道府県 Prefecture		No. 240 住宅の敷地面積（1住宅当たり）Site area per dwelling #H02104		No. 241 持ち家住宅の延べ面積（1住宅当たり）Floor area of owned houses (per dwelling) #H0210301		No. 242 借家住宅の延べ面積（1住宅当たり）Floor area of rented houses (per dwelling) #H0210302		No. 243 持ち家住宅の居住室の畳数（1住宅当たり）Number of tatami units of dwelling rooms of owned houses (per dwelling) #H0210201	
単位	Unit	㎡		㎡		㎡		畳：number of tatami units	
年度	Fiscal year	2018		2018		2018		2018	
		指標値 Indicator	順位 Rank	指標値 Indicator	順位 Rank	指標値 Indicator	順位 Rank	指標値 Indicator	順位 Rank
00 全国	All Japan	252		119.9		46.8		41.49	
01 北海道	Hokkaido	268	28	120.2	34	51.9	11	42.65	28
02 青森県	Aomori-ken	335	10	148.4	9	54.6	2	49.05	8
03 岩手県	Iwate-ken	361	3	147.4	11	52.6	4	49.00	9
04 宮城県	Miyagi-ken	326	12	130.7	21	47.0	41	44.43	21
05 秋田県	Akita-ken	356	4	154.3	6	52.1	8	51.26	2
06 山形県	Yamagata-ken	368	2	160.9	3	51.9	10	50.61	3
07 福島県	Fukushima-ken	351	6	140.0	13	50.3	26	46.78	12
08 茨城県	Ibaraki-ken	395	1	129.2	23	49.1	32	43.67	25
09 栃木県	Tochigi-ken	352	5	129.9	22	49.7	29	43.27	26
10 群馬県	Gumma-ken	338	9	129.0	24	48.3	35	42.69	27
11 埼玉県	Saitama-ken	208	41	106.5	43	46.1	43	38.30	41
12 千葉県	Chiba-ken	241	34	110.6	41	46.5	42	39.50	37
13 東京都	Tokyo-to	139	46	93.3	47	40.8	47	34.76	47
14 神奈川県	Kanagawa-ken	170	44	99.6	46	44.2	44	37.38	43
15 新潟県	Niigata-ken	316	15	154.8	5	50.3	25	49.72	6
16 富山県	Toyama-ken	349	7	171.8	1	50.6	21	53.83	1
17 石川県	Ishikawa-ken	271	27	158.2	4	49.8	28	50.55	4
18 福井県	Fukui-ken	303	19	164.7	2	52.2	6	50.43	5
19 山梨県	Yamanashi-ken	333	11	136.0	16	48.9	33	45.36	17
20 長野県	Nagano-ken	342	8	148.3	10	50.4	24	48.51	10
21 岐阜県	Gifu-ken	285	22	143.8	12	51.2	16	49.13	7
22 静岡県	Shizuoka-ken	258	33	127.8	26	48.3	36	43.80	24
23 愛知県	Aichi-ken	239	35	125.3	29	47.2	40	44.09	22
24 三重県	Mie-ken	280	25	131.9	20	50.1	27	45.13	18
25 滋賀県	Shiga-ken	259	32	139.5	15	49.1	31	47.46	11
26 京都府	Kyoto-fu	161	45	111.1	40	44.2	45	38.66	40
27 大阪府	Osaka-fu	131	47	101.8	45	44.0	46	36.84	44
28 兵庫県	Hyogo-ken	198	43	115.9	38	48.9	34	41.60	31
29 奈良県	Nara-ken	224	38	128.7	25	56.0	1	44.49	20
30 和歌山県	Wakayama-ken	216	39	124.4	30	50.9	17	40.77	34
31 鳥取県	Tottori-ken	299	20	151.4	8	50.7	20	46.74	13
32 島根県	Shimane-ken	306	17	152.1	7	51.3	15	45.39	16
33 岡山県	Okayama-ken	262	30	133.7	18	47.9	37	44.02	23
34 広島県	Hiroshima-ken	210	40	120.1	35	47.8	39	42.04	29
35 山口県	Yamaguchi-ken	282	23	125.8	28	50.6	22	41.51	32
36 徳島県	Tokushima-ken	281	24	134.6	17	52.1	7	44.63	19
37 香川県	Kagawa-ken	278	26	132.8	19	50.7	19	45.70	15
38 愛媛県	Ehime-ken	229	37	122.5	32	52.4	5	40.35	35
39 高知県	Kochi-ken	204	42	116.8	36	51.5	13	38.98	38
40 福岡県	Fukuoka-ken	262	29	115.6	39	47.9	38	40.14	36
41 佐賀県	Saga-ken	318	14	139.8	14	53.9	3	45.75	14
42 長崎県	Nagasaki-ken	237	36	121.5	33	51.8	12	38.88	39
43 熊本県	Kumamoto-ken	313	16	126.0	27	52.0	9	41.05	33
44 大分県	Oita-ken	287	21	123.4	31	50.5	23	41.95	30
45 宮崎県	Miyazaki-ken	322	13	115.9	37	51.5	14	37.98	42
46 鹿児島県	Kagoshima-ken	305	18	108.5	42	50.8	18	35.46	46
47 沖縄県	Okinawa-ken	260	31	105.3	44	49.3	30	36.40	45

No. 244 借家住宅の居住室の畳数（１住宅当たり） Number of tatami units of dwelling rooms of rented houses (per dwelling) #H0210202 畳：number of tatami units 2018		No. 245 着工新設持ち家住宅の床面積（１住宅当たり） Floor area of newly constructed dwellings (per dwelling) #H0210701 ㎡ 2021		No. 246 着工新設貸家住宅の床面積（１住宅当たり） Floor area of newly constructed rented dwellings (per dwelling) #H0210703 ㎡ 2021		No. 247 居住室数（１住宅当たり）（持ち家） Number of dwelling rooms of owned houses (per dwelling) #H0210101 室：number of rooms 2018		No. 248 居住室数（１住宅当たり）（借家） Number of dwelling rooms of rented houses (per dwelling) #H0210102 室：number of rooms 2018		都道府県コード
指標値 Indicator	順位 Rank	指標値 Indicator	順位 Rank	指標値 Indicator	順位 Rank	指標値 Indicator	順位 Rank	指標値 Indicator	順位 Rank	Pref. code
18.14		117.4		46.9		5.50		2.58		00
20.73	1	120.5	8	52.6	9	5.32	38	2.83	17	01
20.38	3	120.8	7	62.5	1	6.25	13	2.85	13	02
19.87	8	116.3	31	41.9	47	6.41	11	2.84	15	03
17.77	43	119.6	11	44.7	42	5.80	25	2.51	43	04
19.67	11	117.0	26	49.9	16	6.44	10	2.75	21	05
18.66	32	125.1	3	45.6	37	6.63	4	2.71	28	06
19.00	24	119.1	13	48.6	25	6.17	16	2.78	20	07
18.67	31	116.7	28	48.3	27	5.74	28	2.66	34	08
18.81	28	118.4	17	55.9	5	5.76	26	2.67	32	09
18.47	38	116.5	29	49.6	20	5.66	31	2.67	32	10
18.06	41	115.8	35	46.9	31	5.08	43	2.56	39	11
17.97	42	115.8	34	43.8	44	5.14	41	2.53	42	12
15.84	47	115.1	36	44.8	41	4.44	47	2.18	47	13
17.45	44	114.7	37	43.8	45	4.78	46	2.44	45	14
18.47	38	121.2	6	45.4	39	6.50	8	2.61	37	15
18.43	40	125.9	2	46.8	33	7.01	1	2.51	43	16
18.56	36	124.4	4	46.9	32	6.54	7	2.54	41	17
19.18	20	128.6	1	45.6	36	6.76	2	2.72	25	18
18.61	34	118.3	18	50.3	13	5.91	21	2.71	28	19
19.23	19	119.9	10	49.9	17	6.28	12	2.72	25	20
19.78	9	118.9	14	51.4	12	6.59	5	2.82	18	21
19.02	23	118.1	19	52.0	11	5.74	28	2.68	31	22
18.60	35	121.6	5	48.8	22	5.75	27	2.60	38	23
19.12	21	117.9	21	45.4	40	6.18	14	2.72	25	24
18.93	26	118.7	15	48.6	23	6.47	9	2.66	34	25
16.67	46	113.8	39	46.3	35	5.44	37	2.44	45	26
17.26	45	117.8	22	43.3	46	5.01	44	2.55	40	27
19.24	18	118.4	16	49.7	19	5.51	36	2.75	21	28
20.63	2	120.0	9	54.7	8	6.07	19	3.04	1	29
19.35	17	117.1	25	55.2	7	5.81	24	2.98	3	30
18.63	33	117.8	23	50.1	14	6.65	3	2.75	21	31
19.00	24	116.0	33	49.8	18	6.58	6	2.82	18	32
18.48	37	116.4	30	48.2	28	6.15	18	2.69	30	33
18.87	27	118.0	20	45.5	38	5.66	31	2.73	24	34
19.08	22	112.0	44	48.9	21	5.84	22	2.84	15	35
19.94	7	116.9	27	61.7	2	6.06	20	2.92	7	36
20.12	5	116.1	32	52.2	10	6.18	14	2.87	10	37
20.02	6	114.1	38	48.6	24	5.72	30	2.96	6	38
19.64	12	110.7	46	56.6	4	5.64	33	2.97	5	39
18.71	30	117.2	24	48.3	26	5.30	39	2.64	36	40
20.13	4	119.3	12	55.3	6	6.16	17	2.98	3	41
19.53	13	112.6	43	46.4	34	5.59	34	3.00	2	42
19.47	15	113.0	41	48.1	29	5.59	34	2.88	9	43
19.49	14	113.0	40	47.1	30	5.82	23	2.87	10	44
19.42	16	112.6	42	50.0	15	5.28	40	2.89	8	45
18.79	29	107.1	47	44.0	43	5.09	42	2.85	13	46
19.74	10	111.8	45	58.1	3	4.89	45	2.86	12	47

		No. 249 持ち家住宅の畳数 （１人当たり） Number of tatami units of owned houses (per capita) #H0220301		No. 250 借家住宅の畳数 （１人当たり） Number of tatami units of rented houses (per capita) #H0220302		No. 251 最低居住面積水準 以上世帯割合 Percentage of households exceeding minimum housing area standard #H02602		No. 252 家計を主に支える者が雇用者 である普通世帯比率（通勤時 間90分以上）1) Ratio of ordinary households of which main earner is an employee commuting for 90 minutes and over a) #H03101	
単位	Unit	畳：number of tatami units		畳：number of tatami units		%		―	
年度	Fiscal year	2018		2018		2018		2018	
都道府県	Prefecture	指標値 Indicator	順位 Rank	指標値 Indicator	順位 Rank	指標値 Indicator	順位 Rank	指標値 Indicator	順位 Rank
00 全国	All Japan	15. 62		10. 30		90. 1		15. 9	
01 北海道	Hokkaido	17. 68	6	12. 07	1	93. 1	24	4. 1	39
02 青森県	Aomori-ken	18. 19	4	11. 14	3	94. 8	5	6. 0	28
03 岩手県	Iwate-ken	17. 58	7	10. 83	12	94. 4	7	9. 5	20
04 宮城県	Miyagi-ken	15. 75	30	10. 11	38	90. 1	41	8. 7	23
05 秋田県	Akita-ken	19. 06	1	11. 08	4	96. 5	1	5. 5	31
06 山形県	Yamagata-ken	16. 89	13	10. 26	32	94. 8	4	6. 1	27
07 福島県	Fukushima-ken	16. 47	22	10. 38	26	92. 6	30	8. 9	22
08 茨城県	Ibaraki-ken	15. 64	32	10. 28	31	93. 1	25	25. 8	4
09 栃木県	Tochigi-ken	15. 34	38	10. 48	19	93. 2	23	16. 6	8
10 群馬県	Gumma-ken	15. 79	29	10. 40	25	94. 2	9	13. 3	15
11 埼玉県	Saitama-ken	14. 20	44	10. 08	39	90. 9	37	38. 0	1
12 千葉県	Chiba-ken	14. 95	42	10. 23	33	91. 3	35	36. 5	3
13 東京都	Tokyo-to	14. 03	46	9. 75	43	82. 2	47	16. 2	9
14 神奈川県	Kanagawa-ken	14. 30	43	9. 97	41	88. 4	44	36. 9	2
15 新潟県	Niigata-ken	17. 24	9	10. 52	18	94. 8	3	4. 1	38
16 富山県	Toyama-ken	18. 56	2	10. 91	10	95. 5	2	3. 6	44
17 石川県	Ishikawa-ken	18. 25	3	10. 94	8	93. 6	16	4. 6	34
18 福井県	Fukui-ken	16. 62	16	10. 79	13	94. 2	8	3. 9	40
19 山梨県	Yamanashi-ken	16. 85	14	10. 15	36	93. 3	22	10. 6	17
20 長野県	Nagano-ken	17. 48	8	10. 45	21	93. 8	13	7. 2	25
21 岐阜県	Gifu-ken	17. 04	11	10. 61	17	93. 9	12	13. 4	13
22 静岡県	Shizuoka-ken	15. 48	35	10. 34	28	92. 5	31	11. 2	16
23 愛知県	Aichi-ken	15. 53	34	10. 48	19	90. 5	40	10. 0	19
24 三重県	Mie-ken	16. 69	15	10. 98	6	93. 3	20	14. 3	12
25 滋賀県	Shiga-ken	16. 46	23	10. 75	15	93. 4	18	19. 7	7
26 京都府	Kyoto-fu	15. 13	41	10. 31	29	88. 4	43	14. 4	11
27 大阪府	Osaka-fu	14. 18	45	10. 20	34	86. 7	45	13. 4	14
28 兵庫県	Hyogo-ken	15. 82	28	10. 97	7	92. 2	32	20. 0	6
29 奈良県	Nara-ken	16. 58	17	10. 92	9	94. 6	6	25. 6	5
30 和歌山県	Wakayama-ken	15. 89	27	10. 72	16	93. 6	17	15. 8	10
31 鳥取県	Tottori-ken	16. 48	21	10. 31	29	93. 0	27	2. 8	47
32 島根県	Shimane-ken	16. 51	20	10. 13	37	94. 1	10	3. 0	45
33 岡山県	Okayama-ken	16. 25	26	10. 19	35	90. 9	38	5. 9	29
34 広島県	Hiroshima-ken	16. 35	25	10. 43	22	91. 2	36	7. 3	24
35 山口県	Yamaguchi-ken	17. 03	12	10. 43	22	92. 8	29	5. 4	32
36 徳島県	Tokushima-ken	17. 14	10	11. 05	5	93. 0	28	4. 2	37
37 香川県	Kagawa-ken	17. 82	5	10. 76	14	94. 0	11	3. 8	43
38 愛媛県	Ehime-ken	16. 36	24	10. 91	10	93. 3	21	3. 8	42
39 高知県	Kochi-ken	16. 52	19	11. 16	2	91. 3	34	3. 8	41
40 福岡県	Fukuoka-ken	15. 46	36	10. 35	27	89. 9	42	8. 9	21
41 佐賀県	Saga-ken	15. 72	31	9. 75	43	93. 7	15	10. 3	18
42 長崎県	Nagasaki-ken	15. 23	40	10. 00	40	92. 0	33	6. 6	26
43 熊本県	Kumamoto-ken	15. 27	39	9. 60	45	90. 8	39	5. 6	30
44 大分県	Oita-ken	16. 53	18	10. 42	24	93. 3	19	4. 6	35
45 宮崎県	Miyazaki-ken	15. 62	33	9. 88	42	93. 8	14	4. 5	36
46 鹿児島県	Kagoshima-ken	15. 35	37	9. 57	46	93. 1	26	4. 6	33
47 沖縄県	Okinawa-ken	13. 42	47	8. 78	47	82. 6	46	2. 9	46

1)（普通世帯千世帯当たり）
a) (per 1,000 households)

No. 253 民営賃貸住宅の家賃（1か月3.3㎡当たり）Monthly rent, owned by private corporations (per 3.3㎡) #H04102 円：yen 2021		*No. 254 着工居住用建築物工事費予定額（床面積1㎡当たり）Planned cost of new dwelling constructions (per 1㎡) #H04301 千円：thousand yen 2021		No. 255 発電電力量 Amount of electric energy output #H05106 Mwh 2020		No. 256 電力需要量 Amount of electric energy demand #H05107 Mwh 2020		No. 257 ガソリン販売量 Amount of sales of gasoline #H05105 kl 2021		都道府県コード Pref. code
指標値 Indicator	順位 Rank	指標値 Indicator	順位 Rank	指標値 Indicator	順位 Rank	指標値 Indicator	順位 Rank	指標値 Indicator	順位 Rank	
...		204.6		845,412,130		820,896,590		44,681,065		00
3,780	26	192.2	20	30,566,959	8	28,394,378	9	2,036,838	6	01
3,122	47	177.3	44	5,371,842	36	8,454,261	31	524,886	29	02
3,961	19	180.7	42	3,592,661	41	8,655,717	29	528,010	27	03
4,617	12	188.5	25	13,606,528	19	14,247,526	22	1,102,683	13	04
3,681	30	187.4	27	15,492,100	17	7,161,328	38	414,175	36	05
3,638	33	177.0	45	5,966,848	34	8,035,247	33	401,511	38	06
3,660	32	186.2	29	54,659,644	4	14,962,459	19	813,886	20	07
4,022	18	183.4	33	34,253,472	7	23,807,213	11	1,336,565	11	08
3,845	25	181.9	38	11,051,672	22	15,860,642	15	890,281	16	09
3,390	44	181.1	40	4,635,341	38	15,538,338	16	815,953	19	10
5,315	5	189.7	24	951,388	46	37,446,193	5	2,214,648	4	11
4,820	7	194.5	17	82,656,769	1	34,953,436	7	1,983,227	8	12
8,795	1	274.1	1	5,821,699	35	76,179,553	1	4,204,294	1	13
6,255	2	212.8	4	80,351,656	2	46,516,719	4	2,074,448	5	14
3,955	20	179.0	43	42,089,102	6	16,188,493	14	1,029,394	14	15
3,621	34	172.2	47	14,954,018	18	10,456,639	26	402,432	37	16
3,928	21	192.9	18	9,305,760	26	9,152,525	28	515,583	30	17
3,361	46	209.6	5	24,959,726	11	7,481,287	36	324,310	42	18
3,733	28	196.6	13	2,855,656	42	5,903,455	42	351,461	40	19
3,665	31	199.2	9	7,636,957	30	14,614,453	21	890,140	17	20
3,720	29	188.1	26	8,237,682	28	14,915,021	20	765,216	21	21
4,769	8	196.3	14	7,563,522	31	28,060,259	10	1,511,268	10	22
4,656	11	201.1	8	67,479,357	3	56,411,532	2	2,663,577	2	23
3,608	36	201.9	7	22,600,326	13	19,531,526	12	1,142,579	12	24
4,716	10	192.5	19	154,901	47	12,492,570	23	527,581	28	25
5,999	3	213.3	3	11,236,131	21	15,217,040	18	647,587	24	26
5,805	4	204.2	6	27,011,723	10	53,570,250	3	2,294,049	3	27
4,878	6	195.9	15	47,870,623	5	36,543,342	6	1,570,049	9	28
3,925	22	183.2	34	1,200,368	45	6,648,269	40	417,863	35	29
3,590	37	181.2	39	2,593,120	43	5,859,674	44	280,342	43	30
3,548	42	182.0	37	1,753,196	44	3,511,418	47	265,160	45	31
4,304	16	184.2	32	8,111,618	29	4,993,347	45	241,796	47	32
3,893	24	197.5	10	6,725,713	33	15,517,188	17	867,980	18	33
4,406	14	197.2	11	12,266,188	20	19,381,691	13	1,012,208	15	34
3,561	41	191.4	21	23,563,371	12	11,241,974	24	621,865	25	35
3,479	43	183.1	35	20,829,402	14	5,886,559	43	279,036	44	36
3,583	39	196.7	12	4,358,786	40	7,236,786	37	515,272	31	37
3,566	40	184.7	31	10,363,006	24	8,466,794	30	428,054	34	38
3,918	23	195.5	16	4,412,071	39	4,005,002	46	265,119	46	39
4,306	15	190.1	23	10,783,836	23	29,859,871	8	1,983,300	7	40
3,621	34	173.5	46	16,507,935	16	6,450,356	41	327,863	41	41
4,741	9	191.3	22	27,400,667	9	7,495,949	35	452,605	33	42
3,775	27	187.1	28	9,930,121	25	11,068,188	25	543,595	26	43
3,374	45	182.9	36	20,266,955	15	8,311,067	32	468,002	32	44
3,588	38	180.8	41	4,690,132	37	6,820,903	39	390,294	39	45
4,116	17	185.4	30	9,184,520	27	9,676,821	27	672,616	22	46
4,419	13	226.0	2	7,537,124	32	7,708,882	34	671,464	23	47

注）項目欄に「＊」の付されている項目は、都道府県庁所在市のデータである。
Note : Items with * refer to the cities with prefectural governments.

居　住　H　（指標）

		No. 258 上水道給水人口比率 Percentage of population covered by water supply system #H0520101		No. 259 下水道普及率 Diffusion rate of sewerage #H0530401		No. 260 し尿処理人口比率 Percentage of population covered by waste processing service #H0540102		No. 261 ごみのリサイクル率 Recycling rate of garbage #H055031	
単位	Unit	%		%		%		%	
年度	Fiscal year	2020		2019		2020		2020	
都道府県	Prefecture	指標値 Indicator	順位 Rank	指標値 Indicator	順位 Rank	指標値 Indicator	順位 Rank	指標値 Indicator	順位 Rank
00 全国	All Japan	97.4		79.8		4.4		20.0	
01 北海道	Hokkaido	97.8	19	93.3	5	5.7	26	23.4	7
02 青森県	Aomori-ken	94.6	34	60.5	35	12.2	8	14.0	42
03 岩手県	Iwate-ken	93.4	37	61.0	34	22.6	1	17.5	25
04 宮城県	Miyagi-ken	98.8	10	82.2	13	9.3	10	15.8	35
05 秋田県	Akita-ken	89.0	46	65.8	29	18.5	3	14.9	39
06 山形県	Yamagata-ken	98.4	12	77.1	17	6.0	24	13.3	45
07 福島県	Fukushima-ken	91.8	43	54.0	40	8.0	15	13.2	46
08 茨城県	Ibaraki-ken	93.0	38	63.0	31	7.4	19	20.7	17
09 栃木県	Tochigi-ken	95.6	29	67.9	26	5.3	29	15.9	33
10 群馬県	Gumma-ken	99.2	8	54.8	39	4.5	31	14.3	40
11 埼玉県	Saitama-ken	99.1	9	82.0	14	1.0	45	24.4	5
12 千葉県	Chiba-ken	94.8	33	75.6	21	2.0	40	22.0	10
13 東京都	Tokyo-to	100.8	2	99.9	1	0.1	47	24.2	6
14 神奈川県	Kanagawa-ken	100.0	3	97.0	2	0.3	46	24.9	3
15 新潟県	Niigata-ken	98.2	15	75.8	19	4.5	32	21.7	11
16 富山県	Toyama-ken	91.7	44	85.5	8	2.7	38	22.7	8
17 石川県	Ishikawa-ken	98.2	13	84.0	10	2.4	39	15.0	38
18 福井県	Fukui-ken	96.1	28	80.6	15	4.4	33	13.4	43
19 山梨県	Yamanashi-ken	98.1	16	66.9	27	4.6	30	17.2	26
20 長野県	Nagano-ken	96.6	24	84.0	9	5.9	25	21.4	14
21 岐阜県	Gifu-ken	92.8	40	76.5	18	4.2	34	16.3	31
22 静岡県	Shizuoka-ken	96.8	22	64.0	30	1.8	41	18.2	23
23 愛知県	Aichi-ken	99.4	6	79.2	16	1.4	43	22.3	9
24 三重県	Mie-ken	99.3	7	56.0	37	5.4	28	20.4	18
25 滋賀県	Shiga-ken	99.5	5	90.7	7	2.9	37	18.0	24
26 京都府	Kyoto-fu	101.3	1	94.7	4	3.0	36	14.3	40
27 大阪府	Osaka-fu	99.6	4	96.3	3	1.3	44	13.4	43
28 兵庫県	Hyogo-ken	98.5	11	93.2	6	1.5	42	15.5	37
29 奈良県	Nara-ken	97.8	18	83.0	11	4.2	35	15.8	35
30 和歌山県	Wakayama-ken	96.2	26	27.8	46	16.4	5	13.2	46
31 鳥取県	Tottori-ken	97.4	20	72.0	23	6.3	23	28.6	2
32 島根県	Shimane-ken	96.2	25	49.4	42	15.8	6	21.0	15
33 岡山県	Okayama-ken	98.2	14	68.4	25	9.7	9	24.6	4
34 広島県	Hiroshima-ken	94.5	35	75.8	20	7.8	16	19.6	20
35 山口県	Yamaguchi-ken	92.3	42	66.4	28	7.4	18	33.0	1
36 徳島県	Tokushima-ken	94.3	36	18.4	47	6.7	22	16.5	30
37 香川県	Kagawa-ken	96.7	23	45.9	43	7.0	21	19.3	21
38 愛媛県	Ehime-ken	93.0	39	55.1	38	8.6	13	16.7	28
39 高知県	Kochi-ken	92.4	41	40.9	45	15.7	7	21.6	13
40 福岡県	Fukuoka-ken	95.0	32	82.5	12	7.5	17	21.0	15
41 佐賀県	Saga-ken	95.0	31	61.9	33	17.2	4	19.7	19
42 長崎県	Nagasaki-ken	96.1	27	62.6	32	20.0	2	15.9	33
43 熊本県	Kumamoto-ken	87.3	47	69.5	24	8.2	14	21.7	11
44 大分県	Oita-ken	89.8	45	51.3	41	9.1	11	18.9	22
45 宮崎県	Miyazaki-ken	95.5	30	60.0	36	7.2	20	17.1	27
46 鹿児島県	Kagoshima-ken	97.1	21	42.2	44	8.9	12	16.0	32
47 沖縄県	Okinawa-ken	98.0	17	74.5	22	5.6	27	16.6	29

No. 262 ごみ埋立率 Percentage of garbage reclamation #H055041 % 2020		No. 263 最終処分場残余容量 Last disposal place residual capacity #H05505 千m³:1000 m³ 2020		No. 264 小売店数（人口千人当たり） Number of retail stores (per 1,000 persons) #H06127 店：number of stores 2016		No. 265 大型小売店数（人口10万人当たり） Number of large-scale retail stores (per 100,000 persons) #H06131 店：number of stores 2016		No. 266 百貨店、総合スーパー数（人口10万人当たり） Number of department stores and general merchandise stores (per 100,000 persons) #H06132 店：number of stores 2016		都道府県コード
指標値 Indicator	順位 Rank	指標値 Indicator	順位 Rank	指標値 Indicator	順位 Rank	指標値 Indicator	順位 Rank	指標値 Indicator	順位 Rank	Pref. code
8.7		100,828		7.73		13.88		1.25		00
16.5	1	7,024	3	7.58	38	15.37	4	1.46	15	01
12.1	6	1,744	13	9.33	19	14.29	13	1.47	14	02
9.3	24	655	32	9.33	18	14.12	17	0.95	43	03
11.9	7	4,965	5	7.85	36	13.94	20	1.67	6	04
9.1	26	1,291	18	10.11	5	14.24	14	1.68	5	05
9.6	22	544	35	10.13	4	9.43	45	1.62	8	06
11.7	9	654	33	8.90	24	11.93	38	1.47	13	07
7.1	33	326	41	7.70	37	14.36	11	1.10	36	08
9.5	23	508	37	8.40	30	13.86	24	1.22	29	09
10.0	16	1,072	22	8.36	32	13.41	28	0.86	45	10
3.7	46	1,754	12	5.77	45	13.20	29	1.17	32	11
6.8	38	1,268	19	5.76	46	13.60	25	1.33	22	12
5.9	39	22,286	1	7.00	43	15.30	5	0.98	40	13
8.1	30	5,773	4	5.52	47	13.05	32	0.96	41	14
8.5	28	1,000	24	9.46	16	14.17	16	1.27	25	15
9.8	21	475	38	9.91	9	13.10	31	1.32	23	16
11.6	11	3,907	7	9.55	13	12.68	34	1.82	2	17
11.0	15	300	43	10.08	6	12.90	33	1.66	7	18
7.1	34	272	44	9.16	22	15.28	6	1.20	31	19
6.9	36	963	26	8.94	23	14.01	19	1.29	24	20
7.7	31	1,600	14	8.87	25	11.46	39	1.14	34	21
4.7	42	1,032	23	8.61	28	13.88	21	0.92	44	22
7.0	35	3,065	9	6.87	44	14.48	10	1.39	17	23
3.1	47	789	28	8.43	29	13.88	22	1.38	18	24
9.8	20	525	36	7.37	40	14.78	8	1.77	3	25
14.0	2	3,632	8	8.36	31	16.30	2	1.34	21	26
11.8	8	1,830	11	7.11	42	15.72	3	1.26	26	27
11.4	13	11,323	2	7.42	39	14.30	12	1.43	16	28
11.6	10	632	34	7.19	41	13.19	30	1.47	12	29
13.4	3	307	42	10.52	3	13.49	27	1.36	20	30
6.8	37	202	46	9.34	17	11.40	40	1.58	9	31
9.3	25	655	31	10.67	2	10.27	43	1.16	33	32
4.4	44	979	25	8.36	33	14.19	15	1.51	11	33
11.1	14	1,377	16	8.29	34	14.93	7	1.69	4	34
5.0	41	1,212	20	9.52	14	12.34	35	1.58	10	35
11.4	12	98	47	9.88	10	10.27	44	0.67	47	36
9.9	19	433	40	9.20	21	14.70	9	1.13	35	37
9.9	18	1,195	21	9.24	20	14.09	18	1.23	27	38
4.6	43	475	39	10.88	1	13.87	23	0.83	46	39
9.9	17	4,569	6	8.14	35	12.09	37	1.23	28	40
4.1	45	209	45	9.64	11	9.41	46	1.21	30	41
8.2	29	1,552	15	10.07	7	11.27	41	0.95	42	42
8.9	27	1,336	17	8.64	27	8.79	47	1.01	38	43
7.4	32	877	27	9.47	15	10.95	42	1.38	19	44
12.6	5	662	30	9.64	12	12.31	36	1.00	39	45
12.7	4	2,813	10	10.04	8	13.56	26	1.10	37	46
5.9	40	671	29	8.78	26	17.48	1	2.01	1	47

居 住 H （指標）

		No. 267 セルフサービス事業所数 （人口10万人当たり） Number of self-service stores (per 100,000 persons) #H06113		No. 268 コンビニエンスストア数 （人口10万人当たり） Number of convenience stores (per 100,000 persons) #H0611302		No. 269 飲食店数 （人口千人当たり） Number of eating and drinking places (per 1,000 persons) #H06130		No. 270 理容・美容所数 （人口10万人当たり） Number of barbers and beauty shops (per 100,000 persons) #H06117	
単位	Unit	所：number of stores		所：number of stores		店：number of places		所：number of shops	
年度	Fiscal year	2014		2014		2016		2020	
都道府県	Prefecture	指標値 Indicator	順位 Rank	指標値 Indicator	順位 Rank	指標値 Indicator	順位 Rank	指標値 Indicator	順位 Rank
00 全国	All Japan	100.8		27.6		4.63		296.0	
01 北海道	Hokkaido	114.5	19	40.6	1	4.96	13	325.5	34
02 青森県	Aomori-ken	107.5	27	30.5	9	5.21	8	404.2	10
03 岩手県	Iwate-ken	121.2	5	30.9	5	4.47	31	442.4	4
04 宮城県	Miyagi-ken	104.2	32	33.3	3	4.10	39	301.9	36
05 秋田県	Akita-ken	116.0	14	29.8	14	4.65	25	548.5	1
06 山形県	Yamagata-ken	118.9	9	30.3	10	4.93	16	513.3	2
07 福島県	Fukushima-ken	106.3	29	24.8	38	4.21	37	376.0	18
08 茨城県	Ibaraki-ken	105.1	30	30.7	6	3.82	40	344.8	26
09 栃木県	Tochigi-ken	113.0	22	30.7	7	4.47	32	338.6	30
10 群馬県	Gumma-ken	117.4	10	30.6	8	4.36	33	380.1	16
11 埼玉県	Saitama-ken	88.7	44	23.0	41	3.34	46	224.6	46
12 千葉県	Chiba-ken	93.1	41	27.3	22	3.41	44	228.2	45
13 東京都	Tokyo-to	96.5	38	32.2	4	5.79	3	231.5	44
14 神奈川県	Kanagawa-ken	83.2	45	26.1	32	3.59	43	180.7	47
15 新潟県	Niigata-ken	116.6	11	29.3	17	4.60	29	392.6	14
16 富山県	Toyama-ken	122.8	3	29.3	16	4.36	35	348.1	24
17 石川県	Ishikawa-ken	120.7	7	28.9	18	5.33	7	356.6	21
18 福井県	Fukui-ken	115.4	16	30.1	11	5.18	9	362.9	20
19 山梨県	Yamanashi-ken	130.8	1	33.3	2	5.42	5	429.5	5
20 長野県	Nagano-ken	115.8	15	27.8	19	5.09	11	326.8	33
21 岐阜県	Gifu-ken	114.6	18	26.8	28	5.16	10	340.2	27
22 静岡県	Shizuoka-ken	107.5	26	29.9	13	4.88	18	336.0	31
23 愛知県	Aichi-ken	95.6	39	29.5	15	4.77	20	241.6	43
24 三重県	Mie-ken	99.0	35	25.1	33	4.17	38	339.3	29
25 滋賀県	Shiga-ken	93.8	40	23.1	40	3.37	45	281.8	38
26 京都府	Kyoto-fu	92.3	43	24.9	35	4.95	14	298.9	37
27 大阪府	Osaka-fu	82.1	46	21.2	45	5.37	6	275.2	40
28 兵庫県	Hyogo-ken	93.1	42	21.4	44	4.98	12	253.9	42
29 奈良県	Nara-ken	79.7	47	17.1	47	3.23	47	267.8	41
30 和歌山県	Wakayama-ken	97.6	37	21.8	42	4.95	15	404.3	9
31 鳥取県	Tottori-ken	114.9	17	26.7	29	4.57	30	402.1	11
32 島根県	Shimane-ken	128.9	2	27.0	24	4.36	34	404.7	8
33 岡山県	Okayama-ken	102.8	33	25.0	34	3.73	42	328.8	32
34 広島県	Hiroshima-ken	108.8	24	26.5	31	4.68	24	308.7	35
35 山口県	Yamaguchi-ken	114.4	20	27.6	21	4.33	36	346.6	25
36 徳島県	Tokushima-ken	106.9	28	21.5	43	4.90	17	475.4	3
37 香川県	Kagawa-ken	98.0	36	21.0	46	4.73	22	377.9	17
38 愛媛県	Ehime-ken	120.9	6	24.6	39	4.61	27	414.3	7
39 高知県	Kochi-ken	120.4	8	24.9	37	6.13	2	423.7	6
40 福岡県	Fukuoka-ken	101.5	34	27.1	23	4.64	26	280.8	39
41 佐賀県	Saga-ken	113.6	21	30.0	12	4.78	19	339.9	28
42 長崎県	Nagasaki-ken	116.2	12	24.9	36	4.61	28	364.9	19
43 熊本県	Kumamoto-ken	111.6	23	27.6	20	3.81	41	351.0	23
44 大分県	Oita-ken	116.1	13	26.9	27	4.74	21	397.3	12
45 宮崎県	Miyazaki-ken	122.0	4	26.5	30	5.72	4	396.7	13
46 鹿児島県	Kagoshima-ken	108.7	25	26.9	26	4.70	23	384.6	15
47 沖縄県	Okinawa-ken	104.6	31	27.0	25	6.86	1	352.2	22

No. 271 クリーニング所数 (人口10万人当たり) Number of laundries (per 100,000 persons) #H06119 所：number of laundries 2020		No. 272 公衆浴場数 (人口10万人当たり) Number of public bathhouses (per 100,000 persons) #H06121 所：number of public bathhouses 2020		No. 273 郵便局数 (可住地面積100km²当たり) Number of post offices (per inhabitable area 100km²) #H06302 局：number of post offices 2021		No. 274 住宅用電話加入数 (人口千人当たり) Number of telephones for residence (per 1,000 persons) #H06306 加入：subscribers 2021		No. 275 携帯電話契約数 (人口千人当たり) Number of portable telephone contracts (per 1,000 persons) #H06310 契約：contracts 2020		都道府県コード
指標値 Indicator	順位 Rank	指標値 Indicator	順位 Rank	指標値 Indicator	順位 Rank	指標値 Indicator	順位 Rank	指標値 Indicator	順位 Rank	Pref. code
64.6		2.6		19.75		81.2		1,546.3		00
58.8	38	4.6	8	6.59	47	113.5	10	1,143.6	9	01
60.3	34	22.9	1	11.10	46	137.2	1	963.9	46	02
115.2	1	1.4	23	11.52	45	131.5	4	967.7	45	03
53.3	44	0.3	43	14.22	39	86.2	28	1,284.8	6	04
63.2	28	1.3	28	12.40	43	133.7	3	947.3	47	05
60.0	36	0.0	47	13.82	40	98.1	18	974.9	44	06
60.3	35	0.5	39	12.86	42	111.4	11	1,014.6	33	07
62.4	29	0.1	46	13.27	41	90.1	25	1,011.3	34	08
56.0	43	0.5	40	11.81	44	88.5	26	1,027.0	29	09
104.9	3	0.9	34	14.98	37	93.9	23	1,046.1	23	10
51.8	45	0.6	38	24.89	16	70.2	39	1,075.8	16	11
45.3	46	0.7	37	20.43	29	70.7	38	1,075.9	15	12
66.0	24	3.6	9	105.57	1	66.9	40	4,431.2	1	13
45.1	47	1.4	24	52.04	3	66.3	41	1,176.1	8	14
61.2	33	1.2	29	14.79	38	97.1	19	983.5	42	15
70.7	17	7.6	4	15.63	35	77.1	35	1,093.1	11	16
68.3	21	5.9	6	23.23	20	86.7	27	1,067.3	17	17
114.4	2	2.2	16	22.28	23	64.0	43	1,027.6	28	18
97.4	5	2.7	14	27.80	12	102.2	13	1,038.8	25	19
62.0	32	1.6	21	19.82	32	94.6	20	1,603.7	3	20
86.4	6	1.0	33	20.22	30	78.6	32	1,057.4	19	21
71.3	16	0.3	41	20.90	27	77.5	34	1,086.3	13	22
57.2	42	1.1	32	30.48	7	58.8	45	1,376.7	5	23
62.4	30	1.7	20	21.85	25	78.8	31	1,034.9	26	24
73.1	15	1.1	31	20.08	31	55.2	47	995.1	39	25
66.8	23	6.1	5	40.43	4	78.4	33	1,121.5	10	26
69.3	19	5.1	7	83.43	2	65.3	42	1,383.8	4	27
58.4	39	2.9	13	34.70	6	58.0	46	1,047.8	22	28
84.1	10	1.5	22	37.71	5	74.3	36	1,032.4	27	29
57.6	41	3.0	12	28.22	11	100.6	16	1,007.2	35	30
64.7	26	2.5	15	26.98	14	90.2	24	978.3	43	31
58.3	40	0.3	42	29.35	9	127.7	6	996.7	38	32
59.5	37	0.7	35	23.56	19	93.9	22	1,043.3	24	33
66.9	22	1.7	19	30.28	8	100.0	17	1,268.0	7	34
86.4	7	1.3	25	23.96	17	137.2	2	1,055.3	21	35
98.1	4	3.3	11	23.03	21	94.3	21	1,015.7	32	36
79.2	13	1.9	18	21.49	26	85.9	29	1,088.7	12	37
70.3	18	2.2	17	23.89	18	110.1	12	1,059.5	18	38
65.5	25	1.3	27	27.47	13	127.7	5	1,005.1	36	39
75.4	14	0.7	36	29.31	10	73.4	37	2,272.5	2	40
68.4	20	0.1	45	15.36	36	81.4	30	997.8	37	41
82.0	11	1.1	30	26.68	15	123.7	7	1,016.0	31	42
85.4	9	3.3	10	20.64	28	101.9	14	1,057.0	20	43
85.9	8	12.0	3	22.39	22	113.9	9	1,024.4	30	44
63.6	27	1.3	26	16.37	34	100.9	15	993.6	40	45
62.2	31	16.8	2	21.99	24	123.1	8	987.6	41	46
79.7	12	0.2	44	17.67	33	61.0	44	1,077.0	14	47

		No. 276 道路実延長 (総面積1km²当たり) Total real length of roads (per 1km²) #H06401		No. 277 主要道路実延長 (総面積1km²当たり) Total real length of main roads (per 1km²) #H06402		No. 278 主要道路舗装率 (対主要道路実延長) Percentage of main roads paved #H06406		No. 279 市町村道舗装率 (対市町村道実延長) Percentage of municipal roads paved #H06408	
単位	Unit	km		km		%		%	
年度	Fiscal year	2020		2020		2020		2020	
都道府県	Prefecture	指標値 Indicator	順位 Rank	指標値 Indicator	順位 Rank	指標値 Indicator	順位 Rank	指標値 Indicator	順位 Rank
00 全国	All Japan	3.27		0.50		97.7		79.8	
01 北海道	Hokkaido	1.15	47	0.24	47	96.2	40	60.1	46
02 青森県	Aomori-ken	2.08	43	0.41	43	94.0	45	65.8	43
03 岩手県	Iwate-ken	2.16	42	0.31	46	91.7	47	59.1	47
04 宮城県	Miyagi-ken	3.48	22	0.49	36	99.2	14	76.3	38
05 秋田県	Akita-ken	2.04	44	0.32	45	97.6	28	65.4	44
06 山形県	Yamagata-ken	1.79	46	0.39	44	93.4	46	80.8	32
07 福島県	Fukushima-ken	2.83	35	0.45	38	97.1	34	69.6	42
08 茨城県	Ibaraki-ken	9.10	6	0.75	10	99.1	17	65.2	45
09 栃木県	Tochigi-ken	3.96	17	0.58	26	97.1	33	86.4	19
10 群馬県	Gumma-ken	5.47	9	0.54	32	97.4	31	70.7	41
11 埼玉県	Saitama-ken	12.42	1	0.89	7	99.2	13	71.1	40
12 千葉県	Chiba-ken	7.93	7	0.76	9	99.9	6	83.9	29
13 東京都	Tokyo-to	11.10	2	1.23	2	98.4	22	88.6	17
14 神奈川県	Kanagawa-ken	10.64	3	0.91	6	96.8	37	91.7	8
15 新潟県	Niigata-ken	2.96	31	0.53	33	97.5	30	76.8	37
16 富山県	Toyama-ken	3.28	26	0.63	20	95.1	44	90.9	10
17 石川県	Ishikawa-ken	3.13	28	0.60	24	99.0	18	90.5	13
18 福井県	Fukui-ken	2.59	39	0.56	31	96.0	42	92.1	7
19 山梨県	Yamanashi-ken	2.49	41	0.46	37	96.8	36	84.5	27
20 長野県	Nagano-ken	3.52	20	0.41	42	98.1	26	71.9	39
21 岐阜県	Gifu-ken	2.89	34	0.44	40	97.1	32	84.6	25
22 静岡県	Shizuoka-ken	4.73	11	0.58	28	98.3	23	84.3	28
23 愛知県	Aichi-ken	9.73	5	1.07	3	99.4	11	90.6	11
24 三重県	Mie-ken	4.38	14	0.67	14	96.6	38	81.9	30
25 滋賀県	Shiga-ken	3.10	29	0.63	21	98.2	24	93.2	4
26 京都府	Kyoto-fu	3.37	25	0.66	15	98.2	25	80.4	34
27 大阪府	Osaka-fu	10.31	4	1.29	1	99.6	8	95.9	2
28 兵庫県	Hyogo-ken	4.34	16	0.70	11	96.0	43	84.9	24
29 奈良県	Nara-ken	3.46	23	0.58	27	97.6	29	80.0	35
30 和歌山県	Wakayama-ken	2.91	32	0.63	22	96.4	39	85.0	23
31 鳥取県	Tottori-ken	2.53	40	0.64	19	99.3	12	90.0	15
32 島根県	Shimane-ken	2.71	36	0.52	35	99.1	16	79.3	36
33 岡山県	Okayama-ken	4.52	12	0.64	17	98.7	20	81.2	31
34 広島県	Hiroshima-ken	3.40	24	0.61	23	99.4	10	89.7	16
35 山口県	Yamaguchi-ken	2.70	37	0.64	18	98.9	19	92.6	5
36 徳島県	Tokushima-ken	3.67	18	0.60	25	97.9	27	80.5	33
37 香川県	Kagawa-ken	5.46	10	1.02	4	99.9	4	95.3	3
38 愛媛県	Ehime-ken	3.22	27	0.70	12	96.1	41	85.4	21
39 高知県	Kochi-ken	2.00	45	0.44	39	99.9	5	84.6	26
40 福岡県	Fukuoka-ken	7.57	8	0.94	5	98.7	21	86.8	18
41 佐賀県	Saga-ken	4.49	13	0.78	8	100.0	1	96.3	1
42 長崎県	Nagasaki-ken	4.36	15	0.64	16	97.0	35	92.2	6
43 熊本県	Kumamoto-ken	3.52	21	0.57	29	99.6	7	90.2	14
44 大分県	Oita-ken	2.90	33	0.57	30	99.2	15	91.4	9
45 宮崎県	Miyazaki-ken	2.59	38	0.41	41	100.0	3	86.3	20
46 鹿児島県	Kagoshima-ken	2.97	30	0.53	34	100.0	1	90.5	12
47 沖縄県	Okinawa-ken	3.57	19	0.69	13	99.5	9	85.2	22

No. 280 市街化調整区域面積比率 (対都市計画区域指定面積) Percentage of urbanization control area #H07201 % 2020		No. 281 住居専用地域面積比率 (対用途地域面積) Percentage of exclusive residential area #H0720201 % 2020		No. 282 工業専用地域面積比率 (対用途地域面積) Percentage of exclusive industrial area #H0720206 % 2020		No. 283 都市公園面積 (人口1人当たり) Area of public parks (per capita) #H08101 m² 2020		No. 284 都市公園数 (可住地面積100k㎡当たり) Number of public parks (per inhabitable area 100k㎡) #H08301 所：parks 2020		都道府県コード
指標値 Indicator	順位 Rank	指標値 Indicator	順位 Rank	指標値 Indicator	順位 Rank	指標値 Indicator	順位 Rank	指標値 Indicator	順位 Rank	Pref. code
36. 6		38. 1		8. 0		10. 12		91. 38		00
48. 4	10	40. 5	13	13. 5	3	26. 96	1	33. 79	38	01
32. 9	24	35. 6	21	14. 9	2	16. 68	7	26. 99	43	02
20. 3	36	33. 8	25	8. 6	18	12. 61	21	36. 09	36	03
39. 8	16	35. 5	22	8. 3	19	17. 99	2	99. 06	14	04
20. 9	34	32. 3	27	5. 5	31	17. 27	5	18. 65	47	05
43. 6	14	28. 9	35	9. 1	15	17. 60	4	29. 93	41	06
29. 5	28	28. 5	36	10. 2	12	13. 42	19	28. 65	42	07
58. 7	5	40. 9	12	17. 6	1	9. 80	33	55. 39	28	08
37. 2	19	24. 2	46	12. 7	4	14. 58	13	75. 31	20	09
33. 0	22	34. 1	24	10. 5	10	13. 59	17	65. 31	26	10
59. 5	4	41. 4	11	4. 8	35	7. 08	43	209. 10	8	11
36. 3	20	46. 2	7	10. 1	13	6. 86	44	210. 05	7	12
20. 8	35	57. 7	1	1. 2	46	4. 26	47	586. 74	1	13
39. 3	17	49. 6	4	6. 9	26	5. 59	46	519. 80	2	14
29. 8	27	27. 1	42	5. 7	29	14. 05	14	54. 13	30	15
19. 8	38	31. 9	30	6. 3	27	15. 84	9	114. 75	13	16
32. 1	26	25. 3	45	4. 9	34	13. 73	15	81. 67	17	17
14. 7	42	27. 3	41	8. 3	20	15. 63	10	87. 07	16	18
8. 0	46	35. 4	23	3. 9	38	9. 86	32	21. 93	45	19
14. 8	41	40. 5	14	2. 3	45	13. 53	18	30. 23	40	20
16. 5	39	28. 1	37	3. 4	39	10. 29	31	66. 41	25	21
51. 6	8	36. 0	20	8. 0	23	8. 68	37	94. 46	15	22
68. 1	3	27. 6	38	10. 3	11	7. 86	40	163. 40	10	23
33. 3	21	29. 6	33	11. 3	7	9. 70	34	137. 44	12	24
58. 7	6	30. 5	32	9. 5	14	9. 05	36	47. 48	33	25
55. 4	7	39. 3	16	3. 2	40	7. 61	41	204. 79	9	26
49. 4	9	38. 2	18	5. 4	32	5. 69	45	518. 42	3	27
37. 8	18	47. 7	6	8. 7	16	12. 99	20	222. 60	6	28
81. 6	1	41. 6	10	0. 9	47	13. 67	16	280. 72	4	29
14. 7	43	33. 6	26	8. 0	22	8. 07	39	53. 95	31	30
32. 7	25	30. 8	31	8. 0	24	11. 74	23	34. 61	37	31
16. 2	40	25. 7	44	3. 2	41	16. 02	8	32. 49	39	32
44. 2	13	27. 4	40	11. 4	6	15. 27	11	75. 48	19	33
48. 3	11	27. 4	39	6. 0	28	10. 60	29	140. 51	11	34
19. 9	37	39. 1	17	10. 8	8	15. 09	12	72. 53	23	35
70. 5	2	26. 1	43	10. 7	9	7. 52	42	26. 08	44	36
0. 0	47	29. 3	34	8. 0	21	16. 93	6	50. 55	32	37
23. 2	32	21. 6	47	12. 1	5	11. 63	24	37. 09	35	38
26. 6	31	43. 6	8	3. 1	42	10. 88	26	76. 38	18	39
32. 9	23	36. 8	19	8. 7	17	9. 23	35	225. 20	5	40
22. 8	33	32. 2	28	4. 1	37	10. 62	28	19. 71	46	41
44. 9	12	40. 4	15	5. 5	30	11. 05	25	72. 54	22	42
27. 2	30	49. 7	3	5. 3	33	8. 49	38	67. 53	24	43
29. 1	29	42. 8	9	6. 9	25	10. 81	27	64. 95	27	44
40. 4	15	32. 1	29	4. 6	36	17. 71	3	54. 26	29	45
10. 0	45	48. 5	5	2. 6	44	12. 09	22	41. 33	34	46
11. 1	44	57. 5	2	3. 0	43	10. 36	30	72. 61	21	47

居　住

H

（指標）

I．健康・医療　　I Health and Medical Care

都道府県 Prefecture	No. 285 有訴者率 （人口千人当たり） Ratio of persons who have subjective symptoms (per 1,000 persons) #I04105 — 2019 指標値 Indicator	順位 Rank	No. 286 通院者率 （人口千人当たり） Ratio of outpatients (per 1,000 persons) #I04104 — 2019 指標値 Indicator	順位 Rank	No. 287 一般病院年間新入院患者数 （人口10万人当たり） Annual number of new inpatients in general hospitals (per 100,000 persons) #I04102 人：persons 2020 指標値 Indicator	順位 Rank	No. 288 一般病院の1日平均 外来患者数 （人口10万人当たり） Average number of outpatients per day in general hospitals (per 100,000 persons) #I0420102 人：persons 2020 指標値 Indicator	順位 Rank
00 全国　All Japan	302.5		404.0		11,730.9		904.2	
01 北海道　Hokkaido	303.1	19	445.9	4	14,929.1	5	1,210.3	4
02 青森県　Aomori-ken	270.5	47	434.9	6	11,722.8	31	956.6	25
03 岩手県　Iwate-ken	296.8	28	461.7	1	11,478.7	34	852.9	37
04 宮城県　Miyagi-ken	304.4	16	420.6	11	11,627.9	32	801.8	42
05 秋田県　Akita-ken	290.1	37	449.1	2	13,464.7	16	1,134.2	9
06 山形県　Yamagata-ken	295.2	31	445.2	5	12,672.1	27	920.2	28
07 福島県　Fukushima-ken	282.2	43	409.8	23	11,484.5	33	916.9	29
08 茨城県　Ibaraki-ken	273.7	44	397.8	31	10,210.9	44	885.1	33
09 栃木県　Tochigi-ken	282.8	42	411.9	22	10,426.0	41	900.2	32
10 群馬県　Gumma-ken	291.4	36	381.5	43	11,885.5	30	876.8	35
11 埼玉県　Saitama-ken	301.4	22	392.0	35	8,407.3	47	738.3	46
12 千葉県　Chiba-ken	296.5	30	399.1	30	9,831.4	45	827.7	40
13 東京都　Tokyo-to	311.9	7	400.6	28	10,713.4	38	833.6	38
14 神奈川県　Kanagawa-ken	306.5	14	396.1	32	9,634.7	46	690.6	47
15 新潟県　Niigata-ken	285.7	40	414.7	19	11,108.7	36	963.2	23
16 富山県　Toyama-ken	299.0	25	399.5	29	13,533.7	14	1,140.1	8
17 石川県　Ishikawa-ken	283.6	41	372.4	46	13,057.9	22	1,127.3	11
18 福井県　Fukui-ken	299.0	25	385.3	40	13,214.4	18	1,199.2	5
19 山梨県　Yamanashi-ken	273.3	45	393.5	33	11,218.4	35	985.6	21
20 長野県　Nagano-ken	303.5	17	416.8	15	13,146.6	19	1,104.6	12
21 岐阜県　Gifu-ken	312.4	6	407.6	24	10,483.7	40	876.9	34
22 静岡県　Shizuoka-ken	299.9	23	414.9	17	10,262.3	43	748.0	45
23 愛知県　Aichi-ken	302.8	20	377.2	44	10,353.1	42	769.8	44
24 三重県　Mie-ken	294.1	33	387.0	39	10,692.4	39	809.9	41
25 滋賀県　Shiga-ken	309.0	13	372.6	45	10,847.8	37	830.2	39
26 京都府　Kyoto-fu	331.9	1	418.8	13	12,768.0	23	1,034.1	18
27 大阪府　Osaka-fu	314.7	5	402.9	26	13,081.2	21	903.8	31
28 兵庫県　Hyogo-ken	310.7	12	416.1	16	12,105.4	29	872.7	36
29 奈良県　Nara-ken	316.6	4	424.9	10	12,764.1	24	1,029.0	19
30 和歌山県　Wakayama-ken	303.5	17	414.8	18	13,465.5	15	1,100.7	13
31 鳥取県　Tottori-ken	311.8	9	413.0	20	15,177.3	4	1,053.6	17
32 島根県　Shimane-ken	325.5	2	446.1	3	14,716.5	6	945.4	26
33 岡山県　Okayama-ken	287.6	38	384.7	41	14,068.1	11	1,180.7	7
34 広島県　Hiroshima-ken	310.8	11	392.0	35	12,678.7	26	928.7	27
35 山口県　Yamaguchi-ken	317.5	3	432.7	8	13,879.8	12	957.1	24
36 徳島県　Tokushima-ken	311.4	10	391.7	37	14,565.7	8	1,321.5	2
37 香川県　Kagawa-ken	298.7	27	405.0	25	14,432.0	9	1,265.4	3
38 愛媛県　Ehime-ken	304.9	15	419.9	12	13,815.3	13	1,193.8	6
39 高知県　Kochi-ken	299.6	24	427.2	9	16,102.3	1	1,552.5	1
40 福岡県　Fukuoka-ken	302.2	21	393.2	34	13,451.1	17	909.7	30
41 佐賀県　Saga-ken	291.8	35	400.9	27	12,706.5	25	1,058.6	15
42 長崎県　Nagasaki-ken	296.7	29	433.9	7	15,269.8	3	1,058.4	16
43 熊本県　Kumamoto-ken	311.9	7	418.0	14	14,099.7	10	969.8	22
44 大分県　Oita-ken	294.0	34	383.9	42	15,656.2	2	1,128.7	10
45 宮崎県　Miyazaki-ken	285.8	39	388.5	38	13,085.6	20	1,017.8	20
46 鹿児島県　Kagoshima-ken	294.8	32	412.5	21	14,577.7	7	1,094.0	14
47 沖縄県　Okinawa-ken	271.4	46	339.3	47	12,555.1	28	787.9	43

No. 289 一般病院の1日平均在院患者数（人口10万人当たり）Average number of inpatients per day in general hospitals (per 100,000 persons) #I0420202 人：persons 2020		No. 290 標準化死亡率（基準人口＝昭和5年）（人口千人当たり）Standardized mortality rate (Base period population = 1930) (per 1,000 persons) #I05101 － 2015		No. 291 平均余命（0歳・男）Life expectancy (0 years old, Male) #I0520101 年：years 2015		No. 292 平均余命（0歳・女）Life expectancy (0 years old, Female) #I0520102 年：years 2015		No. 293 平均余命（65歳・男）Life expectancy (65 years old, Male) #I0520501 年：years 2015		都道府県コード Pref. code
指標値 Indicator	順位 Rank	指標値 Indicator	順位 Rank	指標値 Indicator	順位 Rank	指標値 Indicator	順位 Rank	指標値 Indicator	順位 Rank	
758.7		1.67		80.75		86.99		19.41		00
1,118.5	6	1.78	7	80.28	34	86.77	37	19.25	36	01
799.6	27	2.01	1	78.67	47	85.93	47	18.17	47	02
751.6	33	1.85	2	79.86	45	86.44	42	19.12	42	03
621.2	41	1.61	37	80.99	15	87.16	20	19.81	5	04
857.8	21	1.85	2	79.51	46	86.38	44	18.91	46	05
766.5	30	1.70	18	80.52	29	86.96	29	19.42	26	06
695.3	35	1.82	4	80.12	41	86.40	43	19.20	38	07
662.5	38	1.81	5	80.28	34	86.33	45	19.25	36	08
694.4	36	1.77	9	80.10	42	86.24	46	19.06	43	09
792.7	28	1.69	20	80.61	27	86.84	33	19.31	32	10
543.5	46	1.68	21	80.82	22	86.66	39	19.41	27	11
598.8	43	1.68	21	80.96	16	86.91	30	19.69	12	12
602.0	42	1.62	35	81.07	11	87.26	15	19.53	18	13
511.6	47	1.60	39	81.32	5	87.24	17	19.77	8	14
736.5	34	1.64	30	80.69	24	87.32	11	19.44	25	15
947.5	14	1.67	23	80.61	27	87.42	8	19.35	29	16
925.7	17	1.62	35	81.04	12	87.28	13	19.53	18	17
866.0	18	1.54	45	81.27	6	87.54	5	19.79	7	18
760.4	31	1.65	28	80.85	20	87.22	18	19.65	14	19
773.9	29	1.48	47	81.75	2	87.67	1	20.27	1	20
571.1	45	1.64	30	81.00	14	86.82	34	19.49	22	21
633.1	40	1.64	30	80.95	17	87.10	24	19.61	15	22
573.4	44	1.63	34	81.10	8	86.86	32	19.47	24	23
677.5	37	1.67	23	80.86	19	86.99	27	19.49	22	24
651.4	39	1.51	46	81.78	1	87.57	4	19.92	2	25
839.5	24	1.58	43	81.40	3	87.35	9	19.77	8	26
814.8	26	1.76	11	80.23	38	86.73	38	19.02	44	27
752.3	32	1.65	28	80.92	18	87.07	25	19.52	21	28
837.7	25	1.55	44	81.36	4	87.25	16	19.88	4	29
929.6	15	1.78	7	79.94	44	86.47	41	18.93	45	30
1,046.1	10	1.76	11	80.17	39	87.27	14	19.18	40	31
925.7	16	1.64	30	80.79	23	87.64	3	19.53	18	32
862.2	19	1.59	40	81.03	13	87.67	1	19.59	16	33
850.4	23	1.61	37	81.08	9	87.33	10	19.69	12	34
1,149.9	4	1.73	15	80.51	30	86.88	31	19.20	38	35
1,115.9	7	1.74	13	80.32	33	86.66	39	19.18	40	36
860.7	20	1.66	26	80.85	20	87.21	19	19.70	11	37
949.2	13	1.74	13	80.16	40	86.82	34	19.28	35	38
1,706.5	1	1.70	18	80.26	37	87.01	26	19.30	34	39
1,054.9	9	1.66	26	80.66	25	87.14	21	19.41	27	40
1,193.7	3	1.67	23	80.65	26	87.12	22	19.31	32	41
1,113.4	8	1.71	17	80.38	31	86.97	28	19.32	31	42
1,140.6	5	1.59	40	81.22	7	87.49	6	19.90	3	43
1,010.3	11	1.59	40	81.08	9	87.31	12	19.72	10	44
982.4	12	1.72	16	80.34	32	87.12	22	19.54	17	45
1,244.1	2	1.80	6	80.02	43	86.78	36	19.33	30	46
856.3	22	1.77	9	80.27	36	87.44	7	19.80	6	47

都道府県 Prefecture			No. 294 平均余命 (65歳・女) Life expectancy (65 years old, Female) #I0520502		No. 295 生活習慣病による死亡者数 (人口10万人当たり) Number of deaths caused by lifestyle diseases (per 100,000 persons) #I06101		No. 296 悪性新生物(腫瘍)による死亡者数 (人口10万人当たり) Number of deaths caused by malignant neoplasms (per 100,000 persons) #I06102		No. 297 糖尿病による死亡者数 (人口10万人当たり) Number of deaths caused by diabetes mellitus (per 100,000 persons) #I06103	
単位	Unit		年：years		人：persons		人：persons		人：persons	
年度	Fiscal year		2015		2020		2020		2020	
			指標値 Indicator	順位 Rank	指標値 Indicator	順位 Rank	指標値 Indicator	順位 Rank	指標値 Indicator	順位 Rank
00	全国	All Japan	24.24		584.9		311.3		11.4	
01	北海道	Hokkaido	24.36	24	680.7	16	384.0	3	14.7	11
02	青森県	Aomori-ken	23.59	47	775.0	3	407.4	2	17.1	5
03	岩手県	Iwate-ken	24.10	35	795.0	2	383.4	4	15.3	9
04	宮城県	Miyagi-ken	24.38	23	595.5	34	305.2	39	10.4	39
05	秋田県	Akita-ken	23.99	41	837.3	1	435.4	1	18.3	1
06	山形県	Yamagata-ken	24.22	32	747.5	5	368.2	7	11.0	36
07	福島県	Fukushima-ken	23.82	44	709.1	9	348.2	15	17.2	3
08	茨城県	Ibaraki-ken	23.87	43	626.8	25	323.3	24	13.3	19
09	栃木県	Tochigi-ken	23.73	46	619.0	26	309.7	36	13.9	14
10	群馬県	Gumma-ken	24.08	37	646.9	19	319.9	25	14.5	13
11	埼玉県	Saitama-ken	23.97	42	529.8	42	290.0	42	9.9	40
12	千葉県	Chiba-ken	24.26	30	556.4	40	293.2	41	12.4	24
13	東京都	Tokyo-to	24.46	15	476.7	45	258.6	46	8.9	43
14	神奈川県	Kanagawa-ken	24.50	13	495.3	44	276.4	44	7.8	46
15	新潟県	Niigata-ken	24.54	10	690.7	14	358.7	11	12.7	23
16	富山県	Toyama-ken	24.64	7	646.4	20	352.2	13	12.2	25
17	石川県	Ishikawa-ken	24.43	20	611.5	28	328.7	21	11.3	35
18	福井県	Fukui-ken	24.56	9	644.6	21	313.1	33	13.0	22
19	山梨県	Yamanashi-ken	24.44	17	609.4	30	309.3	37	13.6	16
20	長野県	Nagano-ken	24.83	3	641.3	22	319.5	26	11.9	30
21	岐阜県	Gifu-ken	24.11	34	592.8	35	317.9	29	8.7	45
22	静岡県	Shizuoka-ken	24.33	26	602.2	33	311.0	35	13.1	21
23	愛知県	Aichi-ken	24.05	39	473.8	46	276.7	43	7.3	47
24	三重県	Mie-ken	24.08	37	602.5	32	307.9	38	13.2	20
25	滋賀県	Shiga-ken	24.60	8	498.0	43	272.1	45	8.8	44
26	京都府	Kyoto-fu	24.49	14	585.2	37	313.8	31	9.5	42
27	大阪府	Osaka-fu	24.02	40	580.3	39	317.7	30	10.6	38
28	兵庫県	Hyogo-ken	24.26	30	591.0	36	318.9	27	11.9	31
29	奈良県	Nara-ken	24.44	17	610.7	29	327.3	22	11.7	33
30	和歌山県	Wakayama-ken	23.80	45	696.2	12	361.6	9	9.8	41
31	鳥取県	Tottori-ken	24.69	5	638.1	23	345.4	17	13.8	15
32	島根県	Shimane-ken	24.89	2	726.9	8	367.7	8	14.5	12
33	岡山県	Okayama-ken	24.67	6	609.3	31	312.8	34	12.1	27
34	広島県	Hiroshima-ken	24.53	11	581.6	38	298.9	40	10.9	37
35	山口県	Yamaguchi-ken	24.30	28	735.0	6	359.8	10	15.9	7
36	徳島県	Tokushima-ken	24.10	35	684.5	15	352.9	12	17.2	4
37	香川県	Kagawa-ken	24.33	26	662.4	17	325.9	23	18.0	2
38	愛媛県	Ehime-ken	24.22	32	731.3	7	350.8	14	16.3	6
39	高知県	Kochi-ken	24.43	20	757.6	4	376.2	5	13.4	18
40	福岡県	Fukuoka-ken	24.45	16	545.2	41	318.4	28	12.1	26
41	佐賀県	Saga-ken	24.36	24	633.4	24	337.7	19	11.9	29
42	長崎県	Nagasaki-ken	24.39	22	696.3	11	370.7	6	11.3	34
43	熊本県	Kumamoto-ken	24.75	4	613.2	27	313.7	32	11.8	32
44	大分県	Oita-ken	24.51	12	660.9	18	330.2	20	12.0	28
45	宮崎県	Miyazaki-ken	24.44	17	698.8	10	340.1	18	14.9	10
46	鹿児島県	Kagoshima-ken	24.27	29	696.0	13	346.6	16	15.8	8
47	沖縄県	Okinawa-ken	25.19	1	439.5	47	229.8	47	13.5	17

No. 298 高血圧性疾患による死亡者数（人口10万人当たり）Number of deaths caused by hypertensive diseases (per 100,000 persons) #I06104 人：persons 2020		No. 299 心疾患(高血圧性を除く)による死亡者数（人口10万人当たり）Number of deaths caused by heart diseases (Excl. hypertensive heart diseases) (per 100,000 persons) #I06105 人：persons 2020		No. 300 脳血管疾患による死亡者数（人口10万人当たり）Number of deaths caused by cerebrovascular diseases (per 100,000 persons) #I06106 人：persons 2020		No. 301 妊娠、分娩及び産じょくによる死亡率（出産数10万当たり）Rate of pregnancy, childbirth and puerperium (per 100,000 live and stillbirths) #I07105 — 2020		No. 302 死産率（死産数/（出生数＋死産数））（出産数千当たり）Stillbirths rate (per 1,000 live and stillbirths) #I07101 — 2020		都道府県コード
指標値 Indicator	順位 Rank	指標値 Indicator	順位 Rank	指標値 Indicator	順位 Rank	指標値 Indicator	順位 Rank	指標値 Indicator	順位 Rank	Pref. code
8.2		169.2		84.7		2.7		20.1		00
9.5	21	182.0	27	90.6	28	3.3	12	24.1	2	01
10.0	18	221.7	8	118.8	7	0.0	16	20.8	16	02
10.6	13	228.6	5	157.0	1	0.0	16	21.8	8	03
8.0	29	170.5	36	101.4	20	6.8	9	21.0	14	04
11.6	7	217.6	9	154.4	2	0.0	16	21.3	11	05
7.0	34	225.2	6	136.2	3	0.0	16	18.8	34	06
9.7	19	213.6	11	120.4	6	17.4	2	22.7	6	07
7.6	31	176.2	31	106.5	17	0.0	16	19.2	31	08
7.6	32	180.6	29	107.1	16	8.3	7	21.7	10	09
22.0	1	194.3	18	96.3	24	0.0	16	23.1	5	10
6.1	40	153.9	41	69.9	41	4.1	11	20.9	15	11
15.5	2	160.0	40	75.4	37	9.8	6	20.3	21	12
4.7	45	138.4	44	66.2	44	0.0	16	20.4	20	13
3.9	46	141.4	43	65.8	45	4.8	10	21.8	9	14
10.6	14	183.6	24	125.1	4	0.0	16	18.1	39	15
9.5	20	164.8	38	107.8	15	0.0	16	18.2	38	16
7.8	30	171.8	35	91.9	26	0.0	16	16.7	47	17
8.7	26	210.6	15	99.2	22	0.0	16	17.2	44	18
8.4	28	177.2	30	100.9	21	0.0	16	19.5	28	19
10.2	16	184.2	23	115.5	8	7.6	8	19.7	27	20
5.3	42	172.6	34	88.3	33	0.0	16	16.8	46	21
6.9	36	166.8	37	104.4	19	0.0	16	17.2	45	22
3.6	47	118.8	46	67.4	43	0.0	16	17.9	40	23
9.4	22	182.9	26	89.1	30	0.0	16	18.6	36	24
4.9	44	147.9	42	64.2	47	0.0	16	17.3	43	25
5.4	41	181.4	28	75.1	38	0.0	16	17.7	41	26
11.9	6	175.4	32	64.6	46	1.6	15	19.8	25	27
7.0	35	173.5	33	79.7	35	2.7	13	18.7	35	28
13.9	4	183.4	25	74.4	39	0.0	16	19.8	24	29
6.4	39	229.8	4	88.7	31	0.0	16	19.0	32	30
6.8	38	163.2	39	108.8	13	0.0	16	22.7	7	31
10.1	17	213.5	12	121.2	5	0.0	16	19.9	23	32
5.2	43	190.8	19	88.3	32	0.0	16	19.4	30	33
7.4	33	185.6	22	78.8	36	0.0	16	19.4	29	34
12.6	5	238.4	3	108.3	14	0.0	16	17.7	42	35
11.1	8	204.2	16	99.1	23	21.7	1	20.2	22	36
14.4	3	214.6	10	89.5	29	0.0	16	19.7	26	37
11.0	10	247.1	1	106.1	18	12.1	4	23.3	4	38
8.9	24	246.7	2	112.4	9	0.0	16	18.3	37	39
10.8	11	131.2	45	72.6	40	2.5	14	20.6	17	40
10.7	12	186.9	21	86.3	34	0.0	16	19.0	33	41
9.2	23	211.0	14	94.1	25	10.7	5	20.5	19	42
6.9	37	190.1	20	90.7	27	0.0	16	21.2	12	43
8.6	27	200.9	17	109.2	12	0.0	16	20.5	18	44
11.1	9	221.9	7	110.8	11	0.0	16	24.6	1	45
8.7	25	213.2	13	111.7	10	0.0	16	23.3	3	46
10.4	15	117.1	47	68.6	42	13.1	3	21.2	13	47

健康・医療

I

（指標）

都道府県 Prefecture		No. 303 周産期死亡率 ((死産数(妊娠22週以後)＋早期新生児死亡数)／出生数＋死産数(妊娠22週以後)) 1) Perinatal death rate (per 1,000 live births and stillbirth (after 22 weeks pregnant)) #I07106		No. 304 新生児死亡率 (新生児死亡数／出生数) (出生数千当たり) Neonatal death rate (per 1,000 live births) #I07102		No. 305 乳児死亡率 (乳児死亡数／出生数) (出生数千当たり) Infant mortality rate (per 1,000 live births) #I07104		No. 306 2,500ｇ未満出生率 (2,500ｇ未満の出生数／出生数) (出生数千当たり) Birth rate of babies weighing under 2,500g (per 1,000 live births) #I07201	
単位	Unit	—		—		—		—	
年度	Fiscal year	2020		2020		2020		2020	
都道府県	Prefecture	指標値 Indicator	順位 Rank	指標値 Indicator	順位 Rank	指標値 Indicator	順位 Rank	指標値 Indicator	順位 Rank
00 全国	All Japan	3.2		0.8		1.8		92.2	
01 北海道	Hokkaido	3.1	32	0.8	25	2.0	20	91.6	26
02 青森県	Aomori-ken	4.7	3	2.2	2	2.6	5	86.4	44
03 岩手県	Iwate-ken	3.1	31	0.4	44	1.2	46	96.5	9
04 宮城県	Miyagi-ken	3.9	12	1.0	13	1.9	21	93.0	21
05 秋田県	Akita-ken	4.0	8	0.9	21	2.0	19	103.6	5
06 山形県	Yamagata-ken	3.5	17	1.4	5	2.3	11	91.0	27
07 福島県	Fukushima-ken	3.9	10	1.0	16	2.5	8	84.1	47
08 茨城県	Ibaraki-ken	2.5	42	0.8	30	2.6	7	95.9	11
09 栃木県	Tochigi-ken	3.7	16	1.1	11	2.1	14	104.6	3
10 群馬県	Gumma-ken	3.8	14	0.9	23	1.5	36	91.7	25
11 埼玉県	Saitama-ken	2.8	38	0.7	36	1.6	34	94.4	16
12 千葉県	Chiba-ken	4.0	9	1.0	15	2.1	15	92.1	24
13 東京都	Tokyo-to	3.0	34	0.6	39	1.4	43	89.2	36
14 神奈川県	Kanagawa-ken	3.3	26	0.8	26	1.6	35	90.2	31
15 新潟県	Niigata-ken	3.2	30	0.8	24	1.5	37	94.1	19
16 富山県	Toyama-ken	3.5	18	0.8	31	1.8	27	87.1	40
17 石川県	Ishikawa-ken	3.7	15	0.8	32	1.7	31	84.4	46
18 福井県	Fukui-ken	4.1	7	2.6	1	4.5	1	90.2	32
19 山梨県	Yamanashi-ken	4.6	4	1.4	6	2.1	13	106.7	2
20 長野県	Nagano-ken	3.8	13	1.2	10	2.0	18	96.2	10
21 岐阜県	Gifu-ken	2.1	47	0.8	27	1.8	25	86.9	42
22 静岡県	Shizuoka-ken	3.5	19	1.0	18	2.0	17	95.2	14
23 愛知県	Aichi-ken	3.0	33	0.9	22	1.7	29	92.5	22
24 三重県	Mie-ken	2.9	36	1.3	8	2.4	9	87.2	39
25 滋賀県	Shiga-ken	2.7	40	1.1	12	1.8	24	90.7	29
26 京都府	Kyoto-fu	3.2	28	0.4	46	1.3	45	89.3	35
27 大阪府	Osaka-fu	2.4	45	0.7	34	1.8	26	88.9	38
28 兵庫県	Hyogo-ken	3.2	27	0.7	35	1.7	32	92.2	23
29 奈良県	Nara-ken	3.3	25	0.8	33	1.7	33	90.7	30
30 和歌山県	Wakayama-ken	3.5	20	0.3	47	1.4	42	94.4	17
31 鳥取県	Tottori-ken	3.4	22	0.5	42	1.3	44	100.7	7
32 島根県	Shimane-ken	5.3	1	1.8	4	2.7	4	101.9	6
33 岡山県	Okayama-ken	2.4	44	0.6	41	1.5	39	87.0	41
34 広島県	Hiroshima-ken	3.2	29	0.7	37	1.5	38	93.3	20
35 山口県	Yamaguchi-ken	2.2	46	0.5	43	1.5	40	100.0	8
36 徳島県	Tokushima-ken	4.4	5	2.0	3	3.5	2	86.0	45
37 香川県	Kagawa-ken	3.9	11	0.8	29	1.5	41	89.8	33
38 愛媛県	Ehime-ken	3.3	24	0.4	45	0.9	47	86.6	43
39 高知県	Kochi-ken	3.4	23	1.0	17	2.7	3	94.6	15
40 福岡県	Fukuoka-ken	2.8	39	0.8	28	1.8	23	94.1	18
41 佐賀県	Saga-ken	4.2	6	1.0	14	1.8	22	90.9	28
42 長崎県	Nagasaki-ken	2.8	37	1.2	9	2.4	10	89.5	34
43 熊本県	Kumamoto-ken	2.5	41	0.6	38	1.7	30	89.2	37
44 大分県	Oita-ken	4.7	2	0.9	19	1.7	28	95.5	12
45 宮崎県	Miyazaki-ken	2.5	43	0.9	20	2.2	12	95.5	13
46 鹿児島県	Kagoshima-ken	2.9	35	0.6	40	2.1	16	103.8	4
47 沖縄県	Okinawa-ken	3.5	21	1.3	7	2.6	6	108.9	1

1)（出生数＋死産数（妊娠22週以後）千当たり）

No. 307 平均身長 (中学2年・男) Average height, male of the second grade (Lower secondary school) #I0210103 cm 2020		No. 308 平均身長 (中学2年・女) Average height, female of the second grade (Lower secondary school) #I0210104 cm 2020		No. 309 平均体重 (中学2年・男) Average weight, male of the second grade (Lower secondary school) #I0210203 kg 2020		No. 310 平均体重 (中学2年・女) Average weight, female of the second grade (Lower secondary school) #I0210204 kg 2020		No. 311 一般病院数 (人口10万人当たり) Number of general hospitals (per 100,000 persons) #I0910103 施設：number of hospitals 2020		都道府県コード
指標値 Indicator	順位 Rank	指標値 Indicator	順位 Rank	指標値 Indicator	順位 Rank	指標値 Indicator	順位 Rank	指標値 Indicator	順位 Rank	Pref. code
161.4		155.2		50.9		47.9		5.7		00
161.8	10	155.5	9	51.5	11	48.3	12	9.2	8	01
161.9	9	155.8	2	52.2	5	50.0	1	6.2	23	02
161.0	22	154.8	27	51.6	8	48.5	10	6.4	22	03
161.6	12	155.2	18	52.4	3	48.9	5	4.7	37	04
162.1	5	155.7	6	52.9	2	49.0	3	5.2	34	05
162.4	2	155.5	9	53.0	1	49.3	2	5.0	35	06
160.6	29	154.5	41	51.7	7	49.0	3	5.6	28	07
161.0	22	154.7	34	51.4	13	48.0	20	5.3	32	08
160.7	27	154.8	27	51.3	15	48.3	12	4.5	39	09
160.7	27	155.3	17	51.2	17	48.3	12	5.9	24	10
161.2	18	155.7	6	50.7	27	48.7	8	4.0	43	11
161.6	12	155.1	21	51.0	24	48.0	20	4.1	42	12
163.1	1	156.2	1	52.3	4	47.8	30	4.2	41	13
162.3	3	155.4	14	51.6	8	47.9	25	3.1	47	14
161.5	16	155.8	2	50.5	29	47.9	25	4.8	36	15
162.0	8	155.6	8	51.3	15	48.0	20	8.4	12	16
162.2	4	155.2	18	51.4	13	47.5	38	6.9	20	17
161.7	11	155.8	2	50.3	31	48.2	15	7.4	17	18
160.6	29	154.8	27	51.2	17	48.2	15	6.4	21	19
160.8	26	155.1	21	49.9	35	47.6	35	5.4	29	20
161.1	20	155.5	9	51.1	20	47.9	25	4.3	40	21
160.3	33	154.6	38	49.3	43	47.0	43	3.9	44	22
161.1	20	155.1	21	50.0	34	46.9	45	3.8	45	23
160.2	34	154.8	27	49.8	37	46.6	47	4.6	38	24
160.9	25	155.4	14	49.6	38	47.4	40	3.5	46	25
162.1	5	155.8	2	50.9	25	46.9	45	5.9	25	26
161.6	12	155.5	9	51.5	11	47.0	43	5.4	31	27
162.1	5	155.5	9	51.2	17	47.7	33	5.7	26	28
161.6	12	155.4	14	49.9	35	47.4	40	5.4	30	29
160.6	29	155.0	24	51.1	20	47.6	35	8.1	13	30
160.2	34	154.9	26	49.4	40	47.4	40	7.0	19	31
160.0	41	154.7	34	48.9	47	47.7	33	5.7	27	32
159.9	44	154.8	27	49.2	44	48.1	18	7.7	15	33
160.0	41	154.2	45	49.6	38	47.9	25	7.4	18	34
160.1	37	154.6	38	50.4	30	47.9	25	8.5	11	35
161.0	22	154.8	27	51.8	6	48.9	5	12.8	2	36
160.1	37	154.5	41	50.1	33	48.4	11	8.1	14	37
160.6	29	154.7	34	51.1	20	48.2	15	9.1	10	38
160.0	41	154.3	44	49.1	46	47.8	30	16.1	1	39
161.2	18	155.0	24	50.7	27	48.0	20	7.7	16	40
159.7	45	154.4	43	49.4	40	48.1	18	10.6	6	41
159.5	46	154.7	34	49.2	44	48.0	20	9.1	9	42
160.2	34	155.2	18	50.3	31	48.6	9	9.8	7	43
161.3	17	154.8	27	51.6	8	48.9	5	11.4	4	44
160.1	37	154.1	46	50.8	26	47.5	38	11.2	5	45
159.3	47	154.6	38	49.4	40	47.6	35	12.4	3	46
160.1	37	153.5	47	51.1	20	47.8	30	5.2	33	47

健康・医療

I

（指標）

			No. 312 一般診療所数 (人口10万人当たり) Number of general clinics (per 100,000 persons) #I0910105		No. 313 精神科病院数 (人口10万人当たり) Number of psychiatric hospitals (per 100,000 persons) #I0910107		No. 314 歯科診療所数 (人口10万人当たり) Number of dental clinics (per 100,000 persons) #I0910106		No. 315 一般病院数 (可住地面積100k㎡当たり) Number of general hospitals (per 100k㎡ of inhabitable area) #I0950102	
単位	Unit		施設：number of clinics		施設：number of hospitals		施設：number of clinics		施設：number of hospitals	
年度	Fiscal year		2020		2020		2020		2020	
都道府県	Prefecture		指標値 Indicator	順位 Rank	指標値 Indicator	順位 Rank	指標値 Indicator	順位 Rank	指標値 Indicator	順位 Rank
00	全国	All Japan	81.3		0.8		53.8		5.8	
01	北海道	Hokkaido	64.1	43	1.3	16	54.4	8	2.1	44
02	青森県	Aomori-ken	69.6	42	1.4	12	41.3	44	2.4	42
03	岩手県	Iwate-ken	72.4	39	1.2	18	46.8	33	2.1	45
04	宮城県	Miyagi-ken	73.2	38	1.2	20	45.7	38	3.4	37
05	秋田県	Akita-ken	83.9	23	1.7	9	44.4	40	1.5	47
06	山形県	Yamagata-ken	85.2	19	1.3	14	44.6	39	1.8	46
07	福島県	Fukushima-ken	72.3	41	1.3	17	46.2	35	2.4	41
08	茨城県	Ibaraki-ken	60.8	44	0.7	34	48.0	31	3.9	33
09	栃木県	Tochigi-ken	75.4	32	0.9	28	49.8	21	2.9	40
10	群馬県	Gumma-ken	80.4	27	0.7	36	50.5	16	5.1	29
11	埼玉県	Saitama-ken	59.7	47	0.6	37	48.2	28	11.4	6
12	千葉県	Chiba-ken	60.1	46	0.5	40	50.4	17	7.2	15
13	東京都	Tokyo-to	98.9	4	0.4	46	75.8	1	41.3	1
14	神奈川県	Kanagawa-ken	74.8	34	0.5	41	53.7	10	19.6	3
15	新潟県	Niigata-ken	75.1	33	0.9	26	51.4	13	2.3	43
16	富山県	Toyama-ken	73.3	37	1.8	7	42.7	41	4.7	31
17	石川県	Ishikawa-ken	76.7	30	1.1	22	42.5	42	5.6	26
18	福井県	Fukui-ken	74.7	36	1.3	15	39.3	46	5.3	28
19	山梨県	Yamanashi-ken	86.1	18	1.0	24	53.3	11	5.5	27
20	長野県	Nagano-ken	76.4	31	0.7	32	48.9	25	3.4	38
21	岐阜県	Gifu-ken	81.4	26	0.6	38	48.4	27	3.8	36
22	静岡県	Shizuoka-ken	74.7	35	0.9	30	48.2	30	5.0	30
23	愛知県	Aichi-ken	72.4	40	0.5	43	49.2	24	9.5	9
24	三重県	Mie-ken	85.0	21	0.7	35	46.1	36	3.9	34
25	滋賀県	Shiga-ken	77.8	28	0.5	42	39.5	45	3.8	35
26	京都府	Kyoto-fu	95.0	7	0.4	45	50.0	20	12.9	5
27	大阪府	Osaka-fu	96.6	6	0.4	44	61.5	2	35.5	2
28	兵庫県	Hyogo-ken	94.2	8	0.6	39	54.3	9	11.3	7
29	奈良県	Nara-ken	91.7	11	0.3	47	51.3	14	8.3	12
30	和歌山県	Wakayama-ken	110.8	1	0.9	29	57.0	5	6.7	19
31	鳥取県	Tottori-ken	88.5	14	0.7	33	45.7	37	4.3	32
32	島根県	Shimane-ken	105.0	2	1.3	13	38.3	47	3.0	39
33	岡山県	Okayama-ken	86.7	16	0.8	31	52.7	12	6.5	21
34	広島県	Hiroshima-ken	90.5	13	1.1	23	54.5	7	9.0	11
35	山口県	Yamaguchi-ken	92.4	9	2.1	5	48.6	26	6.6	20
36	徳島県	Tokushima-ken	98.4	5	2.1	6	59.2	4	9.1	10
37	香川県	Kagawa-ken	87.1	15	1.2	21	49.4	22	7.7	13
38	愛媛県	Ehime-ken	90.9	12	1.0	25	49.2	23	7.3	14
39	高知県	Kochi-ken	77.1	29	1.6	10	51.2	15	9.6	8
40	福岡県	Fukuoka-ken	91.7	10	1.2	19	59.4	3	14.2	4
41	佐賀県	Saga-ken	85.2	20	1.7	8	50.4	18	6.4	22
42	長崎県	Nagasaki-ken	102.7	3	2.1	4	54.6	6	7.2	16
43	熊本県	Kumamoto-ken	84.7	22	2.2	3	48.2	29	6.2	24
44	大分県	Oita-ken	83.6	25	2.2	2	47.6	32	7.1	17
45	宮崎県	Miyazaki-ken	83.6	24	1.6	11	46.7	34	6.4	23
46	鹿児島県	Kagoshima-ken	86.1	17	2.3	1	50.2	19	6.0	25
47	沖縄県	Okinawa-ken	60.6	45	0.9	27	41.4	43	6.8	18

No. 316 一般診療所数（可住地面積100k㎡当たり）Number of general clinics (per 100km² of inhabitable area) #I0950103 施設：number of clinics 2020 指標値 Indicator	順位 Rank	No. 317 歯科診療所数（可住地面積100k㎡当たり）Number of dental clinics (per 100km² of inhabitable area) #I0950104 施設：number of clinics 2020 指標値 Indicator	順位 Rank	No. 318 一般病院病床数（人口10万人当たり）Number of beds in general hospitals (per 100,000 persons) #I0910203 床：beds 2020 指標値 Indicator	順位 Rank	No. 319 精神病床数（人口10万人当たり）Number of beds for mental illness (per 100,000 persons) #I0910205 床：beds 2020 指標値 Indicator	順位 Rank	No. 320 介護療養型医療施設数（65歳以上人口10万人当たり）Number of nursing and medical treatment homes for the aged a) #I0910206 所：number of facilities 2020 指標値 Indicator	順位 Rank	都道府県コード Pref. code
83.5		55.2		1,000.0		257.2		1.6		00
14.8	47	12.5	47	1,500.7	3	373.9	12	1.9	22	01
26.5	44	15.7	44	1,112.8	24	348.7	14	2.9	15	02
23.4	46	15.1	45	1,070.8	27	339.6	17	2.7	17	03
52.9	31	33.0	28	857.0	40	266.7	29	0.6	41	04
24.9	45	13.2	46	1,168.5	20	404.6	11	0.6	42	05
31.7	42	16.6	43	1,051.7	28	326.9	20	0.8	34	06
31.3	43	20.0	42	1,033.2	31	339.8	16	1.4	25	07
44.8	38	35.4	26	917.2	36	252.6	32	1.3	29	08
48.5	34	32.0	29	896.0	38	249.3	33	0.9	33	09
68.8	25	43.1	19	1,047.7	29	257.5	31	0.3	46	10
168.4	8	136.1	4	713.5	46	187.5	42	0.5	45	11
107.0	11	89.7	9	806.2	44	195.8	40	0.6	37	12
976.2	1	748.0	1	807.7	43	154.3	46	1.1	31	13
468.6	3	336.5	3	676.9	47	147.7	47	0.5	44	14
36.3	41	24.9	38	982.2	34	283.6	26	1.0	32	15
41.2	40	24.0	40	1,232.7	14	299.0	24	3.0	13	16
62.3	26	34.5	27	1,221.1	16	325.9	21	1.2	30	17
53.2	30	27.9	36	1,148.3	21	284.1	25	3.0	12	18
73.1	19	45.3	16	1,080.8	26	280.6	27	0.8	35	19
48.1	35	30.8	30	1,010.2	33	226.1	35	3.2	9	20
72.8	21	43.3	18	834.1	42	195.2	41	2.2	19	21
97.8	12	63.1	12	842.4	41	180.4	43	0.6	39	22
182.4	6	123.9	5	758.7	45	164.3	44	0.7	36	23
72.9	20	39.5	23	903.4	37	260.3	30	1.3	27	24
84.6	14	43.0	20	861.2	39	161.3	45	0.5	43	25
208.0	4	109.5	7	1,130.5	22	229.8	34	1.4	26	26
639.7	2	407.6	2	1,026.5	32	205.5	39	0.6	40	27
185.9	5	107.2	8	981.0	35	211.2	38	0.6	38	28
142.2	9	79.5	10	1,122.0	23	218.0	37	0.2	47	29
91.0	13	46.8	14	1,227.2	15	222.0	36	2.9	14	30
54.2	28	28.0	35	1,372.9	9	320.6	22	1.7	23	31
55.5	27	20.2	41	1,185.9	19	336.6	18	1.3	28	32
73.5	18	44.7	17	1,199.9	17	279.2	28	1.6	24	33
110.2	10	66.4	11	1,090.0	25	309.7	23	3.1	11	34
72.3	23	38.0	25	1,430.5	7	435.5	9	2.0	21	35
69.7	24	41.9	22	1,440.7	5	496.8	7	7.6	1	36
82.4	15	46.7	15	1,188.6	18	345.1	15	3.7	8	37
72.8	22	39.4	24	1,274.2	13	329.7	19	3.2	10	38
45.9	37	30.5	33	2,052.6	1	515.2	4	5.4	4	39
170.5	7	110.4	6	1,328.3	10	407.0	10	2.6	18	40
51.8	33	30.6	31	1,455.7	4	512.8	5	4.1	7	41
80.8	16	42.9	21	1,420.3	8	594.9	1	5.3	5	42
53.6	29	30.5	32	1,440.2	6	502.7	6	5.2	6	43
52.3	32	29.8	34	1,297.8	12	466.1	8	5.4	3	44
47.7	36	26.6	37	1,326.4	11	545.5	3	6.4	2	45
41.6	39	24.2	39	1,578.1	2	589.5	2	2.8	16	46
79.0	17	53.9	13	1,044.5	30	360.4	13	2.2	20	47

a) (per 100,000 persons 65 years old and over)

健康・医療 I （指標）

			No. 321 医療施設に従事する医師数 （人口10万人当たり） Number of physicians working at medical facilities (per 100,000 persons) #I0920101		No. 322 医療施設に従事する 歯科医師数 （人口10万人当たり） Number of dentists working at medical facilities (per 100,000 persons) #I0920201		No. 323 医療施設に従事する看護師 ・准看護師数 （人口10万人当たり） Number of nurses and assistant nurses working at medical facilities (per 100,000 persons) #I0920301		No. 324 一般病院常勤医師数 （100病床当たり） Number of full-time physicians in general hospitals (per 100 beds) #I0930202	
	単位	Unit	人：persons		人：persons		人：persons		人：persons	
	年度	Fiscal year	2020		2020		2020		2020	
	都道府県	Prefecture	指標値 Indicator	順位 Rank	指標値 Indicator	順位 Rank	指標値 Indicator	順位 Rank	指標値 Indicator	順位 Rank
00	全国	All Japan	256.6		82.5		988.6		14.4	
01	北海道	Hokkaido	251.3	27	81.3	12	1,274.1	14	9.7	46
02	青森県	Aomori-ken	212.5	41	56.5	47	1,108.8	22	11.7	36
03	岩手県	Iwate-ken	207.3	42	78.7	15	1,045.7	26	10.0	44
04	宮城県	Miyagi-ken	246.3	29	77.5	16	931.1	38	16.0	7
05	秋田県	Akita-ken	242.6	31	62.6	39	1,105.5	23	12.9	29
06	山形県	Yamagata-ken	229.2	36	62.0	41	1,045.1	27	12.8	30
07	福島県	Fukushima-ken	205.7	44	73.7	25	994.7	30	11.1	40
08	茨城県	Ibaraki-ken	193.8	46	68.2	33	806.3	43	12.1	33
09	栃木県	Tochigi-ken	236.9	32	70.8	30	921.6	39	16.3	4
10	群馬県	Gumma-ken	233.8	34	72.5	26	1,054.1	25	11.6	37
11	埼玉県	Saitama-ken	177.8	47	74.4	22	704.0	47	13.7	24
12	千葉県	Chiba-ken	205.8	43	81.5	11	749.1	45	14.8	17
13	東京都	Tokyo-to	320.9	4	118.4	1	780.7	44	19.9	2
14	神奈川県	Kanagawa-ken	223.0	39	80.1	13	715.0	46	20.1	1
15	新潟県	Niigata-ken	204.3	45	88.5	7	948.7	34	11.8	35
16	富山県	Toyama-ken	261.5	22	60.6	42	1,164.4	20	13.8	21
17	石川県	Ishikawa-ken	291.6	12	62.4	40	1,199.3	17	14.0	20
18	福井県	Fukui-ken	257.9	24	60.1	43	1,124.5	21	13.7	25
19	山梨県	Yamanashi-ken	250.1	28	72.1	28	975.2	32	13.8	22
20	長野県	Nagano-ken	243.8	30	77.3	17	1,040.6	28	14.8	16
21	岐阜県	Gifu-ken	224.5	37	84.8	9	942.7	36	14.5	18
22	静岡県	Shizuoka-ken	219.4	40	64.4	36	855.1	41	15.1	11
23	愛知県	Aichi-ken	224.4	38	79.5	14	845.4	42	16.5	3
24	三重県	Mie-ken	231.6	35	65.6	35	948.6	35	14.0	19
25	滋賀県	Shiga-ken	236.3	33	58.2	45	895.4	40	16.3	5
26	京都府	Kyoto-fu	332.6	2	75.1	21	1,015.4	29	15.6	9
27	大阪府	Osaka-fu	285.7	16	89.8	6	954.9	33	16.2	6
28	兵庫県	Hyogo-ken	266.1	21	74.1	24	988.3	31	14.9	14
29	奈良県	Nara-ken	277.1	18	70.9	29	936.8	37	15.0	12
30	和歌山県	Wakayama-ken	307.8	9	77.3	18	1,171.8	19	13.7	23
31	鳥取県	Tottori-ken	314.8	7	62.9	38	1,341.0	10	13.5	26
32	島根県	Shimane-ken	297.1	10	58.1	46	1,271.9	15	15.2	10
33	岡山県	Okayama-ken	320.1	5	93.4	4	1,200.5	16	14.8	15
34	広島県	Hiroshima-ken	267.1	20	90.9	5	1,198.5	18	12.0	34
35	山口県	Yamaguchi-ken	260.1	23	72.2	27	1,404.1	8	9.2	47
36	徳島県	Tokushima-ken	338.4	1	112.6	2	1,374.7	9	12.7	31
37	香川県	Kagawa-ken	290.0	14	75.9	20	1,278.9	12	14.9	13
38	愛媛県	Ehime-ken	276.7	19	69.1	32	1,277.5	13	12.4	32
39	高知県	Kochi-ken	322.0	3	70.3	31	1,640.7	1	10.7	42
40	福岡県	Fukuoka-ken	309.9	8	104.1	3	1,333.7	11	13.1	27
41	佐賀県	Saga-ken	290.3	13	74.4	23	1,528.5	3	11.2	39
42	長崎県	Nagasaki-ken	319.1	6	87.7	8	1,525.3	4	13.0	28
43	熊本県	Kumamoto-ken	297.0	11	76.6	19	1,524.4	5	10.7	43
44	大分県	Oita-ken	287.1	15	64.2	37	1,449.5	7	11.3	38
45	宮崎県	Miyazaki-ken	255.5	26	66.3	34	1,463.0	6	10.9	41
46	鹿児島県	Kagoshima-ken	283.6	17	82.2	10	1,562.5	2	9.8	45
47	沖縄県	Okinawa-ken	257.2	25	58.9	44	1,096.1	24	15.9	8

No. 325 一般病院看護師・ 准看護師数 （100病床当たり） Number of nurses and assistant nurses in general hospitals (per 100 beds) #I0930302 人：persons 2020		No. 326 一般病院外来患者数 （常勤医師1人1日当たり） Daily number of outpatients in general hospitals (per full-time physician) #I10106 人：persons 2020		No. 327 一般病院在院患者数 （常勤医師1人1日当たり） Daily number of inpatients in general hospitals (per full-time physician) #I10107 人：persons 2020		No. 328 一般病院在院患者数 （看護師・准看護師1人1日当たり） Daily number of inpatients in general hospitals (per nurse and assistant nurse) #I10108 人：persons 2020		No. 329 一般病院病床利用率 （在院患者延べ数／一般病床延べ数） Percentage of daily occupied beds in general hospitals #I10104 % 2020		都道府県コード
指標値 Indicator	順位 Rank	指標値 Indicator	順位 Rank	指標値 Indicator	順位 Rank	指標値 Indicator	順位 Rank	指標値 Indicator	順位 Rank	Pref. code
70.8		6.3		5.3		1.1		75.9		00
64.1	45	8.3	2	7.7	4	1.2	5	74.5	31	01
67.3	37	7.3	12	6.1	13	1.1	22	71.9	43	02
66.1	39	7.9	5	7.0	7	1.1	28	70.2	45	03
72.7	13	5.8	39	4.5	45	1.0	39	72.5	39	04
68.2	35	7.5	10	5.7	21	1.1	20	73.4	37	05
68.5	33	6.8	23	5.7	20	1.1	25	72.9	38	06
65.2	43	8.0	3	6.1	15	1.0	36	67.3	47	07
64.0	46	8.0	4	6.0	19	1.1	13	72.2	41	08
87.0	1	6.2	32	4.8	41	0.9	47	77.5	13	09
71.2	20	7.2	15	6.5	10	1.1	26	75.7	22	10
71.5	17	7.6	9	5.6	24	1.1	23	76.2	19	11
68.9	29	7.0	22	5.0	34	1.1	19	74.3	34	12
70.6	23	5.2	45	3.8	47	1.1	32	74.5	32	13
76.5	6	5.1	46	3.8	46	1.0	40	75.6	24	14
70.6	24	8.3	1	6.3	12	1.1	27	75.0	29	15
71.1	21	6.7	24	5.6	23	1.1	18	76.9	15	16
71.7	16	6.6	27	5.4	27	1.1	30	75.8	20	17
71.5	18	7.6	7	5.5	26	1.1	31	75.4	26	18
65.5	40	6.6	26	5.1	33	1.1	21	70.4	44	19
78.1	2	7.4	11	5.2	29	1.0	42	76.6	17	20
74.5	8	7.3	14	4.7	42	0.9	46	68.5	46	21
71.3	19	5.9	38	5.0	36	1.1	33	75.2	27	22
76.8	5	6.2	33	4.6	44	1.0	41	75.6	25	23
73.7	12	6.4	30	5.4	28	1.0	38	75.0	28	24
77.8	3	5.9	36	4.6	43	1.0	43	75.6	23	25
71.0	22	5.9	37	4.8	40	1.0	35	74.3	35	26
72.1	15	5.4	42	4.9	37	1.1	15	79.4	6	27
72.3	14	6.0	35	5.2	31	1.1	29	76.7	16	28
65.4	41	6.1	34	5.0	35	1.1	9	74.7	30	29
68.7	32	6.6	28	5.5	25	1.1	14	75.7	21	30
74.1	11	5.7	41	5.7	22	1.0	37	76.2	18	31
74.1	10	5.2	43	5.1	32	1.1	34	78.1	10	32
74.2	9	6.6	25	4.8	39	1.0	44	71.9	42	33
68.9	30	7.1	18	6.5	11	1.1	10	78.0	11	34
65.2	42	7.3	13	8.7	1	1.2	2	80.4	4	35
66.5	38	7.2	16	6.1	14	1.2	4	77.5	14	36
75.9	7	7.1	17	4.8	38	1.0	45	72.4	40	37
68.7	31	7.6	8	6.0	18	1.1	16	74.5	33	38
62.3	47	7.1	20	7.8	3	1.3	1	83.1	1	39
70.3	26	5.2	44	6.0	16	1.1	12	79.4	5	40
70.6	25	6.5	29	7.3	6	1.2	6	82.0	2	41
69.3	27	5.7	40	6.0	17	1.1	11	78.4	9	42
69.1	28	6.3	31	7.4	5	1.1	8	79.2	7	43
67.4	36	7.7	6	6.9	8	1.2	7	77.8	12	44
68.4	34	7.0	21	6.8	9	1.1	17	74.1	36	45
65.1	44	7.1	19	8.1	2	1.2	3	78.8	8	46
77.0	4	4.8	47	5.2	30	1.1	24	82.0	3	47

健康・医療

I

（指標）

		No. 330 一般病院平均在院日数（入院患者1人当たり） Average length of stay in general hospitals #I10105		No. 331 保健師数（人口10万人当たり） Number of public health nurses (per 100,000 persons) #I12201		No. 332 救急告示病院・一般診療所数（人口10万人当たり） Number of emergency notification hospitals and general clinics (per 100,000 persons) #I11101		No. 333 救急自動車数（人口10万人当たり） Number of ambulances (per 100,000 persons) #I11102	
単位	Unit	日：days		人：persons		施設：number of facilities		台：ambulances	
年度	Fiscal year	2020		2020		2020		2021	
都道府県	Prefecture	指標値 Indicator	順位 Rank	指標値 Indicator	順位 Rank	指標値 Indicator	順位 Rank	指標値 Indicator	順位 Rank
00 全国	All Japan	23.6		44.1		3.3		5.2	
01 北海道	Hokkaido	27.3	9	58.7	18	5.3	9	8.2	8
02 青森県	Aomori-ken	24.9	16	58.0	19	4.0	20	8.9	6
03 岩手県	Iwate-ken	23.9	26	62.6	14	3.9	21	8.4	7
04 宮城県	Miyagi-ken	19.5	46	49.3	32	3.2	34	5.3	36
05 秋田県	Akita-ken	23.2	30	64.5	9	2.8	38	9.1	4
06 山形県	Yamagata-ken	22.1	39	62.0	15	3.4	28	7.7	11
07 福島県	Fukushima-ken	22.1	38	59.7	17	3.3	31	7.6	13
08 茨城県	Ibaraki-ken	23.6	27	45.2	37	3.0	36	6.1	29
09 栃木県	Tochigi-ken	24.3	21	50.1	30	3.6	25	5.7	34
10 群馬県	Gumma-ken	24.3	20	53.2	28	3.9	22	5.9	30
11 埼玉県	Saitama-ken	23.5	28	30.7	45	2.6	40	3.9	43
12 千葉県	Chiba-ken	22.2	37	33.8	43	2.4	41	4.4	40
13 東京都	Tokyo-to	20.5	43	31.8	44	2.2	43	3.1	47
14 神奈川県	Kanagawa-ken	19.4	47	26.9	47	1.9	46	3.5	46
15 新潟県	Niigata-ken	24.1	22	53.5	27	3.0	37	7.4	15
16 富山県	Toyama-ken	25.5	12	64.9	7	3.6	26	6.2	25
17 石川県	Ishikawa-ken	25.8	11	49.8	31	4.4	17	5.8	32
18 福井県	Fukui-ken	23.9	25	63.2	12	6.7	1	7.4	16
19 山梨県	Yamanashi-ken	24.7	18	80.2	3	4.9	11	8.0	9
20 長野県	Nagano-ken	21.4	42	82.6	1	4.3	18	7.1	18
21 岐阜県	Gifu-ken	19.9	45	53.6	26	3.4	27	7.6	12
22 静岡県	Shizuoka-ken	22.5	35	47.5	35	2.3	42	4.9	37
23 愛知県	Aichi-ken	20.2	44	37.8	41	2.1	45	3.8	44
24 三重県	Mie-ken	23.1	31	45.1	38	3.7	23	6.9	21
25 滋賀県	Shiga-ken	21.9	40	48.7	33	2.2	44	4.7	38
26 京都府	Kyoto-fu	23.9	24	48.0	34	3.3	29	4.6	39
27 大阪府	Osaka-fu	22.7	33	27.7	46	3.2	33	3.7	45
28 兵庫県	Hyogo-ken	22.6	34	34.8	42	3.3	30	4.3	41
29 奈良県	Nara-ken	23.9	23	41.9	39	3.2	35	6.2	26
30 和歌山県	Wakayama-ken	25.1	13	50.6	29	5.9	6	9.3	3
31 鳥取県	Tottori-ken	25.1	14	64.0	10	3.3	32	6.2	27
32 島根県	Shimane-ken	22.9	32	79.9	4	3.7	24	11.7	1
33 岡山県	Okayama-ken	22.3	36	56.6	21	4.8	14	6.4	23
34 広島県	Hiroshima-ken	24.4	19	47.3	36	4.8	13	6.1	28
35 山口県	Yamaguchi-ken	30.2	4	56.0	22	4.8	12	7.0	19
36 徳島県	Tokushima-ken	27.9	7	55.0	24	5.4	8	7.9	10
37 香川県	Kagawa-ken	21.7	41	63.7	11	6.3	2	5.7	33
38 愛媛県	Ehime-ken	25.0	15	54.8	25	4.4	16	7.2	17
39 高知県	Kochi-ken	38.4	1	80.7	2	5.9	5	10.5	2
40 福岡県	Fukuoka-ken	28.6	6	39.0	40	2.7	39	3.9	42
41 佐賀県	Saga-ken	34.2	2	63.0	13	5.7	7	6.3	24
42 長崎県	Nagasaki-ken	26.6	10	57.4	20	4.3	19	7.4	14
43 熊本県	Kumamoto-ken	29.5	5	59.7	16	5.0	10	7.0	20
44 大分県	Oita-ken	23.5	29	69.0	5	4.7	15	6.7	22
45 宮崎県	Miyazaki-ken	27.3	8	65.4	6	6.2	4	5.5	35
46 鹿児島県	Kagoshima-ken	31.1	3	64.7	8	6.3	3	9.0	5
47 沖縄県	Okinawa-ken	24.9	17	55.8	23	1.6	47	5.8	31

No. 334 年間救急出動件数（人口千人当たり）Frequency of dispatches of ambulances (per 1,000 persons) #I11201 件：number of times 2020		No. 335 薬局数（人口10万人当たり）Number of pharmacies (per 100,000 persons) #I14101 所：pharmacies 2020		No. 336 薬局数（可住地面積100k㎡当たり）Number of pharmacies (per 100k㎡ inhabitable area) #I14201 所：pharmacies 2020		No. 337 医薬品販売業数（人口10万人当たり）Number of drug sellers (per 100,000 persons) #I14102 所：number of establishments 2020		No. 338 医薬品販売業数（可住地面積100k㎡当たり）Number of drug sellers (per 100k㎡ inhabitable area) #I14202 所：number of establishments 2020		都道府県コード
指標値 Indicator	順位 Rank	指標値 Indicator	順位 Rank	指標値 Indicator	順位 Rank	指標値 Indicator	順位 Rank	指標値 Indicator	順位 Rank	Pref. code
47.0		48.3		49.6		37.9		38.9		00
46.2	17	44.6	40	10.3	47	41.6	27	9.6	47	01
37.3	45	49.7	24	18.9	44	45.0	17	17.1	44	02
39.7	40	50.9	20	16.4	45	51.5	7	16.6	45	03
43.8	25	51.2	17	37.0	27	43.7	23	31.5	29	04
39.2	42	54.7	12	16.2	46	49.8	10	14.8	46	05
37.6	44	55.1	11	20.5	43	50.0	9	18.6	42	06
41.2	35	48.5	30	21.0	42	39.9	32	17.3	43	07
42.4	32	46.0	36	33.9	30	36.0	38	26.5	35	08
39.5	41	47.8	33	30.7	34	36.6	37	23.6	39	09
43.6	27	48.5	29	41.5	21	41.7	26	35.7	22	10
44.6	21	41.2	44	116.3	5	32.2	43	90.9	4	11
48.6	12	40.1	45	71.3	9	26.9	46	47.9	11	12
51.6	4	49.1	27	484.6	1	35.2	40	347.1	1	13
49.2	10	43.4	42	272.0	3	24.6	47	154.2	3	14
42.6	31	53.1	15	25.7	41	41.1	28	19.9	41	15
38.4	43	47.6	34	26.8	39	68.3	1	38.4	19	16
35.9	46	48.9	28	39.7	23	54.1	5	44.0	16	17
34.2	47	40.0	46	28.5	37	52.0	6	37.0	21	18
43.8	26	57.4	4	48.8	16	44.7	19	38.0	20	19
42.3	33	48.3	32	30.4	35	48.2	13	30.4	30	20
40.6	39	53.2	14	47.6	17	54.4	4	48.7	10	21
42.1	34	51.2	18	67.0	12	35.5	39	46.5	13	22
42.8	30	46.7	35	117.5	4	32.0	44	80.6	6	23
49.3	8	48.4	31	41.5	22	40.6	31	34.8	25	24
40.8	37	45.2	38	49.2	15	41.7	25	45.4	15	25
49.9	7	43.5	41	95.2	8	34.8	41	76.3	7	26
62.4	1	49.1	25	325.4	2	39.5	33	261.8	2	27
48.8	11	49.1	26	96.9	7	31.8	45	62.8	9	28
52.7	3	43.3	43	67.2	11	55.3	3	85.7	5	29
51.5	5	52.6	16	43.2	20	57.1	2	46.9	12	30
44.3	23	49.7	23	30.4	36	47.0	14	28.8	32	31
42.9	29	49.8	22	26.3	40	50.8	8	26.8	34	32
44.1	24	44.9	39	38.1	24	37.6	36	31.9	28	33
43.3	28	57.1	6	69.6	10	37.7	34	45.9	14	34
46.9	16	60.1	2	47.0	18	45.5	15	35.6	23	35
44.4	22	53.6	13	38.0	25	49.6	12	35.1	24	36
45.8	19	57.1	5	54.0	13	44.9	18	42.5	18	37
47.7	14	45.5	37	36.4	28	41.1	30	32.9	27	38
56.4	2	57.6	3	34.3	29	44.2	21	26.4	36	39
46.2	18	56.9	7	105.7	6	37.6	35	69.9	8	40
41.0	36	62.4	1	37.9	26	49.8	11	30.3	31	41
48.1	13	56.2	8	44.2	19	44.1	22	34.7	26	42
46.9	15	50.5	21	32.0	32	43.3	24	27.4	33	43
45.2	20	51.2	19	32.0	31	41.1	29	25.7	37	44
40.7	38	55.9	9	31.9	33	44.7	20	25.5	38	45
50.0	6	55.6	10	26.9	38	45.4	16	21.9	40	46
49.3	9	39.0	47	50.9	14	33.3	42	43.4	17	47

健康・医療 Ⅰ（指標）

J. 福祉・社会保障　　J Welfare and Social Security

都道府県 Prefecture	No. 339 生活保護被保護実人員 (月平均人口千人当たり) Number of persons assisted by livelihood protection per 1,000 persons (Monthly average) #J01107 人：persons 2020 指標値 Indicator	順位 Rank	No. 340 生活保護教育扶助人員 (月平均人口千人当たり) Number of education recipients assisted by livelihood protection per 1,000 persons a) #J0110803 人：persons 2020 指標値 Indicator	順位 Rank	No. 341 生活保護医療扶助人員 (月平均人口千人当たり) Number of medical recipients assisted by livelihood protection per 1,000 persons a) #J0110804 人：persons 2020 指標値 Indicator	順位 Rank	No. 342 生活保護住宅扶助人員 (月平均人口千人当たり) Number of housing recipients assisted by livelihood protection per 1,000 persons a) #J0110805 人：persons 2020 指標値 Indicator	順位 Rank
00 全国 All Japan	16.27		0.80		13.55		13.92	
01 北海道 Hokkaido	29.78	2	1.67	1	25.68	2	26.11	2
02 青森県 Aomori-ken	23.35	6	0.56	25	20.68	4	17.13	8
03 岩手県 Iwate-ken	10.61	28	0.45	30	9.38	28	7.80	31
04 宮城県 Miyagi-ken	12.79	25	0.67	18	10.65	25	10.51	24
05 秋田県 Akita-ken	14.30	19	0.41	34	12.11	18	8.94	26
06 山形県 Yamagata-ken	7.41	42	0.27	41	6.32	42	5.28	42
07 福島県 Fukushima-ken	9.40	34	0.36	37	7.84	33	7.17	34
08 茨城県 Ibaraki-ken	9.82	32	0.37	36	7.98	32	7.40	32
09 栃木県 Tochigi-ken	10.40	30	0.39	35	8.74	30	8.38	29
10 群馬県 Gumma-ken	7.69	41	0.24	42	6.82	38	6.41	39
11 埼玉県 Saitama-ken	13.22	23	0.65	20	10.73	24	11.63	21
12 千葉県 Chiba-ken	13.91	22	0.65	19	11.12	23	11.98	19
13 東京都 Tokyo-to	20.12	9	0.78	13	16.96	8	18.05	7
14 神奈川県 Kanagawa-ken	16.59	14	0.90	10	14.20	14	14.97	11
15 新潟県 Niigata-ken	9.37	35	0.43	32	7.29	35	6.90	35
16 富山県 Toyama-ken	3.70	47	0.08	47	2.94	47	2.56	47
17 石川県 Ishikawa-ken	6.21	43	0.16	46	5.09	43	4.84	44
18 福井県 Fukui-ken	5.43	45	0.19	45	4.31	45	4.08	46
19 山梨県 Yamanashi-ken	8.65	38	0.31	40	6.46	41	6.47	38
20 長野県 Nagano-ken	5.37	46	0.20	43	4.20	46	4.10	45
21 岐阜県 Gifu-ken	5.87	44	0.19	44	4.94	44	4.87	43
22 静岡県 Shizuoka-ken	8.74	37	0.42	33	6.90	37	7.33	33
23 愛知県 Aichi-ken	10.13	31	0.49	28	7.76	34	8.92	27
24 三重県 Mie-ken	8.84	36	0.43	31	7.13	36	6.80	36
25 滋賀県 Shiga-ken	7.73	40	0.57	24	6.69	39	6.30	40
26 京都府 Kyoto-fu	21.62	7	1.44	3	16.66	9	18.62	6
27 大阪府 Osaka-fu	31.00	1	1.64	2	25.79	1	28.36	1
28 兵庫県 Hyogo-ken	18.46	11	1.08	7	15.35	12	16.40	9
29 奈良県 Nara-ken	14.29	20	0.81	12	11.73	19	11.88	20
30 和歌山県 Wakayama-ken	15.96	16	0.50	27	13.42	17	12.86	16
31 鳥取県 Tottori-ken	12.14	26	0.58	22	9.64	26	9.12	25
32 島根県 Shimane-ken	8.27	39	0.46	29	6.47	40	5.98	41
33 岡山県 Okayama-ken	12.80	24	0.74	15	11.39	20	10.56	23
34 広島県 Hiroshima-ken	14.51	18	0.82	11	11.19	22	12.46	18
35 山口県 Yamaguchi-ken	10.43	29	0.32	39	8.92	29	8.09	30
36 徳島県 Tokushima-ken	17.92	12	0.71	16	15.81	11	12.99	15
37 香川県 Kagawa-ken	10.77	27	0.55	26	9.58	27	8.64	28
38 愛媛県 Ehime-ken	15.39	17	0.58	23	13.58	16	12.50	17
39 高知県 Kochi-ken	26.17	3	1.14	6	22.61	3	20.03	5
40 福岡県 Fukuoka-ken	23.70	5	1.39	4	20.55	5	20.04	4
41 佐賀県 Saga-ken	9.51	33	0.33	38	8.57	31	6.57	37
42 長崎県 Nagasaki-ken	20.63	8	1.05	8	17.04	7	15.79	10
43 熊本県 Kumamoto-ken	14.02	21	0.69	17	11.24	21	11.27	22
44 大分県 Oita-ken	17.20	13	0.61	21	14.87	13	13.54	13
45 宮崎県 Miyazaki-ken	16.44	15	0.75	14	14.18	15	13.02	14
46 鹿児島県 Kagoshima-ken	18.72	10	0.95	9	16.37	10	13.82	12
47 沖縄県 Okinawa-ken	26.07	4	1.38	5	19.71	6	21.46	3

a) (Monthly average)

No. 343 生活保護介護扶助人員 （月平均人口千人当たり） Number of nursing care recipients assisted by livelihood protection per 1,000 persons a) #J0110806 人：persons 2020		No. 344 生活保護被保護高齢者数 （月平均65歳以上人口千人当たり） Number of aged persons assisted by livelihood protection per 1,000 persons 65 years old and over a) #J0110902 人：persons 2019		No. 345 身体障害者手帳交付数 （人口千人当たり） Number of certificates issued for physically disabled persons per 1,000 persons #J01200 人：persons 2020		No. 346 保護施設数 （生活保護被保護実人員10万人当たり） （医療保護施設を除く） Number of institutions for livelihood protection (per 100,000 persons assisted) b) #J02101 所：number of establishments 2020		No. 347 老人ホーム数 （65歳以上人口10万人当たり） Number of homes for the aged (per 100,000 persons 65 years old and over) #J022011 所：number of establishments 2020		都道府県コード
指標値 Indicator	順位 Rank	指標値 Indicator	順位 Rank	指標値 Indicator	順位 Rank	指標値 Indicator	順位 Rank	指標値 Indicator	順位 Rank	Pref. code
3.21		29.3		39.5		11.3		77.9		00
5.79	3	46.2	3	56.3	5	6.4	39	98.2	13	01
6.48	2	43.1	6	45.6	21	10.4	34	144.1	3	02
2.43	24	16.8	32	41.5	30	15.6	25	89.5	18	03
2.36	25	20.8	24	34.6	41	6.8	38	65.9	32	04
3.40	16	23.1	22	52.7	9	21.9	18	80.5	21	05
1.81	37	11.6	43	47.5	15	50.5	5	104.9	10	06
1.98	33	15.4	36	42.4	27	52.2	4	63.9	34	07
2.10	29	18.1	29	30.9	44	14.2	29	59.6	39	08
2.01	31	19.1	27	36.6	38	14.9	27	52.1	44	09
1.95	34	14.7	37	35.1	39	20.1	19	130.4	5	10
2.44	23	24.7	18	27.9	47	3.1	47	62.2	36	11
2.53	21	24.6	19	28.4	46	4.6	44	74.5	28	12
3.58	12	46.0	4	34.8	40	11.0	33	53.3	42	13
3.06	18	31.5	10	29.1	45	5.2	43	66.4	31	14
1.70	41	13.5	39	40.2	32	24.2	15	59.6	40	15
0.87	47	6.5	47	44.3	23	26.1	12	61.9	37	16
1.37	43	12.3	41	37.0	37	42.6	8	79.4	23	17
0.99	45	9.8	45	47.2	16	24.0	16	52.9	43	18
1.71	40	15.9	34	43.2	24	57.1	2	49.2	45	19
0.90	46	8.5	46	42.1	28	63.6	1	75.1	27	20
1.46	42	11.5	44	41.6	29	8.6	36	79.8	22	21
1.74	38	14.6	38	33.5	42	25.2	14	57.5	41	22
1.86	36	20.0	26	31.4	43	13.1	31	71.8	29	23
1.89	35	15.7	35	39.4	34	19.2	22	78.9	25	24
1.30	44	12.8	40	38.2	35	45.8	6	43.3	47	25
3.96	9	34.9	8	55.0	6	3.6	45	45.9	46	26
6.99	1	59.5	2	43.1	25	5.5	41	79.0	24	27
3.48	14	31.5	11	43.0	26	9.9	35	60.4	38	28
2.93	19	23.6	20	49.5	12	15.9	24	68.5	30	29
4.64	7	29.7	14	58.7	1	13.6	30	94.3	16	30
2.29	27	18.6	28	47.0	17	29.8	10	80.8	20	31
1.72	39	12.0	42	47.8	14	54.0	3	94.3	15	32
2.45	22	20.1	25	37.2	36	37.2	9	80.8	19	33
2.32	26	23.0	23	40.2	33	7.4	37	63.8	35	34
2.02	30	17.8	30	46.3	20	42.9	7	97.4	14	35
3.64	10	29.9	13	46.6	18	23.3	17	77.6	26	36
1.99	32	16.5	33	44.5	22	19.5	20	91.1	17	37
3.57	13	26.1	17	50.2	11	19.5	21	101.3	11	38
5.00	5	41.1	7	56.3	4	11.1	32	64.1	33	39
4.65	6	43.9	5	41.3	31	5.8	40	105.8	9	40
2.20	28	17.8	31	50.5	10	25.9	13	139.4	4	41
3.60	11	32.1	9	53.5	7	14.8	28	100.2	12	42
2.77	20	23.4	21	49.3	13	28.7	11	121.0	7	43
4.05	8	30.3	12	52.7	8	15.5	26	129.7	6	44
3.29	17	27.5	16	56.6	3	17.1	23	182.0	1	45
3.46	15	29.3	15	58.4	2	3.4	46	120.0	8	46
5.53	4	60.3	1	46.6	19	5.2	42	154.0	2	47

福祉・社会保障

J （指標）

b) (The medical facility for persons requiring public assistance are excluded.)

		No. 348 介護老人福祉施設数 （65歳以上人口 10万人当たり） Number of elderly nursing facilities (per 100,000 persons 65 years old and over) #J02205		No. 349 児童福祉施設等数 （人口10万人当たり） Number of child welfare institutions (per 100,000 persons) #J02501		No. 350 生活保護施設定員数 （生活保護被保護実人員 千人当たり） Capacity of institutions for livelihood protection (per 1,000 persons assisted) #J04101		No. 351 生活保護施設在所者数 （生活保護被保護実人員 千人当たり） Number of inmates in institutions for livelihood protection (per 1,000 persons assisted) #J04102	
単位	Unit	所：number of facilities		所：number of facilities		人：persons		人：persons	
年度	Fiscal year	2020		2020		2020		2020	
都道府県	Prefecture	指標値 Indicator	順位 Rank	指標値 Indicator	順位 Rank	指標値 Indicator	順位 Rank	指標値 Indicator	順位 Rank
00 全国	All Japan	23.5		10.73		9.3		8.9	
01 北海道	Hokkaido	22.7	40	12.96	9	6.3	36	6.1	37
02 青森県	Aomori-ken	23.7	32	11.23	22	13.8	23	13.4	23
03 岩手県	Iwate-ken	30.2	7	15.53	5	13.2	24	12.6	24
04 宮城県	Miyagi-ken	25.5	23	21.89	1	8.5	33	8.7	29
05 秋田県	Akita-ken	34.7	2	14.28	7	16.4	20	15.7	20
06 山形県	Yamagata-ken	29.2	12	11.42	21	36.0	7	35.8	7
07 福島県	Fukushima-ken	27.8	15	9.71	30	31.9	9	29.7	9
08 茨城県	Ibaraki-ken	31.2	5	7.39	42	12.3	26	11.5	27
09 栃木県	Tochigi-ken	25.8	21	9.41	31	9.5	30	7.8	31
10 群馬県	Gumma-ken	31.2	4	5.41	47	16.1	21	16.3	19
11 埼玉県	Saitama-ken	22.6	41	11.65	20	2.8	45	2.4	45
12 千葉県	Chiba-ken	24.2	28	9.17	33	3.8	44	3.7	44
13 東京都	Tokyo-to	18.1	46	12.35	12	8.7	31	7.3	33
14 神奈川県	Kanagawa-ken	18.6	44	8.76	36	5.7	39	5.8	38
15 新潟県	Niigata-ken	29.5	11	7.36	43	24.7	12	24.2	13
16 富山県	Toyama-ken	25.8	19	7.54	40	52.2	3	48.0	3
17 石川県	Ishikawa-ken	23.1	36	11.66	19	46.9	4	45.5	4
18 福井県	Fukui-ken	29.7	10	16.56	4	33.6	8	33.6	8
19 山梨県	Yamanashi-ken	24.0	29	13.21	8	37.0	6	36.7	6
20 長野県	Nagano-ken	25.8	20	12.11	15	55.8	2	57.9	2
21 岐阜県	Gifu-ken	23.7	31	9.10	34	6.0	38	5.4	39
22 静岡県	Shizuoka-ken	23.5	34	9.88	29	18.3	17	17.6	17
23 愛知県	Aichi-ken	15.4	47	10.05	27	10.3	29	6.9	34
24 三重県	Mie-ken	31.0	6	6.61	45	16.6	19	15.4	21
25 滋賀県	Shiga-ken	24.6	26	12.17	14	58.4	1	58.0	1
26 京都府	Kyoto-fu	21.8	42	15.48	6	2.3	46	1.8	46
27 大阪府	Osaka-fu	18.5	45	8.20	38	6.1	37	6.6	36
28 兵庫県	Hyogo-ken	23.0	39	11.69	18	6.8	35	6.6	35
29 奈良県	Nara-ken	27.5	18	7.47	41	12.2	27	11.9	25
30 和歌山県	Wakayama-ken	30.1	8	12.57	10	17.0	18	15.1	22
31 鳥取県	Tottori-ken	24.9	25	18.97	3	22.3	14	24.4	11
32 島根県	Shimane-ken	40.8	1	6.11	46	41.4	5	38.0	5
33 岡山県	Okayama-ken	27.8	14	8.74	37	19.4	16	19.4	16
34 広島県	Hiroshima-ken	23.2	35	11.86	17	5.3	41	5.2	41
35 山口県	Yamaguchi-ken	23.0	37	6.63	44	26.4	10	26.4	10
36 徳島県	Tokushima-ken	27.7	16	12.23	13	12.4	25	11.6	26
37 香川県	Kagawa-ken	30.0	9	10.42	26	25.4	11	24.1	14
38 愛媛県	Ehime-ken	24.9	24	10.49	25	20.2	15	19.9	15
39 高知県	Kochi-ken	24.4	27	12.44	11	5.5	40	5.4	40
40 福岡県	Fukuoka-ken	23.9	30	9.06	35	4.0	42	4.0	42
41 佐賀県	Saga-ken	23.6	33	11.95	16	23.3	13	24.2	12
42 長崎県	Nagasaki-ken	28.1	13	8.08	39	7.8	34	7.9	30
43 熊本県	Kumamoto-ken	25.5	22	11.05	24	15.6	22	16.5	18
44 大分県	Oita-ken	23.0	38	9.97	28	10.9	28	10.4	28
45 宮崎県	Miyazaki-ken	27.6	17	11.22	23	8.6	32	7.7	32
46 鹿児島県	Kagoshima-ken	33.0	3	9.32	32	1.7	47	1.0	47
47 沖縄県	Okinawa-ken	19.1	43	21.12	2	3.9	43	3.9	43

No. 352 老人ホーム定員数 (65歳以上人口千人当たり) Capacity of homes for the aged (per 1,000 persons 65 years old and over) #J042011 人：persons 2020		No. 353 老人ホーム在所者数 (65歳以上人口千人当たり) Number of inmates in homes for the aged (per 1,000 persons 65 years old and over) #J042021 人：persons 2020		No. 354 民生委員（児童委員）数 (人口10万人当たり) Number of welfare (child) commissioners (per 100,000 persons) #J05101 人：persons 2020		No. 355 訪問介護利用者数 (訪問介護1事業所当たり) Number of users of nursing-care (per facility) #J05109 人：persons 2020		No. 356 民生委員（児童委員）相談・支援件数 (民生委員(児童委員)1人当たり) Number of consultations and guidance per welfare (child) commissioner #J05201 件：number of cases 2020		都道府県コード
指標値 Indicator	順位 Rank	指標値 Indicator	順位 Rank	指標値 Indicator	順位 Rank	指標値 Indicator	順位 Rank	指標値 Indicator	順位 Rank	Pref. code
38.0		34.5		182.9		32.94		20.4		00
42.9	11	39.4	10	239.6	22	35.33	11	18.0	34	01
50.1	3	46.8	3	262.8	14	40.64	2	23.7	18	02
33.2	36	31.6	33	302.5	5	30.37	33	26.4	11	03
30.5	40	27.1	41	195.9	36	27.75	45	19.8	28	04
33.5	35	32.1	29	343.9	1	37.49	7	21.5	24	05
43.1	10	40.7	8	267.2	12	32.69	21	25.1	15	06
32.7	38	29.9	38	259.0	17	37.22	9	18.1	33	07
29.7	41	27.3	40	171.2	40	32.96	19	22.2	21	08
24.4	46	22.5	46	200.7	35	30.53	32	15.9	38	09
49.4	4	46.3	4	213.4	33	35.01	12	10.7	47	10
39.0	17	35.1	19	143.4	43	49.55	1	13.3	45	11
37.9	21	34.0	24	141.7	44	33.57	15	15.5	40	12
36.8	24	31.6	32	71.6	47	38.98	5	12.5	46	13
42.7	12	37.9	14	122.6	46	37.39	8	17.2	36	14
33.8	34	32.1	30	216.4	31	40.44	3	23.2	19	15
28.7	43	26.1	43	247.0	19	34.53	13	27.3	8	16
44.1	8	39.0	12	276.8	9	31.28	27	14.0	44	17
29.4	42	27.1	42	241.2	21	31.31	26	22.9	20	18
24.2	47	22.1	47	310.9	4	36.09	10	20.5	25	19
34.4	30	32.1	28	256.2	18	30.24	34	19.2	31	20
34.0	31	30.5	36	227.6	29	33.05	18	17.7	35	21
33.1	37	30.4	37	187.3	37	33.80	14	16.2	37	22
34.0	32	30.8	35	156.0	41	27.96	44	14.7	43	23
34.6	29	32.0	31	230.6	26	32.44	22	18.6	32	24
25.1	45	23.4	45	230.7	25	31.47	25	31.3	4	25
27.6	44	25.8	44	214.3	32	39.84	4	15.9	39	26
41.6	15	36.7	16	146.3	42	28.07	43	19.3	30	27
36.3	27	32.6	27	178.9	38	29.11	38	19.8	27	28
36.8	23	33.0	26	224.2	30	28.86	39	22.0	22	29
38.0	20	34.8	20	286.6	7	29.73	36	15.3	41	30
37.2	22	34.5	21	296.2	6	30.14	35	26.0	12	31
41.9	14	38.6	13	333.9	3	30.78	30	25.2	14	32
36.6	26	34.3	23	227.9	28	28.65	42	23.8	17	33
30.9	39	28.9	39	207.5	34	32.71	20	26.7	10	34
40.3	16	37.1	15	274.5	10	30.75	31	28.1	5	35
33.8	33	31.4	34	278.9	8	31.27	28	15.3	42	36
38.8	18	35.7	18	229.5	27	38.48	6	21.9	23	37
38.7	19	36.0	17	272.5	11	31.76	24	20.3	26	38
36.8	25	34.5	22	339.7	2	33.29	16	19.4	29	39
49.1	5	43.5	7	173.9	39	29.65	37	27.3	7	40
48.0	6	44.7	5	259.7	16	33.19	17	32.1	3	41
36.2	28	33.3	25	265.2	13	31.02	29	42.5	1	42
42.4	13	39.3	11	234.1	23	31.99	23	27.2	9	43
51.9	2	48.2	2	241.7	20	28.85	40	26.0	13	44
57.7	1	53.8	1	232.7	24	22.59	46	28.0	6	45
43.5	9	40.4	9	261.8	15	28.73	41	38.2	2	46
47.0	7	44.2	6	133.8	45	19.54	47	24.3	16	47

福祉・社会保障

J

（指標）

			No. 357		No. 358		No. 359		No. 360	
			児童相談所受付件数（人口千人当たり）Number of acceptions of child guidance centers (per 1,000 persons) #J05210		1人当たりの国民医療費 National medical expenses per person #I15106		後期高齢者医療費（被保険者1人当たり）Amount of medical care expenditure for elderly in the latter of life c) #J05208		国民年金被保険者数（第1号）（20〜59歳人口千人当たり）Number of insured persons of national pension (Class 1) (per 1,000 persons of 20-59 years old) #J0610101	
単位	Unit		件：number of cases		千円：thousand yen		円：yen		人：persons	
年度	Fiscal year		2020		2019		2020		2019	
都道府県	Prefecture		指標値 Indicator	順位 Rank	指標値 Indicator	順位 Rank	指標値 Indicator	順位 Rank	指標値 Indicator	順位 Rank
00	全国	All Japan	4.1		352		917,124		235.4	
01	北海道	Hokkaido	3.7	21	415	8	1,051,831	7	240.7	18
02	青森県	Aomori-ken	3.6	26	361	24	805,460	42	256.5	10
03	岩手県	Iwate-ken	2.6	42	341	33	754,134	46	213.9	39
04	宮城県	Miyagi-ken	8.0	1	329	36	824,473	35	215.3	38
05	秋田県	Akita-ken	2.6	44	386	15	801,609	43	222.4	29
06	山形県	Yamagata-ken	2.7	39	361	24	815,536	39	206.6	43
07	福島県	Fukushima-ken	4.2	13	343	31	811,952	41	219.7	33
08	茨城県	Ibaraki-ken	2.3	45	323	41	821,829	36	245.7	16
09	栃木県	Tochigi-ken	3.3	33	324	40	812,285	40	231.0	23
10	群馬県	Gumma-ken	5.6	5	329	36	836,266	31	237.6	21
11	埼玉県	Saitama-ken	4.8	8	311	46	818,970	37	228.2	24
12	千葉県	Chiba-ken	3.9	18	309	47	795,497	44	227.5	27
13	東京都	Tokyo-to	3.6	27	320	42	899,692	26	238.3	20
14	神奈川県	Kanagawa-ken	4.6	11	314	45	839,398	30	220.5	31
15	新潟県	Niigata-ken	3.9	17	326	39	743,130	47	205.5	44
16	富山県	Toyama-ken	3.1	35	355	28	902,727	25	192.5	47
17	石川県	Ishikawa-ken	2.7	41	361	24	952,771	17	211.7	40
18	福井県	Fukui-ken	3.7	23	356	27	885,760	29	200.3	45
19	山梨県	Yamanashi-ken	3.3	32	349	29	830,722	33	260.1	8
20	長野県	Nagano-ken	2.8	37	341	33	818,902	38	232.6	22
21	岐阜県	Gifu-ken	3.7	25	343	31	834,014	32	228.1	25
22	静岡県	Shizuoka-ken	3.0	36	329	36	793,357	45	220.0	32
23	愛知県	Aichi-ken	3.5	29	317	44	917,849	23	210.1	42
24	三重県	Mie-ken	2.6	43	345	30	826,521	34	219.2	35
25	滋賀県	Shiga-ken	3.2	34	319	43	893,479	27	210.5	41
26	京都府	Kyoto-fu	5.7	4	368	23	998,819	13	261.4	7
27	大阪府	Osaka-fu	6.1	3	386	15	1,043,005	9	270.6	4
28	兵庫県	Hyogo-ken	4.9	7	376	19	986,533	15	247.4	15
29	奈良県	Nara-ken	4.0	15	370	21	913,459	24	267.2	5
30	和歌山県	Wakayama-ken	3.7	24	402	10	938,551	20	295.8	2
31	鳥取県	Tottori-ken	3.6	28	369	22	920,624	22	220.8	30
32	島根県	Shimane-ken	3.7	22	397	13	925,671	21	193.6	46
33	岡山県	Okayama-ken	3.8	19	380	18	947,741	19	219.4	34
34	広島県	Hiroshima-ken	4.0	14	376	19	1,021,844	11	218.4	36
35	山口県	Yamaguchi-ken	2.8	38	419	5	1,002,033	12	216.6	37
36	徳島県	Tokushima-ken	3.4	31	427	4	1,054,259	6	251.3	12
37	香川県	Kagawa-ken	6.2	2	400	11	958,002	16	223.4	28
38	愛媛県	Ehime-ken	3.4	30	399	12	952,734	18	248.8	14
39	高知県	Kochi-ken	2.7	40	464	1	1,152,631	1	278.5	3
40	福岡県	Fukuoka-ken	5.0	6	395	14	1,138,402	2	249.5	13
41	佐賀県	Saga-ken	2.3	46	416	7	1,060,401	5	238.6	19
42	長崎県	Nagasaki-ken	4.5	12	434	2	1,073,446	4	263.0	6
43	熊本県	Kumamoto-ken	3.8	20	410	9	1,047,518	8	258.9	9
44	大分県	Oita-ken	1.2	47	419	5	1,032,531	10	228.0	26
45	宮崎県	Miyazaki-ken	4.0	16	381	17	889,171	28	256.1	11
46	鹿児島県	Kagoshima-ken	4.7	10	433	3	1,088,171	3	243.6	17
47	沖縄県	Okinawa-ken	4.8	9	334	35	994,844	14	318.9	1

c) (per person insured)

No. 361 国民年金被保険者数 （第3号） (20～59歳人口千人当たり) Number of insured persons of national pension (Class 3) (per 1,000 persons of 20-59 years old) #J0610102 人：persons 2019		No. 362 国民健康保険被保険者数 （人口千人当たり） Number of persons insured by national health insurance (per 1,000 persons) #I15101 人：persons 2020		No. 363 国民健康保険受診率 （被保険者千人当たり） Rate of medical examination of persons insured by national health insurance d) #I15102 — 2020		No. 364 国民健康保険診療費 （被保険者1人当たり） Amount of medical consultation fee of persons insured by national health insurance e) #I15103 円：yen 2020		No. 365 全国健康保険協会管掌 健康保険加入者数 （人口千人当たり） Number of subscribers covered Japan health insurance association health insurance f) #I15202 人：persons 2020		都道府県コード
指標値 Indicator	順位 Rank	指標値 Indicator	順位 Rank	指標値 Indicator	順位 Rank	指標値 Indicator	順位 Rank	指標値 Indicator	順位 Rank	Pref. code
132.9		207.6		10,101.53		290,677		319.4		00
144.9	9	208.3	27	9,458.27	42	314,278	19	337.7	28	01
110.8	35	239.0	3	10,114.35	32	276,420	40	355.4	25	02
106.8	38	211.3	21	10,680.58	19	299,160	29	336.0	29	03
128.8	26	197.8	38	10,745.65	18	296,218	32	324.2	33	04
106.8	39	214.2	16	10,851.39	13	316,233	17	333.6	30	05
89.2	47	202.7	33	11,645.70	3	303,947	24	366.3	20	06
115.6	34	217.3	15	10,400.23	26	282,941	35	362.1	23	07
135.5	21	230.4	10	9,332.33	44	249,482	46	252.1	43	08
135.6	20	226.4	11	10,102.53	34	278,775	37	279.6	40	09
133.5	22	226.3	12	9,911.04	38	278,142	38	326.4	32	10
143.4	13	210.2	24	9,437.92	43	260,192	45	194.7	45	11
144.1	10	209.5	25	9,309.41	45	264,284	44	160.6	47	12
108.1	37	200.2	36	9,168.46	46	247,155	47	396.4	3	13
143.8	12	191.0	40	9,811.51	41	266,857	42	180.9	46	14
105.3	41	202.0	35	10,566.97	21	299,262	28	367.1	19	15
105.7	40	181.4	47	10,241.10	29	310,797	20	394.7	5	16
108.5	36	190.2	42	9,923.06	37	330,414	12	390.9	7	17
105.0	42	182.4	46	9,950.73	36	322,291	16	382.4	10	18
122.9	29	231.3	7	9,878.15	39	277,827	39	311.6	37	19
125.2	28	211.6	19	10,104.50	33	282,538	36	320.3	35	20
147.6	7	211.4	20	10,939.68	10	298,229	31	382.1	11	21
136.2	18	212.2	17	10,529.42	23	289,854	34	284.7	39	22
155.8	2	189.4	43	10,608.19	20	267,258	41	332.3	31	23
148.2	6	199.9	37	11,400.90	5	309,881	21	290.5	38	24
150.0	4	190.8	41	10,246.62	28	291,700	33	252.5	42	25
128.0	27	204.2	31	9,852.05	40	298,493	30	343.6	27	26
136.7	16	211.8	18	10,140.54	31	300,375	26	395.6	4	27
154.5	3	202.5	34	10,752.39	17	305,256	22	277.0	41	28
160.3	1	222.4	14	10,436.66	24	304,122	23	244.4	44	29
149.3	5	257.4	2	10,888.37	11	302,772	25	321.9	34	30
99.0	43	205.0	30	10,547.12	22	323,073	15	369.2	17	31
97.1	45	187.5	45	11,760.46	2	370,730	2	362.3	22	32
131.6	23	195.2	39	10,836.22	14	349,487	7	380.3	12	33
144.0	11	187.9	44	10,995.87	9	324,187	14	390.5	8	34
145.4	8	206.7	29	11,925.10	1	368,605	3	314.5	36	35
115.7	33	210.9	23	11,038.82	8	349,115	8	369.4	15	36
130.6	24	203.2	32	11,077.76	7	353,705	6	409.6	1	37
142.7	14	223.3	13	10,799.57	16	325,788	13	393.5	6	38
91.7	46	235.9	6	10,017.20	35	344,764	10	360.1	24	39
136.2	19	207.1	28	10,338.73	27	299,266	27	371.8	14	40
119.2	31	209.0	26	11,442.26	4	362,428	4	362.4	21	41
130.2	25	238.5	4	11,123.76	6	348,866	9	347.3	26	42
118.5	32	230.5	9	10,885.34	12	341,081	11	369.2	16	43
136.3	17	211.2	22	10,422.16	25	358,348	5	367.2	18	44
120.1	30	238.0	5	10,165.50	30	315,997	18	379.6	13	45
142.4	15	231.2	8	10,808.29	15	374,335	1	390.4	9	46
97.7	44	267.7	1	7,471.59	47	264,667	43	404.8	2	47

d) (per 1,000 insured persons)
e) (per insured person)
f) (per 1,000 persons)

福祉・社会保障

J

（指標）

都道府県 / Prefecture	No. 366 全国健康保険協会管掌 健康保険受診率 （被保険者千人当たり） Rate of medical examination with Japan health insurance association health insurance d) #I1520301 2020 指標値 Indicator	順位 Rank	No. 367 全国健康保険協会管掌 健康保険受診率 （被扶養者千人当たり） Rate of medical examination with Japan health insurance association health insurance g) #I1520302 2020 指標値 Indicator	順位 Rank	No. 368 全国健康保険協会管掌 健康保険医療費 （被保険者1人当たり） Amount of benefits paid per person covered by Japan health insurance association health insurance h) #I1520501 円：yen 2020 指標値 Indicator	順位 Rank	No. 369 全国健康保険協会管掌 健康保険医療費 （被扶養者1人当たり） Amount of benefits paid per person covered by Japan health insurance association health insurance i) #I1520502 円：yen 2020 指標値 Indicator	順位 Rank
00 全国 All Japan	6,998.25		7,230.71		167,461		159,872	
01 北海道 Hokkaido	6,663.03	43	6,764.12	43	192,590	1	172,909	8
02 青森県 Aomori-ken	7,182.52	18	7,421.86	20	175,941	10	165,928	17
03 岩手県 Iwate-ken	7,164.45	19	7,349.22	23	169,687	25	170,808	10
04 宮城県 Miyagi-ken	7,257.09	13	7,567.73	15	175,396	12	167,659	15
05 秋田県 Akita-ken	7,630.75	5	7,822.06	5	185,506	3	191,093	2
06 山形県 Yamagata-ken	7,752.04	2	8,210.12	1	170,802	21	177,433	4
07 福島県 Fukushima-ken	7,045.07	28	7,406.28	21	166,872	27	162,257	22
08 茨城県 Ibaraki-ken	6,902.12	35	6,805.97	42	166,110	29	153,361	35
09 栃木県 Tochigi-ken	7,139.54	21	7,453.60	18	164,650	33	160,044	24
10 群馬県 Gumma-ken	6,961.50	32	7,500.32	16	157,757	43	156,630	32
11 埼玉県 Saitama-ken	6,666.26	42	6,881.20	38	160,570	40	150,482	44
12 千葉県 Chiba-ken	6,587.37	46	6,637.30	46	165,808	30	149,667	45
13 東京都 Tokyo-to	6,795.67	40	7,248.39	28	157,015	44	155,930	33
14 神奈川県 Kanagawa-ken	6,918.93	33	7,001.70	37	170,314	22	151,567	40
15 新潟県 Niigata-ken	6,852.43	36	7,080.78	34	153,448	47	156,658	31
16 富山県 Toyama-ken	6,661.44	44	7,195.48	29	156,320	46	151,251	42
17 石川県 Ishikawa-ken	6,636.97	45	6,814.24	40	165,204	31	153,341	36
18 福井県 Fukui-ken	6,744.09	41	7,052.78	35	166,381	28	154,924	34
19 山梨県 Yamanashi-ken	7,102.88	24	7,584.89	13	161,009	38	162,432	21
20 長野県 Nagano-ken	6,806.45	38	6,673.65	45	156,659	45	152,933	38
21 岐阜県 Gifu-ken	7,009.31	30	7,665.66	10	160,841	39	157,077	30
22 静岡県 Shizuoka-ken	7,036.92	29	7,184.05	31	161,249	37	153,263	37
23 愛知県 Aichi-ken	6,908.32	34	7,709.53	7	157,899	42	158,698	27
24 三重県 Mie-ken	7,523.89	9	7,335.72	24	164,484	34	152,541	39
25 滋賀県 Shiga-ken	6,802.41	39	6,807.41	41	160,172	41	148,550	46
26 京都府 Kyoto-fu	6,813.28	37	6,720.14	44	163,900	35	150,925	43
27 大阪府 Osaka-fu	6,965.97	31	7,151.85	32	168,598	26	158,441	28
28 兵庫県 Hyogo-ken	7,262.98	12	7,274.63	25	174,410	14	158,083	29
29 奈良県 Nara-ken	7,154.14	20	6,849.71	39	172,707	17	151,519	41
30 和歌山県 Wakayama-ken	7,637.28	4	7,637.30	11	172,370	20	160,599	23
31 鳥取県 Tottori-ken	7,220.34	15	7,476.70	17	164,724	32	172,878	9
32 島根県 Shimane-ken	7,526.26	8	7,582.86	14	177,368	9	174,099	6
33 岡山県 Okayama-ken	7,192.53	17	7,736.13	6	172,400	19	162,892	20
34 広島県 Hiroshima-ken	7,062.05	27	7,100.18	33	170,034	23	158,703	26
35 山口県 Yamaguchi-ken	7,683.68	3	7,708.91	8	179,083	7	169,264	13
36 徳島県 Tokushima-ken	7,494.16	10	8,091.81	2	173,150	16	184,368	3
37 香川県 Kagawa-ken	7,251.53	14	8,053.19	3	175,620	11	172,998	7
38 愛媛県 Ehime-ken	7,120.18	22	7,702.20	9	169,979	24	165,495	18
39 高知県 Kochi-ken	7,069.56	25	7,184.21	30	174,643	13	170,215	12
40 福岡県 Fukuoka-ken	7,212.72	16	7,268.16	26	173,645	15	165,055	19
41 佐賀県 Saga-ken	7,758.65	1	7,923.23	4	188,952	2	192,055	1
42 長崎県 Nagasaki-ken	7,622.64	6	7,449.97	19	183,558	5	170,804	11
43 熊本県 Kumamoto-ken	7,569.00	7	7,636.38	12	178,990	8	174,107	5
44 大分県 Oita-ken	7,067.41	26	7,021.99	36	183,774	4	168,334	14
45 宮崎県 Miyazaki-ken	7,103.37	23	7,253.35	27	172,533	18	159,707	25
46 鹿児島県 Kagoshima-ken	7,488.99	11	7,395.41	22	182,801	6	166,187	16
47 沖縄県 Okinawa-ken	6,213.14	47	5,867.99	47	161,810	36	148,380	47

d) (per 1,000 insured persons)
g) (per 1,000 dependents)
h) (Insured person)
i) (Dependent)

No. 370 雇用保険受給率（対被保険者数）Percentage of recipients of benefits of employment insurance #F07101 % 2020		No. 371 労働者災害補償保険給付率（対適用労働者数）Percentage of benefits paid by industrial accident compensation insurance #F08101 % 2020		No. 372 労働災害発生の頻度 Frequency rate of occurrence of industrial accidents #F08201 — 2020		No. 373 労働災害の重さの程度 Severity rate of occurrence of industrial accidents #F08202 — 2020		都道府県コード
指標値 Indicator	順位 Rank	指標値 Indicator	順位 Rank	指標値 Indicator	順位 Rank	指標値 Indicator	順位 Rank	Pref. code
1.2		5.9		1.95		0.09		00
1.6	18	11.6	3	3.49	1	0.10	14	01
1.8	5	6.3	33	1.46	40	0.04	36	02
1.4	31	7.0	24	2.26	17	0.09	17	03
1.4	30	7.1	22	2.51	8	0.15	8	04
1.5	21	6.1	36	1.76	31	0.04	36	05
1.4	27	7.3	19	3.11	4	0.09	17	06
1.4	29	6.0	38	2.71	5	0.18	6	07
1.3	38	6.1	37	2.45	12	0.20	5	08
1.4	26	5.5	41	0.94	47	0.02	47	09
1.3	34	6.4	31	1.81	29	0.06	26	10
1.9	2	7.6	14	3.38	2	0.07	21	11
1.9	3	7.7	12	2.38	14	0.07	21	12
0.6	47	2.6	47	1.31	43	0.11	13	13
1.6	17	6.7	27	2.18	22	0.07	21	14
1.2	40	6.8	25	2.16	23	0.03	42	15
1.1	46	5.3	43	1.57	37	0.04	36	16
1.3	37	5.0	44	2.29	16	0.03	42	17
1.1	44	6.1	35	2.19	21	0.12	9	18
1.6	19	6.2	34	1.23	46	0.08	19	19
1.5	25	6.0	39	1.47	39	0.03	42	20
1.4	32	6.6	28	1.67	33	0.04	36	21
1.3	35	7.1	23	1.68	32	0.06	26	22
1.1	45	4.8	45	1.41	42	0.08	19	23
1.6	16	7.6	13	1.51	38	0.03	42	24
1.7	12	7.5	16	1.61	36	0.04	36	25
1.5	23	6.4	32	2.24	18	0.06	26	26
1.1	43	5.5	42	1.85	28	0.06	26	27
1.7	9	7.6	15	1.79	30	0.10	14	28
2.1	1	9.5	8	2.12	25	0.07	21	29
1.6	14	8.7	10	1.25	44	0.05	33	30
1.5	22	5.7	40	2.37	15	0.12	9	31
1.4	28	6.8	26	2.71	5	0.03	42	32
1.2	39	7.1	21	1.94	26	0.05	33	33
1.2	42	7.4	17	1.65	35	0.07	21	34
1.3	36	6.5	30	1.25	44	0.04	36	35
1.6	15	8.2	11	2.14	24	0.33	2	36
1.2	41	7.1	20	2.20	20	0.24	3	37
1.4	33	9.9	5	1.67	33	0.21	4	38
1.7	11	14.2	1	2.48	10	0.61	1	39
1.5	24	6.5	29	2.23	19	0.06	26	40
1.5	20	9.4	9	2.39	13	0.10	14	41
1.8	7	9.9	6	2.50	9	0.06	26	42
1.8	6	7.3	18	1.92	27	0.12	9	43
1.8	4	10.1	4	1.44	41	0.16	7	44
1.7	8	13.2	2	3.21	3	0.12	9	45
1.7	10	9.6	7	2.48	10	0.05	33	46
1.6	13	4.6	46	2.66	7	0.06	26	47

福祉・社会保障

J （指標）

K. 安全　　　K Safety

都道府県	Prefecture	No. 374 消防署数（可住地面積100k㎡当たり） Number of fire stations (per inhabitable area 100k㎡) #K01102		No. 375 消防団・分団数（可住地面積100k㎡当たり） Number of fire fighting units and sub-units (per inhabitable area 100k㎡) #K01104		No. 376 消防ポンプ自動車等現有数（人口10万人当たり） Number of fire engines and cars existing (per 100,000 persons) #K01105		No. 377 消防水利数（人口10万人当たり） Number of water facilities for fire fighting (per 100,000 persons) #K01107	
単位	Unit	署：number of fire stations		団：number of fire companies		台：quantities		所：number of facilities	
年度	Fiscal year	2021		2021		2021		2021	
		指標値 Indicator	順位 Rank	指標値 Indicator	順位 Rank	指標値 Indicator	順位 Rank	指標値 Indicator	順位 Rank
00 全国	All Japan	4.5		19.9		72.4		2,067.4	
01 北海道	Hokkaido	1.9	47	5.6	47	61.2	38	1,359.7	45
02 青森県	Aomori-ken	3.0	38	25.2	19	142.4	13	2,264.0	32
03 岩手県	Iwate-ken	2.4	44	12.3	43	171.1	6	2,554.8	23
04 宮城県	Miyagi-ken	3.2	35	16.4	37	101.6	24	2,075.5	37
05 秋田県	Akita-ken	2.8	42	11.5	44	225.1	2	2,875.1	13
06 山形県	Yamagata-ken	2.3	46	12.5	42	242.5	1	2,999.3	11
07 福島県	Fukushima-ken	2.7	43	14.6	39	197.2	3	2,486.0	25
08 茨城県	Ibaraki-ken	3.8	31	27.9	12	72.3	31	2,522.2	24
09 栃木県	Tochigi-ken	2.8	41	10.5	45	71.2	32	2,818.1	16
10 群馬県	Gumma-ken	4.1	29	20.1	33	63.7	37	2,034.7	38
11 埼玉県	Saitama-ken	8.5	5	26.4	15	27.5	47	1,589.4	42
12 千葉県	Chiba-ken	6.7	8	23.2	24	46.2	40	1,626.3	41
13 東京都	Tokyo-to	21.7	1	57.4	1	29.4	46	1,284.2	46
14 神奈川県	Kanagawa-ken	19.6	3	40.1	6	30.5	45	1,360.2	44
15 新潟県	Niigata-ken	3.0	39	12.9	41	164.3	8	2,729.1	19
16 富山県	Toyama-ken	2.9	40	18.0	36	89.3	27	2,395.1	27
17 石川県	Ishikawa-ken	4.8	20	19.6	34	63.7	35	2,775.2	17
18 福井県	Fukui-ken	5.1	18	23.7	22	96.3	25	3,316.1	6
19 山梨県	Yamanashi-ken	6.3	10	26.0	16	183.9	5	3,821.2	2
20 長野県	Nagano-ken	3.3	34	21.1	30	158.9	10	3,580.4	4
21 岐阜県	Gifu-ken	5.8	13	22.3	28	109.6	22	3,119.5	8
22 静岡県	Shizuoka-ken	5.5	17	21.9	29	63.7	36	2,328.6	30
23 愛知県	Aichi-ken	8.4	6	31.5	9	42.4	42	1,573.1	43
24 三重県	Mie-ken	5.0	19	22.6	27	90.5	26	3,010.3	10
25 滋賀県	Shiga-ken	4.5	23	18.8	35	69.6	33	3,331.3	5
26 京都府	Kyoto-fu	9.6	4	40.7	5	69.3	34	2,382.9	28
27 大阪府	Osaka-fu	20.7	2	33.7	8	32.1	44	1,771.5	40
28 兵庫県	Hyogo-ken	7.0	7	46.2	2	60.6	39	2,570.3	22
29 奈良県	Nara-ken	6.4	9	39.7	7	84.9	29	2,897.9	12
30 和歌山県	Wakayama-ken	5.8	14	30.0	10	167.2	7	3,606.2	3
31 鳥取県	Tottori-ken	3.2	36	27.5	13	104.6	23	3,879.2	1
32 島根県	Shimane-ken	4.7	21	26.8	14	192.6	4	3,177.4	7
33 岡山県	Okayama-ken	4.3	27	21.0	31	113.5	20	2,668.6	20
34 広島県	Hiroshima-ken	5.6	16	24.6	20	79.6	30	2,872.8	14
35 山口県	Yamaguchi-ken	4.2	28	23.0	26	110.9	21	2,329.1	29
36 徳島県	Tokushima-ken	4.5	24	44.1	3	130.6	16	2,841.7	15
37 香川県	Kagawa-ken	4.5	26	25.3	18	88.9	28	2,475.7	26
38 愛媛県	Ehime-ken	4.5	25	23.1	25	131.2	15	2,760.9	18
39 高知県	Kochi-ken	4.7	22	25.9	17	158.0	11	3,018.6	9
40 福岡県	Fukuoka-ken	6.0	11	28.6	11	44.7	41	1,891.3	39
41 佐賀県	Saga-ken	3.1	37	16.4	38	148.1	12	2,239.3	34
42 長崎県	Nagasaki-ken	5.6	15	43.4	4	117.1	19	2,179.6	36
43 熊本県	Kumamoto-ken	3.5	33	23.6	23	160.6	9	2,249.3	33
44 大分県	Oita-ken	3.8	30	24.2	21	128.4	17	2,610.3	21
45 宮崎県	Miyazaki-ken	2.3	45	9.0	46	140.9	14	2,205.7	35
46 鹿児島県	Kagoshima-ken	3.5	32	20.7	32	121.0	18	2,264.5	31
47 沖縄県	Okinawa-ken	5.9	12	14.2	40	35.1	43	1,076.6	47

No. 378 消防吏員数（人口10万人当たり）Number of firemen in stations (per 100,000 persons) #K01302 人:person 2021		No. 379 消防機関出動回数（人口10万人当たり）Number of fire services dispatches (per 100,000 persons) #K01401 回:time 2020		No. 380 火災のための消防機関出動回数（人口10万人当たり）Number of fire services dispatches (Fire) (per 100,000 persons) #K01402 回:time 2020		No. 381 火災出火件数（人口10万人当たり）Number of occurrences of fires (per 100,000 persons) #K02101 件:number of occurrences 2020		No. 382 建物火災出火件数（人口10万人当たり）Number of occurrences of building fires (per 100,000 persons) #K02103 件:number of occurrences 2020		都道府県コード Pref. code
指標値 Indicator	順位 Rank	指標値 Indicator	順位 Rank	指標値 Indicator	順位 Rank	指標値 Indicator	順位 Rank	指標値 Indicator	順位 Rank	
131.8		2,568.4		53.7		27.5		15.4		00
177.7	4	2,849.7	18	59.6	22	33.8	16	19.3	4	01
217.7	2	4,142.1	3	89.0	6	38.9	6	21.2	1	02
167.8	6	4,368.7	1	78.3	10	31.1	24	16.7	19	03
137.9	25	3,175.4	16	47.5	34	27.9	29	16.0	24	04
218.5	1	3,343.6	12	58.7	23	31.9	20	18.0	9	05
146.4	17	2,696.7	23	51.9	29	28.8	28	14.5	28	06
139.7	23	3,396.2	11	52.3	28	26.9	32	13.4	37	07
157.1	9	2,353.8	29	102.3	2	36.7	11	19.6	3	08
129.7	33	1,983.3	36	54.4	25	31.0	25	17.0	17	09
135.8	27	3,247.6	13	94.7	4	33.0	18	17.5	12	10
117.2	40	1,936.9	37	43.4	36	21.6	42	12.6	42	11
130.3	32	1,828.9	42	49.3	32	26.3	35	13.7	36	12
135.0	28	2,753.4	21	42.8	37	26.5	34	19.1	6	13
109.3	46	1,513.6	44	42.3	38	19.5	44	11.8	47	14
152.5	12	3,684.6	7	40.1	41	23.3	40	16.4	20	15
128.6	36	3,182.7	15	31.1	46	16.6	47	12.4	44	16
140.5	21	3,976.0	4	36.0	44	19.0	45	12.0	46	17
163.8	8	2,846.8	19	34.2	45	22.4	41	13.3	38	18
154.2	10	3,753.2	6	95.6	3	37.5	9	17.9	10	19
123.1	38	2,378.0	27	81.9	8	37.8	8	17.0	15	20
141.8	19	1,986.8	35	52.6	27	30.9	26	16.1	23	21
128.8	35	2,745.1	22	47.7	33	24.2	38	12.5	43	22
111.1	45	2,288.9	31	41.9	39	24.8	37	12.9	39	23
147.7	16	1,997.6	34	67.9	16	34.7	15	16.3	21	24
118.4	39	2,093.1	33	45.6	35	26.7	33	14.3	30	25
129.5	34	3,205.9	14	40.0	42	18.9	46	12.3	45	26
115.8	41	3,542.1	9	30.5	47	21.5	43	15.2	26	27
113.4	43	2,761.6	20	53.0	26	27.4	31	14.0	33	28
137.4	26	2,530.5	24	51.6	30	31.6	22	12.8	40	29
167.0	7	2,416.6	26	63.5	19	31.9	21	14.8	27	30
143.2	18	2,466.5	25	80.0	9	32.0	19	13.7	35	31
180.2	3	4,291.1	2	77.3	11	40.1	4	17.7	11	32
134.2	29	1,904.3	38	92.7	5	36.5	12	17.2	14	33
131.7	31	3,037.8	17	120.0	1	26.3	36	14.1	32	34
150.5	13	3,539.9	10	61.8	20	38.2	7	16.8	18	35
152.7	11	1,227.8	47	71.7	15	39.7	5	19.0	7	36
126.8	37	1,875.8	41	72.3	14	33.6	17	14.4	29	37
139.8	22	2,353.5	30	50.0	31	27.9	30	16.1	22	38
174.7	5	2,265.6	32	61.7	21	37.2	10	17.2	13	39
97.8	47	1,891.4	39	41.5	40	24.0	39	13.7	34	40
138.5	24	1,878.0	40	65.1	18	35.9	13	17.0	16	41
133.7	30	3,648.4	8	56.5	24	30.0	27	14.2	31	42
140.6	20	1,745.4	43	74.6	13	34.7	14	15.9	25	43
148.5	15	2,363.2	28	65.8	17	40.3	3	19.2	5	44
115.1	42	1,431.9	45	75.5	12	41.3	2	20.6	2	45
149.6	14	3,843.2	5	87.6	7	42.0	1	18.6	8	46
112.1	44	1,413.1	46	37.8	43	31.3	23	12.7	41	47

安全 K （指標）

都道府県 Prefecture			No. 383 火災死傷者数 (人口10万人当たり) Number of persons killed or injured by fires (per 100,000 persons) #K02203		No. 384 火災死傷者数 (建物火災100件当たり) Number of persons killed or injured by fires (per 100 building fire cases) #K02303		No. 385 建物火災損害額 (人口1人当たり) Estimated value of loss by building fires (per capita) #K02205		No. 386 建物火災損害額 (建物火災1件当たり) Estimated value of loss by building fires (per fire case) #K02306	
単位		Unit	人：person		人：person		円：yen		万円：10 thousand yen	
年度		Fiscal year	2020		2020		2020		2020	
			指標値 Indicator	順位 Rank	指標値 Indicator	順位 Rank	指標値 Indicator	順位 Rank	指標値 Indicator	順位 Rank
00	全国	All Japan	5. 29		34. 5		772		502. 9	
01	北海道	Hokkaido	6. 12	13	31. 7	36	500	33	259. 3	41
02	青森県	Aomori-ken	9. 37	1	44. 1	5	910	5	428. 2	20
03	岩手県	Iwate-ken	7. 35	4	44. 1	6	847	6	507. 3	10
04	宮城県	Miyagi-ken	5. 52	23	34. 4	28	2,979	2	1,858. 7	2
05	秋田県	Akita-ken	8. 55	2	47. 4	3	778	11	431. 3	18
06	山形県	Yamagata-ken	5. 34	30	36. 8	20	469	36	323. 2	33
07	福島県	Fukushima-ken	6. 33	10	47. 3	4	625	24	468. 0	13
08	茨城県	Ibaraki-ken	5. 51	24	28. 1	44	757	14	386. 0	26
09	栃木県	Tochigi-ken	6. 21	12	36. 6	21	1,169	4	689. 2	4
10	群馬県	Gumma-ken	6. 60	8	37. 8	18	767	12	438. 8	17
11	埼玉県	Saitama-ken	4. 57	40	36. 2	22	465	37	368. 8	30
12	千葉県	Chiba-ken	4. 82	38	35. 2	24	780	9	569. 6	6
13	東京都	Tokyo-to	5. 65	21	29. 7	42	391	41	204. 9	45
14	神奈川県	Kanagawa-ken	4. 16	44	35. 1	26	181	47	152. 8	47
15	新潟県	Niigata-ken	6. 09	15	37. 2	19	654	22	399. 7	25
16	富山県	Toyama-ken	3. 87	45	31. 3	38	503	32	406. 5	22
17	石川県	Ishikawa-ken	5. 83	18	48. 5	1	430	40	357. 7	31
18	福井県	Fukui-ken	5. 48	26	41. 2	8	720	17	541. 6	7
19	山梨県	Yamanashi-ken	5. 43	27	30. 3	40	523	29	292. 0	37
20	長野県	Nagano-ken	8. 25	3	48. 4	2	750	15	440. 1	15
21	岐阜県	Gifu-ken	5. 51	25	34. 3	30	1,259	3	783. 2	3
22	静岡県	Shizuoka-ken	4. 29	42	34. 4	29	778	10	622. 4	5
23	愛知県	Aichi-ken	4. 26	43	32. 9	33	674	19	520. 6	9
24	三重県	Mie-ken	5. 14	32	31. 6	37	786	7	483. 4	11
25	滋賀県	Shiga-ken	5. 02	36	35. 1	25	670	20	468. 8	12
26	京都府	Kyoto-fu	5. 04	34	41. 1	9	368	43	300. 1	36
27	大阪府	Osaka-fu	5. 15	31	33. 9	32	307	45	202. 1	46
28	兵庫県	Hyogo-ken	5. 36	29	38. 3	16	454	38	324. 1	32
29	奈良県	Nara-ken	4. 91	37	38. 2	17	478	34	372. 7	29
30	和歌山県	Wakayama-ken	4. 44	41	29. 9	41	786	8	529. 5	8
31	鳥取県	Tottori-ken	5. 42	28	39. 5	13	604	25	439. 9	16
32	島根県	Shimane-ken	4. 77	39	26. 9	46	477	35	268. 8	40
33	岡山県	Okayama-ken	6. 94	6	40. 4	11	640	23	373. 2	28
34	広島県	Hiroshima-ken	5. 86	17	41. 6	7	443	39	314. 9	34
35	山口県	Yamaguchi-ken	6. 56	9	39. 1	14	519	31	309. 7	35
36	徳島県	Tokushima-ken	6. 11	14	32. 1	34	763	13	400. 6	23
37	香川県	Kagawa-ken	5. 79	19	40. 1	12	587	26	407. 0	21
38	愛媛県	Ehime-ken	6. 22	11	38. 6	15	746	16	463. 1	14
39	高知県	Kochi-ken	5. 93	16	34. 5	27	370	42	214. 8	43
40	福岡県	Fukuoka-ken	3. 70	46	26. 9	45	328	44	238. 9	42
41	佐賀県	Saga-ken	6. 90	7	40. 6	10	655	21	385. 2	27
42	長崎県	Nagasaki-ken	5. 03	35	35. 3	23	570	27	400. 2	24
43	熊本県	Kumamoto-ken	5. 06	33	31. 9	35	682	18	429. 8	19
44	大分県	Oita-ken	5. 61	22	29. 2	43	521	30	271. 1	39
45	宮崎県	Miyazaki-ken	7. 01	5	34. 1	31	23,044	1	11,203. 2	1
46	鹿児島県	Kagoshima-ken	5. 73	20	30. 7	39	527	28	282. 8	38
47	沖縄県	Okinawa-ken	1. 57	47	12. 3	47	264	46	207. 5	44

No. 387 立体横断施設数 (道路実延長千km当たり) Number of elevated crossings (per 1,000km of real length of roads) #K03102 所：number of facilities 2020		No. 388 交通事故発生件数 (道路実延長千km当たり) Number of traffic accidents (per 1,000km real length of roads) #K04102 件：number of cases 2020		No. 389 交通事故発生件数 (人口10万人当たり) Number of traffic accidents (per 100,000 persons) #K04101 件：number of cases 2021		No. 390 交通事故死傷者数 (人口10万人当たり) Number of persons killed or injured by traffic accidents (per 100,000 persons) #K04105 人：person 2021		No. 391 交通事故死者数 (人口10万人当たり) Number of persons killed by traffic accidents (per 100,000 persons) #K04106 人：person 2021		都道府県コード Pref. code
指標値 Indicator	順位 Rank	指標値 Indicator	順位 Rank	指標値 Indicator	順位 Rank	指標値 Indicator	順位 Rank	指標値 Indicator	順位 Rank	
11.32		253.8		243.2		290.6		2.1		00
3.46	42	87.9	40	160.2	36	187.5	38	2.3	29	01
4.14	40	121.4	32	201.3	25	241.4	25	2.4	28	02
3.39	43	50.2	46	130.9	43	155.9	43	2.9	16	03
7.35	29	177.3	20	187.2	29	228.1	27	1.8	40	04
3.93	41	58.1	45	137.7	42	163.2	42	3.0	15	05
9.29	26	199.6	18	301.8	9	358.7	9	2.3	31	06
6.05	34	83.7	41	165.4	35	192.9	35	2.7	22	07
5.78	36	109.0	36	207.9	22	256.8	21	2.8	21	08
11.82	18	155.2	24	205.0	23	245.8	24	2.9	17	09
6.95	31	266.0	13	519.3	2	641.3	2	2.6	24	10
18.23	8	362.8	9	227.6	16	272.4	17	1.6	42	11
12.22	15	314.6	12	215.7	20	258.6	19	1.9	39	12
39.09	2	1,053.0	2	197.0	26	221.0	31	0.9	47	13
37.00	3	802.7	3	234.5	15	272.9	16	1.5	45	14
6.25	33	82.5	42	130.8	44	149.3	44	2.2	34	15
14.23	12	143.2	27	192.3	27	224.2	30	2.8	19	16
12.05	16	154.5	25	173.0	32	200.1	33	2.3	30	17
8.40	28	80.1	43	120.0	45	138.8	45	3.4	8	18
14.10	13	192.7	19	260.0	12	321.4	12	4.0	2	19
11.24	19	100.5	37	234.7	14	282.4	13	2.2	33	20
19.21	6	99.6	38	148.4	41	189.1	37	3.1	11	21
16.29	9	561.9	5	537.2	1	679.0	1	2.5	27	22
14.32	11	494.2	6	321.7	7	382.4	7	1.6	44	23
11.99	17	117.4	34	155.0	38	193.6	34	3.5	6	24
10.61	22	232.5	16	202.0	24	252.8	23	2.6	23	25
9.32	25	264.6	14	150.7	40	174.1	40	2.0	37	26
43.00	1	1,299.8	1	288.3	11	337.3	11	1.6	43	27
22.67	4	475.6	7	311.7	8	371.1	8	2.1	35	28
19.84	5	218.8	17	223.3	18	273.4	15	3.0	14	29
6.76	32	115.3	35	155.3	37	184.0	39	3.4	9	30
10.48	23	70.7	44	112.6	47	129.9	47	3.5	7	31
5.34	38	40.6	47	116.4	46	132.0	46	1.5	46	32
10.62	21	133.5	29	249.6	13	282.3	14	3.0	12	33
12.44	14	165.6	22	167.4	34	200.2	32	2.5	26	34
18.67	7	160.1	23	185.1	30	224.5	29	2.6	25	35
7.29	30	142.3	28	297.9	10	352.5	10	4.5	1	36
15.61	10	363.2	8	348.9	6	424.0	6	3.9	3	37
11.12	20	131.7	31	171.1	33	190.4	36	3.8	4	38
3.38	44	88.9	39	152.9	39	170.6	41	3.7	5	39
9.65	24	569.7	4	391.6	5	501.3	4	2.0	38	40
8.94	27	342.9	11	435.0	3	566.0	3	2.9	18	41
6.05	35	165.7	21	216.2	19	272.3	18	2.1	36	42
2.30	46	120.9	33	184.5	31	230.0	26	2.3	32	43
5.38	37	132.4	30	211.8	21	257.5	20	3.2	10	44
2.65	45	256.2	15	420.5	4	479.6	5	2.8	20	45
2.20	47	149.1	26	224.1	17	254.9	22	3.0	13	46
5.03	39	344.5	10	189.6	28	227.9	28	1.8	41	47

安全 K （指標）

			No. 392 道路交通法違反検挙件数 (人口千人当たり) Arrests for road traffic act (per 1,000 persons) #K04301		No. 393 警察官数 (人口千人当たり) Number of police men (per 1,000 persons) #K05103		No. 394 刑法犯認知件数 (人口千人当たり) Number of recognitions of criminal offenses (per 1,000 persons) #K06101		No. 395 窃盗犯認知件数 (人口千人当たり) Number of recognitions of larceny offenses (per 1,000 persons) #K06104	
単位		Unit	件：number of cases		人：person		件：number of cases		件：number of cases	
年度		Fiscal year	2020		2021		2020		2020	
都道府県		Prefecture	指標値 Indicator	順位 Rank	指標値 Indicator	順位 Rank	指標値 Indicator	順位 Rank	指標値 Indicator	順位 Rank
00	全国	All Japan	45.6		2.08		4.87		3.31	
01	北海道	Hokkaido	41.3	24	2.07	17	3.53	32	2.19	38
02	青森県	Aomori-ken	22.2	44	1.90	28	2.75	43	1.81	43
03	岩手県	Iwate-ken	27.8	41	1.79	36	2.11	47	1.43	46
04	宮城県	Miyagi-ken	35.0	32	1.65	45	4.43	16	2.85	19
05	秋田県	Akita-ken	24.4	43	2.11	15	2.48	45	1.75	44
06	山形県	Yamagata-ken	37.3	30	1.91	25	2.89	41	1.83	42
07	福島県	Fukushima-ken	41.4	23	1.91	26	4.18	23	2.88	18
08	茨城県	Ibaraki-ken	33.8	34	1.70	44	5.69	5	4.25	2
09	栃木県	Tochigi-ken	24.6	42	1.80	35	4.69	14	3.53	7
10	群馬県	Gumma-ken	33.6	35	1.81	34	5.14	10	3.45	12
11	埼玉県	Saitama-ken	50.2	17	1.59	47	6.06	3	4.19	3
12	千葉県	Chiba-ken	42.1	22	1.78	39	5.52	6	3.96	4
13	東京都	Tokyo-to	53.5	11	3.17	1	5.89	4	3.93	5
14	神奈川県	Kanagawa-ken	51.9	14	1.70	43	3.82	29	2.77	22
15	新潟県	Niigata-ken	31.2	36	1.94	21	3.89	27	2.54	29
16	富山県	Toyama-ken	61.3	4	1.93	22	4.39	17	2.81	21
17	石川県	Ishikawa-ken	57.1	8	1.78	38	3.17	38	2.32	35
18	福井県	Fukui-ken	54.9	9	2.32	8	3.60	31	2.33	34
19	山梨県	Yamanashi-ken	54.1	10	2.07	16	3.86	28	2.76	23
20	長野県	Nagano-ken	34.1	33	1.74	41	3.39	34	2.44	31
21	岐阜県	Gifu-ken	39.5	29	1.81	32	5.28	9	3.45	10
22	静岡県	Shizuoka-ken	50.0	18	1.74	42	4.23	20	2.73	24
23	愛知県	Aichi-ken	58.5	7	1.81	33	5.29	8	3.46	9
24	三重県	Mie-ken	21.1	47	1.75	40	4.84	11	3.45	11
25	滋賀県	Shiga-ken	21.2	45	1.65	46	4.27	19	2.95	16
26	京都府	Kyoto-fu	40.7	25	2.59	2	4.60	15	3.20	14
27	大阪府	Osaka-fu	40.3	26	2.43	3	7.73	1	5.59	1
28	兵庫県	Hyogo-ken	61.8	2	2.16	13	6.27	2	3.86	6
29	奈良県	Nara-ken	51.2	15	1.90	27	4.36	18	2.89	17
30	和歌山県	Wakayama-ken	48.3	19	2.39	4	4.23	21	2.71	25
31	鳥取県	Tottori-ken	59.7	6	2.24	10	3.28	36	2.25	36
32	島根県	Shimane-ken	47.9	20	2.28	9	2.88	42	1.94	41
33	岡山県	Okayama-ken	39.6	28	1.91	24	4.15	24	2.82	20
34	広島県	Hiroshima-ken	50.2	16	1.87	30	4.19	22	2.67	27
35	山口県	Yamaguchi-ken	61.4	3	2.39	5	3.08	39	2.06	39
36	徳島県	Tokushima-ken	28.6	39	2.19	11	3.35	35	2.42	32
37	香川県	Kagawa-ken	67.3	1	1.99	18	4.78	13	3.08	15
38	愛媛県	Ehime-ken	21.2	46	1.89	29	4.82	12	3.30	13
39	高知県	Kochi-ken	53.0	13	2.38	7	3.93	26	2.69	26
40	福岡県	Fukuoka-ken	60.2	5	2.19	12	5.38	7	3.47	8
41	佐賀県	Saga-ken	53.3	12	2.15	14	3.78	30	2.66	28
42	長崎県	Nagasaki-ken	39.8	27	2.39	6	2.13	46	1.32	47
43	熊本県	Kumamoto-ken	30.1	37	1.79	37	2.92	40	1.94	40
44	大分県	Oita-ken	27.9	40	1.86	31	2.75	44	1.69	45
45	宮崎県	Miyazaki-ken	45.2	21	1.92	23	3.45	33	2.42	33
46	鹿児島県	Kagoshima-ken	29.4	38	1.94	20	3.22	37	2.21	37
47	沖縄県	Okinawa-ken	37.1	31	1.98	19	4.09	25	2.53	30

No. 396 刑法犯検挙率（認知件数1件当たり） Percentage of arrests to recognitions of criminal offenses #K06201 % 2020 指標値 Indicator	順位 Rank	No. 397 窃盗犯検挙率（認知件数1件当たり） Percentage of arrests to recognitions of larceny offenses #K06204 % 2020 指標値 Indicator	順位 Rank	No. 398 災害被害額（人口1人当たり） Amount of damage by disasters (per capita) #K07105 円：yen 2020 指標値 Indicator	順位 Rank	No. 399 不慮の事故による死亡者数（人口10万人当たり） Number of fatalities due to freak accidents (per 100,000 persons) #K08101 人：person 2020 指標値 Indicator	順位 Rank	No. 400 公害苦情件数（人口10万人当たり） Cases of grievances against pollution (per 100,000 persons) #K09201 件：number of cases 2020 指標値 Indicator	順位 Rank	都道府県コード Pref. code
45.5		40.9		5,613		30.2		44.5		00
54.3	23	50.8	24	844	28	31.9	32	20.2	43	01
65.0	10	61.5	12	461	31	43.1	5	17.6	46	02
59.6	14	59.3	14	2,213	20	40.2	14	33.9	37	03
49.9	31	50.0	27	439	32	28.6	38	18.9	45	04
68.8	8	69.5	6	3,355	18	45.8	2	36.3	34	05
83.9	1	85.1	1	24,945	3	40.4	13	34.9	35	06
53.4	24	55.1	18	1,072	26	41.5	8	19.5	44	07
37.9	45	35.0	42	307	34	31.6	33	69.5	1	08
52.8	27	53.1	22	228	38	28.0	39	44.7	19	09
54.8	21	49.5	30	773	29	33.3	28	48.7	16	10
39.9	43	34.6	43	57	43	20.8	45	39.7	26	11
36.5	46	33.0	46	21	44	22.7	43	64.0	5	12
40.5	42	33.3	45	…	-	22.2	44	48.8	15	13
49.6	32	45.4	35	20	45	28.7	37	40.2	25	14
58.1	17	57.7	17	1,112	25	38.6	20	39.6	27	15
60.4	13	58.1	16	707	30	45.6	3	17.6	47	16
69.3	7	68.7	7	1,970	21	32.6	30	29.6	41	17
70.9	4	68.3	8	306	35	41.9	7	52.9	11	18
53.1	26	50.0	26	186	39	43.2	4	50.6	12	19
59.5	15	61.3	13	14,128	7	38.2	21	63.8	6	20
44.3	38	39.3	40	12,814	8	39.8	16	54.0	10	21
52.3	29	47.8	32	1,515	23	33.4	27	46.2	17	22
39.3	44	33.8	44	82	41	26.6	41	65.5	4	23
42.0	40	40.7	38	1,963	22	32.8	29	65.8	2	24
41.6	41	39.3	39	230	37	30.3	35	43.8	23	25
43.9	39	38.1	41	1,049	27	20.6	46	38.0	29	26
28.7	47	21.0	47	4	46	26.5	42	49.0	14	27
45.6	37	40.7	37	85	40	30.8	34	32.2	39	28
62.3	12	62.1	11	3,486	16	27.5	40	36.5	31	29
54.7	22	50.7	25	4,530	14	38.7	19	43.8	22	30
74.7	2	72.7	3	2,232	19	38.9	18	38.3	28	31
74.3	3	70.0	4	12,443	9	34.9	25	36.4	33	32
48.7	34	41.1	36	1,247	24	33.8	26	30.3	40	33
52.1	30	49.6	29	4,127	15	29.4	36	36.5	32	34
62.4	11	63.1	10	3,414	17	35.4	24	33.6	38	35
55.1	20	58.5	15	378	33	40.4	11	44.2	20	36
58.4	16	54.5	19	57	42	36.4	23	54.1	9	37
48.4	35	51.4	23	10,881	10	43.1	6	43.7	24	38
56.0	19	53.4	20	6,925	12	49.3	1	25.5	42	39
53.3	25	50.0	28	5,642	13	32.1	31	43.9	21	40
65.5	9	65.7	9	14,477	6	37.1	22	57.1	7	41
69.8	6	69.8	5	23,682	4	40.5	10	45.4	18	42
70.4	5	72.8	2	201,237	1	40.4	12	34.6	36	43
49.4	33	47.8	31	60,793	2	41.0	9	56.1	8	44
52.5	28	47.3	33	9,688	11	39.8	15	65.6	3	45
48.2	36	47.0	34	21,135	5	39.1	17	37.3	30	46
57.5	18	53.3	21	290	36	16.2	47	50.2	13	47

安全 K（指標）

			No. 401 ばい煙発生施設数 Number of soot and smoke emitting facilities #K09210		No. 402 一般粉じん発生施設数 Number of general dust discharging facilities #K09211		No. 403 水質汚濁防止法上の 特定事業場数 Number of specified workplaces under the Water Pollution Prevention Act #K09220		No. 404 民間生命保険保有契約件数 （人口千人当たり） Number of private life insurance policies in force (per 1,000 persons) #K10101	
単位		Unit	件：number of facilities		件：number of facilities		件：number of workplaces		件：number of contracts	
年度		Fiscal year	2020		2020		2020		2021	
	都道府県	Prefecture	指標値 Indicator	順位 Rank	指標値 Indicator	順位 Rank	指標値 Indicator	順位 Rank	指標値 Indicator	順位 Rank
00	全国	All Japan	216,753		70,869		257,806		3,140.9	
01	北海道	Hokkaido	16,386	1	4,631	3	5,875	16	1,769.4	21
02	青森県	Aomori-ken	3,477	24	1,569	19	4,624	25	1,659.0	36
03	岩手県	Iwate-ken	3,527	23	1,736	14	5,167	19	1,578.3	42
04	宮城県	Miyagi-ken	4,224	19	750	33	4,965	20	1,804.0	18
05	秋田県	Akita-ken	2,508	32	551	42	3,161	41	1,553.8	43
06	山形県	Yamagata-ken	2,588	30	660	37	3,427	36	1,929.0	8
07	福島県	Fukushima-ken	4,778	14	2,380	10	7,698	12	1,669.1	35
08	茨城県	Ibaraki-ken	5,731	11	2,404	9	8,568	7	1,421.6	46
09	栃木県	Tochigi-ken	4,497	15	2,785	6	8,352	9	1,791.6	20
10	群馬県	Gumma-ken	4,197	20	660	37	4,913	21	1,708.4	29
11	埼玉県	Saitama-ken	7,089	9	1,581	18	8,594	6	1,505.0	44
12	千葉県	Chiba-ken	7,271	7	2,084	12	10,059	4	1,645.7	38
13	東京都	Tokyo-to	14,891	2	1,696	15	3,201	40	13,368.2	1
14	神奈川県	Kanagawa-ken	9,634	5	2,107	11	7,388	13	1,698.6	32
15	新潟県	Niigata-ken	5,588	12	886	30	8,475	8	1,675.1	34
16	富山県	Toyama-ken	3,246	27	1,179	22	3,368	37	2,240.8	4
17	石川県	Ishikawa-ken	2,542	31	672	34	3,863	32	1,856.6	15
18	福井県	Fukui-ken	1,889	36	554	41	2,371	45	2,099.2	6
19	山梨県	Yamanashi-ken	2,057	34	658	39	4,865	22	1,723.2	26
20	長野県	Nagano-ken	5,297	13	1,339	21	12,335	1	1,635.9	40
21	岐阜県	Gifu-ken	4,304	17	957	27	8,129	11	1,814.2	17
22	静岡県	Shizuoka-ken	7,131	8	1,100	23	10,900	2	1,940.4	7
23	愛知県	Aichi-ken	13,884	3	4,872	1	10,891	3	2,259.9	3
24	三重県	Mie-ken	4,246	18	1,828	13	8,281	10	1,721.5	27
25	滋賀県	Shiga-ken	3,290	25	420	44	3,222	39	1,700.5	31
26	京都府	Kyoto-fu	3,935	21	672	34	4,704	24	2,134.9	5
27	大阪府	Osaka-fu	13,374	4	1,603	17	4,421	27	2,930.2	2
28	兵庫県	Hyogo-ken	9,332	6	4,707	2	9,179	5	1,678.7	33
29	奈良県	Nara-ken	1,862	39	392	45	3,349	38	1,502.8	45
30	和歌山県	Wakayama-ken	1,819	41	1,557	20	3,823	34	1,732.8	25
31	鳥取県	Tottori-ken	1,039	47	333	47	2,262	46	1,897.2	9
32	島根県	Shimane-ken	1,810	42	611	40	2,846	43	1,616.8	41
33	岡山県	Okayama-ken	3,718	22	2,468	7	4,569	26	1,763.7	22
34	広島県	Hiroshima-ken	4,428	16	2,466	8	6,262	14	1,864.3	13
35	山口県	Yamaguchi-ken	3,288	26	1,680	16	4,179	29	1,714.0	28
36	徳島県	Tokushima-ken	1,577	43	801	31	4,383	28	1,878.3	12
37	香川県	Kagawa-ken	1,882	38	1,003	25	3,606	35	1,881.6	10
38	愛媛県	Ehime-ken	2,414	33	1,017	24	4,164	30	1,639.1	39
39	高知県	Kochi-ken	1,246	46	761	32	2,929	42	1,743.1	24
40	福岡県	Fukuoka-ken	6,729	10	3,386	4	4,850	23	1,881.0	11
41	佐賀県	Saga-ken	1,344	45	392	45	2,769	44	1,863.9	14
42	長崎県	Nagasaki-ken	1,886	37	959	26	6,121	15	1,756.5	23
43	熊本県	Kumamoto-ken	2,592	29	898	29	3,842	33	1,795.5	19
44	大分県	Oita-ken	1,931	35	2,992	5	5,377	18	1,825.3	16
45	宮崎県	Miyazaki-ken	1,832	40	533	43	4,039	31	1,651.9	37
46	鹿児島県	Kagoshima-ken	2,924	28	912	28	5,409	17	1,707.9	30
47	沖縄県	Okinawa-ken	1,519	44	667	36	2,031	47	1,160.9	47

No. 405 民間生命保険保険金額 （保有契約1件当たり） Amount insured by private life insurance (per policy in force) #K10105 万円：10 thousand yen 2021		No. 406 民間生命保険保険金額 （1世帯当たり） Amount insured by private life insurance (per household) #K10107 万円：10 thousand yen 2021		No. 407 火災保険住宅物件・一般物件新契約件数 （一般世帯千世帯当たり） Number of new fire insurance policies effected for residential properties and general properties a) #K10306 件：number of contracts 2020		No. 408 火災保険住宅物件・一般物件受取保険金額 （保有契約1件当たり） Amount of receipt from fire insurance for residential properties and general properties b) #K10308 万円：10 thousand yen 2020		都道府県コード
指標値 Indicator	順位 Rank	指標値 Indicator	順位 Rank	指標値 Indicator	順位 Rank	指標値 Indicator	順位 Rank	Pref. code
308.4		2,177.5		296.3		72.5		00
334.0	46	1,236.5	46	337.9	3	73.2	14	01
393.8	34	1,559.4	33	293.3	20	67.4	17	02
420.7	16	1,612.5	27	234.1	45	65.5	20	03
394.8	33	1,659.9	26	338.5	2	106.2	4	04
381.3	41	1,453.4	42	253.6	42	55.5	29	05
416.7	19	2,130.5	6	268.5	36	79.4	7	06
422.9	14	1,721.7	23	312.4	11	156.5	2	07
415.3	21	1,422.1	44	296.6	19	73.6	13	08
467.1	4	2,017.2	9	304.0	14	90.3	5	09
409.7	26	1,674.9	24	290.5	25	73.8	11	10
415.6	20	1,451.5	43	278.9	29	65.1	22	11
412.5	23	1,535.6	35	291.1	24	110.7	3	12
201.8	47	5,229.5	1	315.4	10	60.9	25	13
395.1	32	1,467.6	40	289.7	26	79.3	8	14
432.5	9	1,824.1	18	255.4	41	54.5	33	15
503.0	1	2,859.7	2	292.1	23	51.7	36	16
418.5	18	1,860.3	13	300.6	16	48.8	41	17
431.0	10	2,357.6	4	329.1	7	54.6	32	18
429.3	11	1,757.5	19	335.4	6	63.3	23	19
433.8	8	1,733.7	21	264.9	38	78.9	9	20
481.7	2	2,195.0	5	325.6	8	55.2	30	21
410.4	25	1,936.6	10	292.8	21	62.7	24	22
392.5	35	2,059.2	7	298.1	17	46.1	44	23
455.3	5	1,853.6	15	280.0	27	56.6	28	24
441.2	6	1,852.8	16	242.0	44	57.3	27	25
407.1	27	1,869.5	12	306.3	13	65.4	21	26
389.6	37	2,430.9	3	312.3	12	73.7	12	27
420.2	17	1,594.8	30	266.4	37	55.1	31	28
440.1	7	1,595.8	29	269.3	35	51.5	37	29
399.8	30	1,605.2	28	337.4	4	66.0	18	30
400.4	29	1,898.0	11	297.9	18	49.0	39	31
395.3	31	1,574.8	31	222.6	46	48.0	42	32
420.9	15	1,737.9	20	276.1	30	43.9	46	33
414.2	22	1,726.4	22	259.7	39	45.4	45	34
383.0	39	1,455.9	41	279.8	28	50.3	38	35
428.2	12	1,858.0	14	270.6	34	47.9	43	36
471.3	3	2,052.4	8	301.7	15	42.0	47	37
411.8	24	1,482.5	38	257.2	40	48.8	40	38
391.7	36	1,481.3	39	242.2	43	52.0	35	39
376.6	42	1,562.2	32	317.4	9	70.7	16	40
381.8	40	1,834.6	17	336.3	5	65.5	19	41
375.6	43	1,533.0	36	292.7	22	74.4	10	42
387.3	38	1,670.9	25	401.5	1	169.5	1	43
372.0	44	1,546.3	34	276.1	31	83.0	6	44
358.3	45	1,336.1	45	272.0	32	53.1	34	45
405.9	28	1,500.5	37	270.6	33	72.9	15	46
423.1	13	1,172.8	47	182.0	47	58.5	26	47

a) (per 1,000 private households)
b) (per policy in force)

L. 家計　　　　L Family Budget

		No. 409 実収入（二人以上の世帯のうち勤労者世帯）（1世帯当たり1か月間）Monthly income per household (Two-or-more-person households - Workers' households) #L01201		*No. 410 世帯主収入（二人以上の世帯のうち勤労者世帯）（1世帯当たり1か月間）Monthly wages and salaries of household head per household a) #L01204		*No. 411 年間収入（1世帯当たり）Annual income per household #L07601		No. 412 世帯主収入（年間収入）（1世帯当たり）Annual income of household head per household #L07602	
単位	Unit	千円：thousand yen		千円：thousand yen		千円：thousand yen		千円：thousand yen	
年度	Fiscal year	2021		2021		2019		2019	
都道府県	Prefecture	指標値 Indicator	順位 Rank	指標値 Indicator	順位 Rank	指標値 Indicator	順位 Rank	指標値 Indicator	順位 Rank
00 全国	All Japan	605.3		444.5		5,578		2,856	
01 北海道	Hokkaido	555.6	40	419.4	29	4,488	44	2,357	26
02 青森県	Aomori-ken	581.2	31	417.1	31	4,952	37	2,059	43
03 岩手県	Iwate-ken	590.4	30	415.9	33	5,282	31	2,176	36
04 宮城県	Miyagi-ken	523.5	44	384.6	42	5,702	17	2,716	14
05 秋田県	Akita-ken	534.8	43	380.4	43	5,274	32	1,969	46
06 山形県	Yamagata-ken	605.2	23	397.3	38	5,856	13	2,195	35
07 福島県	Fukushima-ken	618.4	16	416.4	32	5,397	25	2,297	27
08 茨城県	Ibaraki-ken	649.2	9	492.3	5	5,956	8	2,893	9
09 栃木県	Tochigi-ken	628.7	13	437.2	19	5,828	14	2,842	10
10 群馬県	Gumma-ken	648.0	10	490.6	6	5,595	20	2,586	20
11 埼玉県	Saitama-ken	731.5	2	554.7	2	5,886	12	3,187	6
12 千葉県	Chiba-ken	678.5	6	523.5	3	5,952	9	3,319	4
13 東京都	Tokyo-to	749.1	1	561.2	1	6,211	2	3,520	2
14 神奈川県	Kanagawa-ken	615.5	19	463.1	12	6,220	1	3,631	1
15 新潟県	Niigata-ken	613.9	20	447.1	16	5,563	22	2,296	28
16 富山県	Toyama-ken	691.9	4	434.7	21	6,131	3	2,555	22
17 石川県	Ishikawa-ken	693.2	3	481.8	10	5,704	16	2,659	17
18 福井県	Fukui-ken	638.7	12	429.3	26	6,104	5	2,549	23
19 山梨県	Yamanashi-ken	563.3	37	419.5	28	5,374	27	2,286	30
20 長野県	Nagano-ken	618.0	17	453.3	13	5,637	19	2,490	25
21 岐阜県	Gifu-ken	682.6	5	486.7	7	6,054	7	2,680	15
22 静岡県	Shizuoka-ken	613.0	21	431.1	24	5,912	11	2,744	13
23 愛知県	Aichi-ken	573.5	34	453.2	14	6,125	4	3,379	3
24 三重県	Mie-ken	607.3	22	437.1	20	5,945	10	2,930	8
25 滋賀県	Shiga-ken	662.8	7	509.9	4	6,088	6	3,213	5
26 京都府	Kyoto-fu	580.9	32	440.8	17	5,316	30	2,763	11
27 大阪府	Osaka-fu	566.3	36	431.4	23	5,022	34	2,641	18
28 兵庫県	Hyogo-ken	602.1	24	469.8	11	5,584	21	2,971	7
29 奈良県	Nara-ken	643.2	11	481.9	9	5,452	23	2,663	16
30 和歌山県	Wakayama-ken	542.5	41	423.4	27	4,796	40	2,032	44
31 鳥取県	Tottori-ken	591.2	29	351.5	45	5,389	26	2,168	37
32 島根県	Shimane-ken	650.2	8	440.3	18	5,655	18	2,234	32
33 岡山県	Okayama-ken	561.6	38	399.0	36	5,729	15	2,759	12
34 広島県	Hiroshima-ken	594.9	28	434.5	22	5,323	29	2,641	18
35 山口県	Yamaguchi-ken	599.7	25	430.8	25	4,956	36	2,292	29
36 徳島県	Tokushima-ken	621.8	15	449.7	15	4,990	35	2,030	45
37 香川県	Kagawa-ken	598.7	26	413.1	34	5,348	28	2,557	21
38 愛媛県	Ehime-ken	521.6	45	388.7	41	4,846	39	2,119	38
39 高知県	Kochi-ken	626.8	14	393.4	39	4,474	45	1,891	47
40 福岡県	Fukuoka-ken	618.0	18	482.3	8	4,849	38	2,542	24
41 佐賀県	Saga-ken	557.6	39	380.2	44	5,447	24	2,227	33
42 長崎県	Nagasaki-ken	495.4	46	331.4	46	4,749	41	2,092	40
43 熊本県	Kumamoto-ken	574.1	33	398.4	37	5,026	33	2,207	34
44 大分県	Oita-ken	597.5	27	417.2	30	4,701	42	2,235	31
45 宮崎県	Miyazaki-ken	568.6	35	390.4	40	4,658	43	2,099	39
46 鹿児島県	Kagoshima-ken	537.0	42	404.6	35	4,300	46	2,077	41
47 沖縄県	Okinawa-ken	489.4	47	323.9	47	4,215	47	2,075	42

注）項目欄に「*」の付されている項目は、都道府県庁所在市のデータである。
Note：Items with * refer to the cities with prefectural governments.
a) (Two-or-more-person households - Workers' households)

No. 413 消費支出 (二人以上の世帯) (1世帯当たり1か月間) Monthly living expenditure per household (Two-or-more-person households) #L02211 千円:thousand yen 2021		No. 414 食料費割合 (対消費支出) (二人以上の世帯) Percentage of expenditure for food (Two-or-more-person households) #L02411 % 2021		No. 415 住居費割合 (対消費支出) (二人以上の世帯) Percentage of expenditure for housing (Two-or-more-person households) #L02412 % 2021		No. 416 光熱・水道費割合 (対消費支出) (二人以上の世帯) Percentage of expenditure for furniture and household utensils (Two-or-more-person households) #L02413 % 2021		No. 417 家具・家事用品費割合 (対消費支出) (二人以上の世帯) Percentage of expenditure for furniture and household utensils (Two-or-more-person households) #L02414 % 2021		都道府県コード Pref. code
指標値 Indicator	順位 Rank	指標値 Indicator	順位 Rank	指標値 Indicator	順位 Rank	指標値 Indicator	順位 Rank	指標値 Indicator	順位 Rank	
279.0		27.2		6.6		7.7		4.3		00
268.4	37	26.6	24	8.2	11	9.9	4	3.7	42	01
245.1	44	28.4	10	5.4	36	11.4	1	4.3	16	02
272.9	34	27.0	20	6.3	29	9.9	5	4.0	29	03
284.2	23	26.6	23	7.0	21	8.1	17	4.2	18	04
247.8	43	29.2	3	4.2	47	10.7	2	3.9	35	05
321.4	2	24.7	44	6.4	27	9.2	7	3.5	47	06
292.7	14	26.1	30	6.8	23	8.9	8	4.0	28	07
275.8	29	24.7	43	7.9	14	7.6	25	4.0	30	08
281.1	26	26.5	25	6.3	30	7.4	28	4.1	26	09
286.6	19	26.3	29	6.9	22	6.5	44	4.6	5	10
315.0	4	27.6	15	5.1	41	7.2	36	4.4	11	11
311.5	6	27.8	14	6.4	28	6.8	41	4.6	4	12
322.8	1	28.2	11	8.4	9	6.2	46	4.2	23	13
300.2	9	28.8	4	9.2	4	6.6	42	3.9	36	14
313.7	5	25.5	36	7.7	15	8.0	18	3.8	39	15
317.8	3	25.6	35	4.4	46	8.3	13	3.7	43	16
307.1	7	27.3	16	5.0	43	8.2	14	4.0	31	17
252.2	40	28.7	6	5.7	35	9.9	3	4.3	13	18
270.8	36	27.0	19	6.2	32	7.7	23	3.7	41	19
286.0	20	24.5	45	8.2	12	8.1	16	4.3	12	20
306.1	8	25.4	37	5.3	38	7.2	34	3.8	40	21
291.8	15	26.0	31	6.0	34	7.7	24	3.5	46	22
263.9	38	28.6	7	8.0	13	7.3	31	4.4	8	23
295.8	13	24.8	41	5.2	40	6.5	45	4.2	21	24
297.0	12	27.3	17	4.6	45	7.2	35	4.8	3	25
283.2	25	28.6	8	6.1	33	7.3	32	3.8	38	26
250.0	42	31.4	1	9.3	2	7.9	21	4.1	25	27
287.0	18	27.1	18	8.7	8	6.1	47	4.4	9	28
290.8	17	26.8	21	6.2	31	7.4	30	3.9	34	29
225.7	47	28.8	5	4.8	44	8.5	11	4.8	2	30
273.9	32	25.1	38	6.7	25	8.0	19	3.6	44	31
273.9	33	26.4	27	6.7	26	9.3	6	4.1	27	32
276.6	28	25.7	34	7.3	18	7.8	22	4.5	6	33
284.4	22	26.4	28	8.3	10	7.6	27	4.3	15	34
283.2	24	24.5	46	9.0	6	7.9	20	3.9	32	35
298.5	11	25.9	32	5.3	39	7.0	39	4.2	17	36
274.5	31	25.9	33	6.7	24	7.6	26	3.8	37	37
243.5	45	27.8	12	5.4	37	8.2	15	5.8	1	38
280.8	27	26.7	22	7.2	19	7.3	33	3.6	45	39
285.5	21	26.4	26	7.3	17	7.0	40	4.4	10	40
274.6	30	25.1	39	9.3	3	8.3	12	4.5	7	41
250.0	41	28.4	9	7.1	20	8.5	10	4.3	14	42
291.3	16	24.7	42	9.2	5	7.1	38	4.2	19	43
271.2	35	24.8	40	8.7	7	7.1	37	4.1	24	44
253.2	39	27.8	13	5.0	42	7.4	29	4.2	22	45
299.2	10	23.6	47	7.4	16	6.5	43	4.2	20	46
228.3	46	29.3	2	12.0	1	8.5	9	3.9	33	47

家 計 L （指標）

		No. 418		No. 419 *		No. 420 *		No. 421 *	
		被服及び履物費割合 （対消費支出） （二人以上の世帯） Percentage of expenditure for clothes and footwear (Two-or-more-person households) #L02415		保健医療費割合 （対消費支出） （二人以上の世帯） Percentage of expenditure for medical care (Two-or-more-person households) #L02416		交通・通信費割合 （対消費支出） （二人以上の世帯） Percentage of expenditure for transportation and communication b) #L02417		教育費割合 （対消費支出） （二人以上の世帯） Percentage of expenditure for education (Two-or-more-person households) #L02418	
単位	Unit	%		%		%		%	
年度	Fiscal year	2021		2021		2021		2021	
都道府県	Prefecture	指標値 Indicator	順位 Rank	指標値 Indicator	順位 Rank	指標値 Indicator	順位 Rank	指標値 Indicator	順位 Rank
00 全国	All Japan	3.1		5.1		14.2		4.3	
01 北海道	Hokkaido	3.3	12	5.1	16	11.4	44	3.7	22
02 青森県	Aomori-ken	2.7	45	4.4	42	13.2	35	2.2	45
03 岩手県	Iwate-ken	3.3	15	4.4	41	13.7	34	3.5	26
04 宮城県	Miyagi-ken	3.3	10	5.1	15	14.4	30	3.6	23
05 秋田県	Akita-ken	2.9	26	4.6	34	14.5	28	2.1	46
06 山形県	Yamagata-ken	2.7	43	4.0	46	20.9	1	3.1	33
07 福島県	Fukushima-ken	2.5	46	3.8	47	18.8	6	3.3	31
08 茨城県	Ibaraki-ken	2.9	27	4.6	33	17.5	9	2.6	40
09 栃木県	Tochigi-ken	3.1	20	4.5	38	15.6	17	3.3	30
10 群馬県	Gumma-ken	3.4	6	5.3	9	15.8	12	3.3	29
11 埼玉県	Saitama-ken	4.4	1	5.0	24	15.4	19	4.7	11
12 千葉県	Chiba-ken	2.9	28	5.1	17	14.6	26	4.9	8
13 東京都	Tokyo-to	3.4	7	5.7	2	10.4	46	6.1	2
14 神奈川県	Kanagawa-ken	3.2	18	5.5	6	11.9	43	6.8	1
15 新潟県	Niigata-ken	2.8	34	4.4	40	19.4	4	4.0	15
16 富山県	Toyama-ken	2.9	30	4.3	44	16.4	10	3.9	18
17 石川県	Ishikawa-ken	3.4	9	4.5	36	15.8	13	4.8	9
18 福井県	Fukui-ken	2.7	42	4.7	30	13.9	32	3.9	20
19 山梨県	Yamanashi-ken	3.0	24	4.4	39	15.6	16	3.9	17
20 長野県	Nagano-ken	2.8	32	5.2	13	15.4	20	2.8	38
21 岐阜県	Gifu-ken	2.8	37	5.6	4	18.6	7	3.8	21
22 静岡県	Shizuoka-ken	2.7	41	4.7	29	15.0	25	4.8	10
23 愛知県	Aichi-ken	3.5	5	4.5	37	12.2	42	4.0	16
24 三重県	Mie-ken	3.5	4	5.2	12	19.2	5	4.3	12
25 滋賀県	Shiga-ken	3.4	8	5.2	11	16.1	11	3.9	19
26 京都府	Kyoto-fu	2.8	31	4.8	28	13.9	31	5.8	4
27 大阪府	Osaka-fu	3.7	3	5.0	23	9.8	47	4.2	13
28 兵庫県	Hyogo-ken	3.3	14	5.2	14	13.0	37	5.8	5
29 奈良県	Nara-ken	2.8	38	5.6	3	15.6	15	3.1	34
30 和歌山県	Wakayama-ken	2.8	36	5.3	10	12.3	41	3.6	24
31 鳥取県	Tottori-ken	2.8	33	4.3	43	20.2	2	3.1	35
32 島根県	Shimane-ken	3.1	19	5.1	20	14.5	27	2.5	41
33 岡山県	Okayama-ken	3.2	17	5.5	7	15.2	23	5.0	7
34 広島県	Hiroshima-ken	3.3	11	4.8	26	12.9	38	4.1	14
35 山口県	Yamaguchi-ken	2.8	35	4.7	31	15.2	22	3.3	28
36 徳島県	Tokushima-ken	2.7	39	4.7	32	15.7	14	3.1	32
37 香川県	Kagawa-ken	2.7	44	5.1	19	12.6	39	3.0	36
38 愛媛県	Ehime-ken	3.1	22	5.1	18	11.0	45	5.1	6
39 高知県	Kochi-ken	2.9	25	4.2	45	17.7	8	3.5	25
40 福岡県	Fukuoka-ken	3.9	2	5.1	21	13.2	36	5.9	3
41 佐賀県	Saga-ken	2.9	29	5.6	5	15.5	18	2.3	44
42 長崎県	Nagasaki-ken	2.7	40	5.7	1	13.8	33	2.1	47
43 熊本県	Kumamoto-ken	3.2	16	5.0	25	14.4	29	3.4	27
44 大分県	Oita-ken	3.3	13	4.8	27	15.1	24	2.5	42
45 宮崎県	Miyazaki-ken	3.1	21	4.6	35	15.3	21	2.9	37
46 鹿児島県	Kagoshima-ken	3.0	23	5.4	8	19.5	3	2.4	43
47 沖縄県	Okinawa-ken	2.3	47	5.0	22	12.6	40	2.7	39

注）項目欄に「＊」の付されている項目は、都道府県庁所在市のデータである。
Note : Items with * refer to the cities with prefectural governments.
b) (Two-or-more-person households)

No. 422 教養娯楽費割合（対消費支出）（二人以上の世帯） Percentage of expenditure for reading and recreation (Two-or-more-person households) #L02419 % 2021		No. 423 * 平均消費性向（消費支出／可処分所得）（二人以上の世帯のうち勤労者世帯） Monthly propensity to consume (Two-or-more-person households - Workers' households) #L02602 % 2021		No. 424 * 金融資産残高（貯蓄現在高）（二人以上の世帯）（1世帯当たり） Amount of savings per household (Two-or-more-person households) #L07201 千円：thousand yen 2019		No. 425 預貯金現在高割合（対貯蓄現在高）（二人以上の世帯）（1世帯当たり） Percentage of deposits per household (Two-or-more-person households) #L07212 % 2019		No. 426 生命保険現在高割合（対貯蓄現在高）（二人以上の世帯）（1世帯当たり） Percentage of life insurance savings per household (Two-or-more-person households) #L07213 % 2019		都道府県コード
指標値 Indicator	順位 Rank	指標値 Indicator	順位 Rank	指標値 Indicator	順位 Rank	指標値 Indicator	順位 Rank	指標値 Indicator	順位 Rank	Pref. code
8.8		62.8		14,497		63.7		20.1		00
8.9	16	60.3	31	9,994	43	70.0	3	22.1	21	01
7.8	38	58.4	37	8,413	46	65.1	24	25.7	8	02
8.2	33	63.9	18	11,657	35	66.8	14	26.3	5	03
8.8	20	68.7	8	13,691	23	62.6	40	23.0	16	04
8.6	22	61.1	28	10,205	41	66.5	15	27.0	4	05
7.6	41	71.6	1	11,631	36	63.8	32	26.1	6	06
7.4	44	67.8	9	11,895	33	63.5	34	23.5	15	07
8.4	28	57.4	41	14,493	18	68.6	5	19.6	38	08
8.6	23	62.8	24	13,619	24	64.5	27	21.4	26	09
9.4	7	61.3	27	13,326	28	63.5	35	21.4	27	10
10.0	3	57.5	40	15,478	11	64.3	29	18.8	42	11
8.9	14	60.6	30	16,000	8	62.1	43	19.1	40	12
9.8	4	60.2	33	17,562	3	61.3	45	18.0	45	13
8.5	25	65.7	14	18,218	1	57.8	47	19.0	41	14
7.3	45	69.0	5	12,745	30	73.1	1	20.1	33	15
8.8	17	58.0	38	16,231	6	66.1	20	22.9	17	16
9.8	5	57.1	42	14,822	14	66.4	17	21.8	23	17
8.8	21	55.1	47	14,653	16	63.7	33	24.6	11	18
8.1	35	68.8	7	11,758	34	67.7	8	21.5	25	19
9.0	10	66.6	11	13,531	25	67.5	9	22.0	22	20
8.9	15	62.5	26	14,903	13	66.1	19	19.7	37	21
8.1	36	65.1	15	15,864	10	65.8	21	19.9	36	22
10.2	1	62.7	25	17,685	2	61.9	44	16.3	47	23
9.0	12	64.4	16	14,481	19	65.5	22	20.1	34	24
8.8	18	59.4	35	16,922	5	65.0	26	20.5	30	25
9.1	8	67.7	10	15,875	9	63.1	38	22.1	20	26
8.2	32	56.3	44	14,236	22	64.0	31	17.9	46	27
10.2	2	71.3	2	16,051	7	64.4	28	18.1	44	28
9.0	13	66.5	12	16,999	4	63.3	36	18.5	43	29
8.2	31	57.9	39	13,360	27	66.8	13	21.6	24	30
8.2	30	63.6	20	13,429	26	64.2	30	23.9	14	31
9.0	9	56.0	45	14,307	21	66.5	16	24.8	10	32
7.8	39	63.6	21	14,453	20	63.3	37	22.9	18	33
9.6	6	55.9	46	14,588	17	67.0	11	21.2	28	34
8.0	37	63.7	19	12,639	31	70.0	2	20.3	32	35
9.0	11	69.1	4	14,773	15	66.3	18	19.5	39	36
8.4	29	63.9	17	15,248	12	65.2	23	21.2	29	37
8.4	27	60.2	32	12,944	29	68.0	6	20.0	35	38
8.4	26	59.0	36	12,231	32	66.8	12	24.5	12	39
8.5	24	60.8	29	10,959	37	60.7	46	25.0	9	40
6.9	47	63.2	23	10,447	40	62.3	42	28.4	3	41
7.4	43	69.0	6	10,828	38	62.6	41	28.7	2	42
7.7	40	66.5	13	10,124	42	67.0	10	24.3	13	43
8.2	34	59.6	34	10,559	39	67.8	7	22.8	19	44
8.8	19	57.1	43	8,880	44	65.0	25	26.0	7	45
7.3	46	71.2	3	8,704	45	62.8	39	29.9	1	46
7.5	42	63.3	22	6,021	47	69.8	4	20.3	31	47

家 計 L （指標）

		No. 427 有価証券現在高割合 （対貯蓄現在高） （二人以上の世帯） （1世帯当たり） Percentage of securities savings per household (Two-or-more-person households) #L07214		No. 428 金融負債現在高 （二人以上の世帯） （1世帯当たり） Liabilities per household (Two-or-more-person households) #L07401		No. 429 住宅・土地のための 負債割合（対負債現在高） （二人以上の世帯） （1世帯当たり） Percentage of liabilities for houses and land per household (Two-or-more-person households) #L07412	
単位	Unit	%		千円：thousand yen		%	
年度	Fiscal year	2019		2019		2019	
都道府県	Prefecture	指標値 Indicator	順位 Rank	指標値 Indicator	順位 Rank	指標値 Indicator	順位 Rank
00 全国	All Japan	14.7		6,110		86.1	
01 北海道	Hokkaido	7.1	43	4,025	38	87.0	14
02 青森県	Aomori-ken	8.4	35	4,400	31	83.8	27
03 岩手県	Iwate-ken	6.1	46	4,197	34	82.7	31
04 宮城県	Miyagi-ken	13.1	13	5,501	14	86.2	18
05 秋田県	Akita-ken	6.0	47	3,664	45	80.1	43
06 山形県	Yamagata-ken	9.4	32	4,300	33	80.5	41
07 福島県	Fukushima-ken	11.9	21	4,693	25	81.8	32
08 茨城県	Ibaraki-ken	9.9	30	5,809	11	80.9	38
09 栃木県	Tochigi-ken	12.8	17	5,028	21	86.1	19
10 群馬県	Gumma-ken	13.0	14	5,955	9	77.1	47
11 埼玉県	Saitama-ken	15.3	8	7,467	3	89.5	5
12 千葉県	Chiba-ken	17.2	4	6,842	5	90.5	2
13 東京都	Tokyo-to	19.1	2	9,132	2	81.8	33
14 神奈川県	Kanagawa-ken	21.7	1	9,304	1	91.8	1
15 新潟県	Niigata-ken	6.4	44	4,315	32	85.5	22
16 富山県	Toyama-ken	10.3	25	4,525	28	84.6	25
17 石川県	Ishikawa-ken	10.2	26	4,763	24	87.9	10
18 福井県	Fukui-ken	10.0	29	4,537	27	81.6	34
19 山梨県	Yamanashi-ken	10.0	28	4,009	39	86.4	16
20 長野県	Nagano-ken	10.1	27	5,546	13	85.7	21
21 岐阜県	Gifu-ken	13.5	11	5,435	16	89.7	3
22 静岡県	Shizuoka-ken	13.0	15	6,518	6	80.9	37
23 愛知県	Aichi-ken	19.0	3	7,000	4	89.1	6
24 三重県	Mie-ken	12.7	20	5,549	12	87.2	11
25 滋賀県	Shiga-ken	13.5	12	6,194	7	85.2	23
26 京都府	Kyoto-fu	13.9	9	5,895	10	87.1	12
27 大阪府	Osaka-fu	17.1	6	6,105	8	88.3	8
28 兵庫県	Hyogo-ken	16.2	7	5,480	15	87.0	13
29 奈良県	Nara-ken	17.1	5	5,324	17	89.7	4
30 和歌山県	Wakayama-ken	10.8	24	3,606	46	79.1	44
31 鳥取県	Tottori-ken	11.3	22	4,464	29	86.3	17
32 島根県	Shimane-ken	7.8	42	4,158	37	77.4	46
33 岡山県	Okayama-ken	12.9	16	5,242	19	86.9	15
34 広島県	Hiroshima-ken	9.7	31	4,846	23	85.8	20
35 山口県	Yamaguchi-ken	7.8	41	3,754	44	88.3	7
36 徳島県	Tokushima-ken	13.8	10	3,472	47	82.7	30
37 香川県	Kagawa-ken	12.7	19	3,944	40	88.2	9
38 愛媛県	Ehime-ken	11.2	23	5,151	20	84.4	26
39 高知県	Kochi-ken	8.1	39	3,835	43	80.7	40
40 福岡県	Fukuoka-ken	12.8	18	5,243	18	80.4	42
41 佐賀県	Saga-ken	8.3	36	4,458	30	81.5	35
42 長崎県	Nagasaki-ken	8.0	40	3,932	41	80.8	39
43 熊本県	Kumamoto-ken	8.3	37	5,001	22	78.3	45
44 大分県	Oita-ken	8.6	34	4,564	26	83.4	29
45 宮崎県	Miyazaki-ken	8.3	38	3,891	42	81.3	36
46 鹿児島県	Kagoshima-ken	6.2	45	4,174	35	83.4	28
47 沖縄県	Okinawa-ken	8.8	33	4,164	36	84.6	24

Ⅱ 基礎データの説明

Explanation of Terms

　本書に掲載する指標値の算出に用いた基礎データの説明として、次の事項を掲載している。

1　データの出典（調査、報告書等）

　指標値算出に用いた基礎データの資料源としての調査の名称又は報告書名並びにその概要及びそれを所管している機関の名称を記載している。

2　各基礎データ項目の説明

　個々の基礎データの概念、範囲、利用上の留意事項等について掲載している。

> 　この基礎データの説明は、各統計調査の調査概要や社会・人口統計体系「基礎データ項目定義」等に基づいて整理した。
> 　なお、説明の中で引用している法令等は原則として調査時点のものであることに注意されたい。
> 　資料源に複数の番号を記載している項目は、収集年によって出典が異なる。

データの出典（調査、報告書等）

1.国勢調査（総務省統計局）

国内の人口・世帯の実態を把握し、各種行政施策の基礎資料を得るとともに、国民共有の財産として民主主義の基盤を成す統計情報を提供するものである。

2.人口推計（総務省統計局）

国勢調査の実施間の時点においての各月・各年の人口の状況を把握するものである。本書に掲載したデータは、国勢調査年以外の年は、人口推計の結果を用いている。

3.住民基本台帳に基づく人口、人口動態及び世帯数調査（総務省）

住民基本台帳法（昭和 42 年法律第 81 号）に基づき、毎年 1 月 1 日現在の住民票に記載されている者の数（住民基本台帳人口）及び世帯数並びに調査期日の前年の 1 月 1 日から 12 月 31 日までの間の人口動態（住民票の記載及び消除の数）について取りまとめたものである。

4.住民基本台帳人口移動報告年報（総務省統計局）

住民基本台帳法（昭和42年法律第81号）の規定による届出及び同法の規定により職権で住民票に記載された転入者について集計したものである。

なお、日本の国籍を有しない者は含まれなかったが、平成 25 年 7 月 8 日以降、日本の国籍を有しない者のうち住民基本台帳法で定めている者については含まれる。

5.人口動態調査（厚生労働省）

我が国の人口動態事象を把握し、人口及び厚生労働行政施策の基礎資料を得るものである。

6.都道府県別年齢調整死亡率－主な死因別にみた死亡の状況－（厚生労働省）

年齢構成の異なる地域間で死亡状況の比較ができるように年齢構成を調整し揃えた死亡率を取りまとめたものである。

7.全国都道府県市区町村別面積調（国土交通省国土地理院）

測量法（昭和 24 年法律第 188 号）の基本測量に関する長期計画に基づき、10 月 1 日時点の我が国の面積を取りまとめた技術資料である。

8.世界農林業センサス（農林水産省）

国際連合食糧農業機関（FAO）の提唱する世界農林業センサスの趣旨に従い、各国農林業との比較において我が国農林業の実態を明らかにするものである。

9.農林業センサス（農林水産省）

農林業センサスとは、我が国の農林業の生産構造、就業構造を明らかにするとともに、農山村の実態を総合的に把握するものである。

10.自然公園の面積（環境省）

毎年度末における自然公園の指定の現況について、取りまとめたものである。

11.過去の気象データ（気象庁）

全国の気象台等で観測された地上気象観測を取りまとめたものである。

12.県民経済計算（内閣府）

都道府県（以下この項目において「県」という。）内、あるいは県民の経済の循環と構造を生産、分配、支出等各方面にわたり計量把握することにより県経済の実態を包括的に明らかにするものである。

13.市町村税課税状況等の調（総務省）

7月1日における全市町村の課税の状況等を集計編さんしたものである。

14.経済センサス−基礎調査（総務省統計局）

我が国の全ての産業分野における事業所の活動状態等の基本的構造を全国及び地域別に明らかにするとともに、事業所・企業を対象とする各種統計調査の母集団情報を整備することを目的とするものである。

15.経済センサス−活動調査（総務省統計局・経済産業省）

全産業分野の売上（収入）金額や費用などの経理項目を同一時点で網羅的に把握し、我が国における事業所・企業の経済活動を全国的及び地域別に明らかにするとともに、事業所及び企業を対象とした各種統計調査の母集団情報を得ることを目的とするものである。

16.生産農業所得統計（農林水産省）

農産物の産出額及び農業が生み出した付加価値額である生産農業所得を推計し、農業生産の実態を金額で評価することにより明らかにし、農政の企画やその実行のフォローアップに資する資料を提供するものである。

17.作物統計調査（面積調査）（農林水産省）

農業の生産基盤となる耕地と農作物の作付けの実態を明らかにすることにより、生産対策、構造対策、土地資源の有効活用等の各種土地利用行政の企画立案及び行政効果の判定を行うための資料として活用するものである。

18.工業統計調査（総務省統計局・経済産業省）

我が国の工業の実態を明らかにし、産業政策、中小企業政策など、国や都道府県などの地方公共団体の行政施策のための基礎資料となるものである。

19.障害者の職業紹介状況等（厚生労働省）

障害者の職業紹介状況を取りまとめ、就職率の指標を作成したものである。

20.株式会社ゆうちょ銀行

銀行法（昭和 56 年法律第 59 号）及び銀行法施行規則（昭和 57 年大蔵省令第 10 号）に基づき、業務及び財産の状況について説明している「ゆうちょ銀行 統合報告書 ディスクロージャー誌」より収集しているものである。

21.日本銀行

銀行の預金や貸出等の集計値の把握を目的としており、日本銀行の Web ページにて公表されている時系列統計データ検索サイト「貸出・預金動向」より収集しているものである。

22.内閣府子ども・子育て本部（内閣府）

内閣府子ども・子育て本部の Web ページにて公表されている都道府県別の認定こども園の数の推移より収集しているものである。

23.小売物価統計調査（動向編）（総務省統計局）

国民の消費生活上重要な商品の小売価格、サービスの料金及び家賃を調査して、消費者物価指数（CPI）や、消費生活に関する経済政策の基礎資料を得るものであり、動向編においては毎月、主要都市の物価を提供している。

24.小売物価統計調査（構造編）（総務省統計局）

国民の消費生活上重要な商品の小売価格、サービスの料金及び家賃を調査して、消費者物価指数（CPI）や、消費生活に関する経済政策の基礎資料を得るものであり、構造編においては毎年、地域別の価格水準や、店舗形態別等の物価の構造を明らかにしている。

25.都道府県地価調査（国土交通省）

国土利用計画法施行令（昭和 49 年政令第 387 号）第 9 条に基づき、都道府県知事が毎年 7 月 1 日における標準価格を判定し、土地取引規制に際しての価格審査や地方公共団体等による買収価格の算定の規準となることにより、適正な地価の形成を図ることを目的とするものである。

26.地方財政統計年報（総務省）

地方公共団体から報告された決算額（普通会計及び公営事業会計）を中心として、地方財政に関する主な統計資料等を集録したものである。

27.都道府県決算状況調（総務省）

各都道府県に対して照会した「地方財政状況調査」のうち、「都道府県の普通会計、国民健康保険事業会計、収益事業会計、交通災害共済事業会計及び公立大学附属病院事業会計の決算」を集計し、その一部を編集したものである。

28.学校基本調査（文部科学省）

学校に関する基本的事項を調査し、学校教育行政上の基礎資料を得るものである。

29.社会福祉施設等調査（厚生労働省）

全国の社会福祉施設等の数、在所者、従事者の状況等を把握し、社会福祉行政推進のための基礎資料を得るものである。

30.地方教育費調査（文部科学省）

学校教育、社会教育、生涯学習関連及び教育行政における地方公共団体から支出された経費並びに授業料等の収入の実態及び地方教育行政機関の組織等の実態を明らかにして、国・地方を通じた教育諸施策を検討・立案するための基礎資料を得るものである。

31.就業構造基本調査（総務省統計局）

国民の就業及び不就業の状態を調査し、全国及び地域別の就業構造に関する基礎資料を得るものである。

32.一般職業紹介状況（職業安定業務統計）（厚生労働省）

公共職業安定所における求人、求職、就職の状況（新規学卒者を除く。）を取りまとめ、求人倍率等の指標を作成するものである。

33.新規学卒者（高校・中学）の職業紹介状況（厚生労働省）

新規学卒者について公共職業安定所及び学校において取り扱った求職、求人及び就職状況を取りまとめたものである。

34.賃金構造基本統計調査（厚生労働省）

主要産業に雇用される労働者について、その賃金の実態を労働者の雇用形態、就業形態、職種、性、年齢、学歴、勤続年数、経験年数別等に明らかにするものである。

35.社会教育調査（文部科学省）

社会教育行政に必要な社会教育に関する基本的事項を明らかにするものである。

36.衛生行政報告例（厚生労働省）

衛生関係諸法規の施行に伴う各都道府県、指定都市及び中核市における衛生行政の実態を把握し、衛生行政運営の基礎資料を得るものである。

37.社会生活基本調査（総務省統計局）

国民の生活時間の配分や余暇時間における主な活動（スポーツ、趣味・娯楽、ボランティア活動等）の状況など、国民の社会生活の実態を明らかにするものである。

38.宿泊旅行統計調査（観光庁）

我が国の宿泊旅行の全国規模の実態等を把握し、観光行政の基礎資料とするものである。

39.旅券統計（外務省）

旅券発行数の動向等を明らかにすることを目的として、日本国内及び海外における日本国旅券の発行数を集計したものである。

40.住宅・土地統計調査（総務省統計局）

我が国における住宅及び住宅以外で人が居住する建物に関する実態並びに現住居以外の住宅及び土地の保有状況その他の住宅等に居住している世帯に関する実態を調査し、その現状と推移を全国及び地域別に明らかにするものである。

41.建築動態統計調査（建築統計年報）（国土交通省）

建築着工統計調査及び建築物滅失統計調査からなっており、全国における建築物の建設の着工動態を明らかにし、建築及び住宅に関する基礎資料を得るものである。

42.電気事業便覧（資源エネルギー庁）

我が国の電気事業の現状と累年的推移の概要を統計的に集録して、日常の参考に資するものである。

43.石油連盟

石油連盟の Web ページにて公表されている統計資料リストより収集しているものである。

44.水道統計（公益社団法人日本水道協会）

水道施設の概況を明らかにし、国及び地方公共団体における水道行政運営の基礎資料にするとともに、関係各方面の利用に供するものである。

45.下水道施設等実態調査（下水道統計）（公益社団法人日本水道協会）

下水道事業の計画、施設及び維持管理状況を把握し、下水道行政の適正化を図るため、

公益社団法人日本下水道協会と国土交通省が共同で実施した「下水道施設等実態調査」等の結果を基に、取りまとめたものである。

46.一般廃棄物処理事業実態調査（環境省）

一般廃棄物行政の推進に関する基礎資料を得るものである。

47.日本郵便株式会社

日本郵便株式会社のWebページにて公表されている「お知らせ・プレスリリース」から郵便局に関する基礎資料を収集しているものである。

48.東日本電信電話株式会社及び西日本電信電話株式会社

東日本電信電話株式会社及び西日本電信電話株式会社のWebページにて公表されている電気通信役務契約等状況報告から収集しているものである。

49.通信量からみた我が国の音声通信利用状況（総務省）

国民生活や社会経済活動に不可欠な電気通信サービスの在り方を検討するために、その利用動向を客観性、信頼性のあるデータに基づいて把握し、国民利用者の電気通信サービスに対する理解を深めることを目的とするものである。

50.道路統計年報（国土交通省）

我が国唯一の道路（道路法（昭和27年法律第180号）第3条に定める道路で、高速自動車国道、一般国道、都道府県道、市町村道である。）に関するものであり、社会状況に対応した道路整備計画の立案、策定及び道路施設の管理等、今後の道路行政に資するための基礎資料を得るものである。

51.都市計画現況調査（国土交通省）

都市計画に関する種々の現況を把握することを目的に、都道府県都市計画担当課に依頼し、都市計画の決定状況等を調査したものである。

52.都市公園データベース（国土交通省）

全国の都道府県・市区町村の協力を得て、都市公園等の整備状況の調査を行い、取りまとめたものである。

53.医療施設調査（厚生労働省）

病院及び診療所（以下この項目において「医療施設」という。）について、その分布及び整備の実態を明らかにするとともに、医療施設の診療機能を把握するものである。

54.介護サービス施設・事業所調査（厚生労働省）

全国の介護サービスの提供体制、提供内容等を把握することにより、介護サービスの提供面に着目した基盤整備に関する基礎資料を得るものである。

55.医師・歯科医師・薬剤師統計（厚生労働省）

医師、歯科医師及び薬剤師について、性、年齢、業務の種別、従事場所及び診療科名（薬剤師を除く。）等による分布を明らかにするものである。

56.病院報告（厚生労働省）

全国の病院、療養病床を有する診療所における患者の利用状況を把握し、医療行政の基礎資料を得るものである。

57.救急・救助の現況（総務省消防庁）

消防機関の行う救急業務、救助業務及び都道府県の行う消防防災ヘリコプターによる消防活動に関する実施状況について、数値データ等を基に体系的に整理した統計資料集である。

58.人口問題研究（厚生労働省国立社会保障・人口問題研究所）

研究所の機関誌として、人口問題に関する学術論文を掲載するとともに、一般への専門知識の普及をも考慮し編集を行ったものである。

59.完全生命表（厚生労働省）

ある期間における死亡状況（年齢別死亡率）が今後変化しないと仮定したときに、各年齢の者が1年以内に死亡する確率や平均してあと何年生きられるかという期待値などを死亡率や平均余命などの指標（生命関数）によって表したものである。

60.都道府県別生命表（厚生労働省）

ある期間における死亡状況（年齢別死亡率）が今後変化しないと仮定したときに、各年齢の者が1年以内に死亡する確率や平均してあと何年生きられるかという期待値などを死亡率や平均余命などの指標（生命関数）によって表したものである。

61.国民生活基礎調査（厚生労働省）

保健、医療、福祉、年金、所得等国民生活の基礎的事項を調査し、厚生労働行政の企画及び運営に必要な基礎資料を得るとともに、各種調査の調査客体を抽出するための親標本を設定するものである。

62.学校保健統計調査（文部科学省）

学校における幼児、児童及び生徒の発育及び健康の状態を明らかにするものである。

63.被保護者調査（厚生労働省）

生活保護法（昭和 25 年法律第 144 号）に基づく保護を受けている世帯及び保護を受けていた世帯の保護の受給状況を把握し、生活保護制度及び厚生労働行政の企画運営に必要な基礎資料を得るものである。平成 24 年度より被保護者全国一斉調査と福祉行政報告例（生活保護部分）を統合している。

64.福祉行政報告例（厚生労働省）

社会福祉関係諸法規の施行に伴う各都道府県、指定都市及び中核市における行政の実態を数量的に把握して、国及び地方公共団体の社会福祉行政運営のための基礎資料とするものである。

65.国民医療費（厚生労働省）

当該年度内の医療機関等における保険診療の対象となり得る傷病の治療に要する費用を推計したものであり、国民に必要な医療を確保していくための基礎資料とするものである。

66.国民健康保険事業年報（厚生労働省）

国民健康保険の事業状況を把握し、国民健康保険制度の健全な運営を図るための基礎資料とするものである。

67.事業年報（全国健康保険協会）

医療保険制度の状況を、全国健康保険協会を中心に概観したものである。

68.後期高齢者医療事業年報（厚生労働省）

後期高齢者医療制度の事業状況を把握し、後期高齢者医療制度の健全な運営を図るための基礎資料とするものである。

69.厚生年金保険・国民年金事業年報（厚生労働省）

厚生年金保険及び国民年金の事業状況を把握し、厚生年金保険及び国民年金制度の適正な運営を図るための基礎資料として利用するものである。

70.雇用保険事業年報（厚生労働省）

雇用保険の適用・給付状況を把握し、雇用保険制度の適正な運営を図るとともに、雇用対策等の基礎資料として利用するものである。

71.労働者災害補償保険事業年報（厚生労働省）

労働者災害補償保険事業における適用状況、保険料徴収状況及び保険給付支払状況、年金受給者数、その他各種データを一元的に集計し、毎年一回公表しているものである。

72.労働災害動向調査（厚生労働省）

主要産業における年間の労働災害の発生状況を明らかにするものである。

73.消防年報（総務省消防庁）

各都道府県に照会した「消防防災・震災対策現況調査」の数値を集計作成したものである。

74.火災年報（総務省消防庁）

消防組織法（昭和 22 年法律第 226 号）に基づく「火災報告取扱要領」により、市町村が作成し、都道府県を通じて報告された 1 月から 12 月までの火災報告を集計作成したものである。

75.消防白書（総務省消防庁）

消防防災に対する国民の理解を深めることなどを目的としている。

76.道路の交通に関する統計（警察庁）

道路交通法（昭和 35 年法律第 105 号）第 2 条第 1 項第 1 号に規定する道路上において、車両、路面電車及び列車の交通によって起こされた人の死亡又は負傷を伴う事故を対象とし、全国の都道府県警察から報告された資料により状況等を把握して、国の交通安全対策の立案や交通事故の防止活動に役立てるものである。

77.児童生徒の問題行動・不登校等生徒指導上の諸課題に関する調査（文部科学省）

生徒指導上の諸課題の現状を把握することにより、今後の施策の推進に資するものである。

78.犯罪統計（警察庁）

犯罪情勢を把握し、警察活動等の分析に用いるため、犯罪統計規則（昭和 40 年国家公安委員会規則第 4 号）等に基づき、全国の都道府県警察本部から報告された資料により作成したものである。

79.地方公共団体定員管理調査（総務省）

地方公共団体の職員数や部門別の配置等の実態を調査し、適正な定員管理に資するものである。

80.公害苦情調査（公害等調整委員会）

全国の地方公共団体の「公害苦情相談窓口」に住民から寄せられた公害苦情の実態を把握し、この相談窓口で扱われた公害苦情の受付及び処理状況について、取りまとめたものである。

81.大気汚染防止法施行状況調査（環境省）

年度末現在における大気汚染防止法（昭和43年法律第97号）で規定するばい煙発生施設、揮発性有機化合物排出施設、一般粉じん発生施設、特定粉じん発生施設、特定粉じん排出等作業、水銀排出施設に係る届出状況及び規制事務実施状況に関する施行状況について調査を行ったものである。

82.水質汚濁防止法等の施行状況（環境省）

水質汚濁防止法（昭和45年法律第138号）、瀬戸内海環境保全特別措置法（昭和48年法律第110号）及び湖沼水質保全特別措置法（昭和59年法律第61号）に定められている各規定の施行状況について、都道府県等からの報告に基づきその件数や内容等を把握することにより、今後の水環境行政の円滑な推進に資するものである。

83.生命保険事業概況（一般社団法人生命保険協会）

生命保険協会加盟の生命保険会社から年度間に扱った個人保険・団体保険についての報告を取りまとめたものである。

84.損害保険料率算出機構統計集（損害保険料率算出機構）

損害保険料率算出機構が参考純率又は基準料率を算出している任意自動車保険、火災保険、傷害保険、自動車損害賠償責任保険及び地震保険について集計した統計資料である。

85.家計調査（総務省統計局）

国民生活における家計収支の実態を把握し、国の経済政策・社会政策の立案のための基礎資料を提供することを目的とするものである。

86.全国家計構造調査（総務省統計局）

家計における消費、所得、資産及び負債の実態を総合的に把握し、世帯の所得分布及び消費の水準、構造等を全国的及び地域別に明らかにするものである。

87.経済構造実態調査（総務省統計局・経済産業省）

製造業及びサービス産業における企業等の経済活動の状況を明らかにし、国民経済計算の精度向上等に資するとともに、企業等に関する施策の基礎資料を得ることを目的とするものである。

各基礎データ項目の説明

A 人口・世帯

※資料源の番号は、「データの出典」に記載されている番号と対応している。

No.	項目符号	基礎データ名	説明	資料源※
1	A1101	総人口	本邦内（歯舞群島、色丹島、国後島、択捉島及び竹島（島根県）を除く。）に3か月以上にわたって住んでいるか、又は住むことになっている者の総数	1、2
2	A110101	総人口（男）	本邦内（歯舞群島、色丹島、国後島、択捉島及び竹島（島根県）を除く。）に3か月以上にわたって住んでいるか、又は住むことになっている者の男性の総数	1、2
3	A110102	総人口（女）	本邦内（歯舞群島、色丹島、国後島、択捉島及び竹島（島根県）を除く。）に3か月以上にわたって住んでいるか、又は住むことになっている者の女性の総数	1、2
4	A1102	日本人人口	国籍が日本である者の数	1、2
5	A1201	0〜4歳人口	年齢0〜4歳人口の総数	1、2
6	A1204	15〜19歳人口	年齢15〜19歳人口の総数	1、2
7	A1213	60〜64歳人口	年齢60〜64歳人口の総数	1、2
8	A1301	15歳未満人口	年齢15歳未満人口の総数	1、2
9	A1302	15〜64歳人口	年齢15〜64歳人口の総数	1、2
10	A1303	65歳以上人口	年齢65歳以上人口の総数	1、2
11	A1304	15歳未満人口割合	総人口に占める15歳未満人口の割合	1、2
12	A1305	15〜64歳人口割合	総人口に占める15歳〜64歳人口の割合	1、2
13	A1306	65歳以上人口割合	総人口に占める65歳以上人口の割合	1、2
14	A1405	0〜5歳人口	年齢0〜5歳人口の総数	1
15	A1407	0〜17歳人口	年齢0〜17歳人口の総数	1
16	A1408	3〜5歳人口	年齢3〜5歳人口の総数	1
17	A1409	6〜11歳人口	年齢6〜11歳人口の総数	1
18	A1411	12〜14歳人口	年齢12〜14歳人口の総数	1
19	A1413	15〜17歳人口	年齢15〜17歳人口の総数	1
20	A1414	15歳以上人口	年齢15歳以上人口の総数	1、2

No.	項目符号	基礎データ名	説明	資料源※
21	A141401	15歳以上人口(男)	年齢15歳以上(男性)人口の総数	1、2
22	A141402	15歳以上人口(女)	年齢15歳以上(女性)人口の総数	1、2
23	A1700	外国人人口	総人口のうち、外国国籍を有する者の数	1
24	A1801	人口集中地区人口	市区町村の境域内で人口密度の高い基本単位区(原則として人口密度が1km²当たり4,000人以上)が隣接し、それらの地域の人口が5,000人以上を有する地域に常住する人口の総数	1
25	A2301	住民基本台帳人口(総数)	日本国民で国内の市区町村に住所を定めている者として1月1日現在、当該市区町村の住民基本台帳に記載されている人口の総数	3
26	A4101	出生数	戸籍法及び死産の届出に関する規程により届け出られた出生の数	5
27	A4103	合計特殊出生率	15～49歳までの女性の年齢別出生率を合計したもので、一人の女性がその年齢別出生率で一生の間に生むとしたときの子どもの数	5
28	A4200	死亡数	戸籍法及び死産の届出に関する規程により届け出られた死亡の数	5
29	A4201	死亡数(0～4歳)	戸籍法及び死産の届出に関する規程により届け出られた死亡(0～4歳)の数	5
30	A4231	死亡数(65歳以上)	戸籍法及び死産の届出に関する規程により届け出られた死亡(65歳以上)の数	5
31	A424001	年齢調整死亡率(男)	年齢構成の異なる地域間で死亡状況の比較ができるように年齢構成を調整しそろえた男性の死亡率	6
32	A424002	年齢調整死亡率(女)	年齢構成の異なる地域間で死亡状況の比較ができるように年齢構成を調整しそろえた女性の死亡率	6
33	A4270	死産数	妊娠満12週以後の死児の出産をいい、自然死産数と人工死産数の合計	5
34	A4271	死産数(妊娠満22週以後)	妊娠満22週以後の死児の死産数	5
35	A4272	早期新生児死亡数	生後1週未満の死亡数	5
36	A4280	新生児死亡数	生後4週未満の死亡数	5
37	A4281	乳児死亡数	生後1年未満の死亡数	5
38	A4301	標準化死亡率(日本人)	都道府県別の死亡率を比較する場合、地域における人口の年齢構成の違いが影響する。この影響を除去する目的で年齢構成が一定であったときに予期される死亡率を推計したもの	58
39	A5103	転入者数	市区町村又は都道府県の区域内に、他の市区町村又は都道府県から住所を移した者の数	4
40	A5104	転出者数	市区町村又は都道府県の境界を越えて他の区域へ住所を移した者の数	4
41	A6104	流出人口(従業地・通学地人口)	当該地域に常住し、他の地域へ通勤・通学している人口	1
42	A6106	流入人口(従業地・通学地人口)	他の地域に常住し、当該地域へ通勤・通学している人口	1

No.	項目符号	基礎データ名	説明	資料源※
43	A6108	昼夜間人口比率	夜間人口100人当たりの昼間人口の比率	1
44	A7101	総世帯数	一般世帯と施設等の世帯を合わせた数	1
45	A710101	一般世帯数	(1)住居と生計を共にしている人の集まり又は一戸を構えて住んでいる単身者 (2)上記の世帯と住居を共にし、別に生計を維持している間借り又は下宿している単身者 (3) 会社・団体・商店・官公庁などの寄宿舎、独身寮などに居住している単身者	1
46	A710201	一般世帯人員	一般世帯を構成する各人を合わせた数	1
47	A810102	核家族世帯数	一般世帯の親族のみの世帯のうち、夫婦のみの世帯、夫婦と子供から成る世帯、男親と子供から成る世帯、女親と子供から成る世帯の数	1
48	A810105	単独世帯数	世帯人員が一人の世帯数	1
49	A8111	65歳以上の世帯員のいる世帯数	一般世帯のうち65歳以上の世帯員のいる世帯数	1
50	A8201	夫65歳以上、妻60歳以上の夫婦のみの世帯数	一般世帯のうち夫65歳以上、妻60歳以上の夫婦一組のみの世帯数	1
51	A8301	65歳以上世帯員の単独世帯数	一般世帯のうち65歳以上の者一人のみの世帯数	1
52	A9101	婚姻件数	我が国において各年1月1日から12月31日までの間に市区町村長に届出のあった婚姻した日本人についての件数	5
53	A9201	離婚件数	我が国において各年1月1日から12月31日までの間に市区町村長に届出のあった離婚した日本人についての件数	5

B 自然環境

※資料源の番号は、「データの出典」に記載されている番号と対応している。

No.	項目符号	基礎データ名	説明	資料源※
1	B1101	総面積(北方地域及び竹島を除く)	北方地域及び竹島を除く日本の面積	1、7
2	B1102	総面積(北方地域及び竹島を含む)	北方地域及び竹島を含む日本の面積	1、7
3	B1103	可住地面積	総面積(北方地域及び竹島を除く。)から林野面積と主要湖沼面積を差し引いて算出したもの	_
4	B1106	森林面積	木材が集団的に生育している土地及びその土地の上にある立木竹並びに木竹の集団的な生育に供される土地の面積	8、9
5	B2101	自然公園面積	自然風景地の保護とともに自然とのふれあいを図ることを目的として指定される地域の面積	10
6	B4101	年平均気温	℃単位で小数第1位まで観測し、1日24回の観測値から日平均気温を求め、それから算出した年平均気温	11
7	B4102	最高気温(日最高気温の月平均の最高値)	毎日の連続的観測記録のうち、1日の最高気温から、月平均の日最高気温を求め、それらの月平均気温のうち、年間を通じて最高の月平均気温	11
8	B4103	最低気温(日最低気温の月平均の最低値)	毎日の連続的観測記録のうち、1日の最低気温から、月平均の日最低気温を求め、それらの月平均気温のうち、年間を通じて最低の月平均気温	11
9	B4106	降水日数(年間)	日降水量が1mm以上であった日の年間の日数	11
10	B4108	日照時間(年間)	回転式日照計による値であり、直射日光が地表を照射した時間の年間の合計	11
11	B4109	降水量(年間)	転倒ます型雨量計による観測値で年間の総降水量をmm単位で示したもの	11
12	B4111	年平均相対湿度	蒸気圧と飽和蒸気圧との比を百分率(%)で表したものであり、1日24回の観測値から日平均相対湿度を求め、これから算出されたもの	11

C　経済基盤

※資料源の番号は、「データの出典」に記載されている番号と対応している。

No.	項目符号	基礎データ名	説明	資料源※
1	C1111	県内総生産額	県内にある事業所の生産活動によって生み出された生産物の総額(産出額)から、中間投入額(原材料費・光熱費・間接費等)を控除したものの額	12
2	C120110	課税対象所得	各年度の個人の市町村民税の所得割の課税対象となった前年の所得金額をいい、地方税法に定める各所得控除を行う前のもの	13
3	C120120	納税義務者数(所得割)	個人の市町村民税の所得割の納税義務者数	13
4	C1211	県民所得	県民雇用者報酬、財産所得及び企業所得の合計	12
5	C121101	一人当たり県民所得	当該県の県民所得を当該県の総人口で除したもの	12
6	C1318	名目県民総所得	県内総生産(支出側)に県外からの純所得を加えたものの名目値(実際に市場で取り引きされている価格に基づいて推計された値)	12
7	C2107	事業所数	一定の場所を占めて、単一の経営主体のもと、従業者と設備を有して、物の生産や販売、サービスの提供が継続的に行われているものの数	14
8	C2108	民営事業所数	国及び地方公共団体の事業所を除く事業所の数	14、15
9	C210801	従業者1〜4人の民営事業所数	従業員1〜4人の民営事業所の数	14、15
10	C210806	従業者100〜299人の民営事業所数	従業員100〜299人の民営事業所の数	14、15
11	C210807	従業者300人以上の民営事業所数	従業員300人以上の民営事業所の数	14、15
12	C2111	第2次産業事業所数	鉱業、採石業、砂利採取業、建設業及び製造業の事業所の数	14
13	C2112	第3次産業事業所数	電気・ガス・熱供給・水道業、情報通信業、運輸業及びサービス業等の事業所の数	14
14	C2208	民営事業所従業者数	民営事業所の従業者数	14、15
15	C220801	従業者1〜4人の民営事業所の従業者数	従業者が1〜4人の民営事業所の従業者数	14、15
16	C220806	従業者100〜299人の民営事業所の従業者数	従業者が100〜299人の民営事業所の従業者数	14、15
17	C220807	従業者300人以上の民営事業所の従業者数	従業者が300人以上の民営事業所の従業者数	14、15
18	C2211	第2次産業従業者数	鉱業、採石業、砂利採取業、建設業及び製造業の従業者数	14
19	C2212	第3次産業従業者数	電気・ガス・熱供給・水道業、情報通信業、運輸業及びサービス業等の従業者数	14
20	C3101	農業産出額	当該年における品目別生産数量に品目別農家庭先販売価格を乗じて求めたものの合計額	16
21	C3102	農家数	調査日現在の経営耕地面積が10アール以上の農業を行う世帯又は調査期日前1年間における農産物販売金額が15万円以上あった世帯の数	8、9

No.	項目符号	基礎データ名	説明	資料源※
22	C310511	基幹的農業従事者数(個人経営体)	15歳以上の世帯員のうち、ふだん仕事として主に自営農業に従事している者の数	8、9
23	C3107	耕地面積	農作物の栽培を目的とする土地の面積	17
24	C3401	製造品出荷額等	製造品出荷額、加工賃収入額、その他収入額及び製造工程からでたくず及び廃物の出荷額の合計	15、18
25	C3403	製造業事業所数	工場、製作所、製造所あるいは加工所などと呼ばれているような、製造又は加工を行っている事業所の数	15、18
26	C3404	製造業従業者数	工場、製作所、製造所あるいは加工所などと呼ばれているような、製造又は加工を行っている事業所の従業者の数	15、18
27	C3501	商業年間商品販売額(卸売業＋小売業)	1年間の商業事業所における有体商品の販売額	15、87
28	C3502	商業事業所数(卸売業＋小売業)	有体的商品を購入して販売する事業所の数	15
29	C3503	商業従業者数(卸売業＋小売業)	有体的商品を購入して販売する事業所の従業者の数	15
30	C360111	国内銀行預金残高	国内銀行の年度末現在における預金残高	21
31	C360120	郵便貯金残高	郵便貯金の年度末現在における貯金残高	20
32	C5501	標準価格対前年平均変動率(住宅地)	住宅地の前年と継続する基準地の価格の変動率の単純平均	25
33	C5701	消費者物価地域差指数(総合)	世帯が購入する各種の財及びサービスの価格を総合した物価水準の地域間の差を、全国平均価格を基準(=100)とした指数値で表したもの(総合)＊持家の帰属家賃を除く。	24
34	C5702	消費者物価地域差指数(家賃を除く総合)	世帯が購入する各種の財及びサービスの価格を総合した物価水準の地域間の差を、全国平均価格を基準(=100)とした指数値で表したもの(家賃を除く総合)	24
35	C5703	消費者物価地域差指数(食料)	世帯が購入する各種の財及びサービスの価格を総合した物価水準の地域間の差を、全国平均価格を基準(=100)とした指数値で表したもの(食料)	24
36	C5704	消費者物価地域差指数(住居)	世帯が購入する各種の財及びサービスの価格を総合した物価水準の地域間の差を、全国平均価格を基準(=100)とした指数値で表したもの(住居)＊持家の帰属家賃を除く。	24
37	C5705	消費者物価地域差指数(光熱・水道)	世帯が購入する各種の財及びサービスの価格を総合した物価水準の地域間の差を、全国平均価格を基準(=100)とした指数値で表したもの(光熱・水道)	24
38	C5706	消費者物価地域差指数(家具・家事用品)	世帯が購入する各種の財及びサービスの価格を総合した物価水準の地域間の差を、全国平均価格を基準(=100)とした指数値で表したもの(家具・家事用品)	24
39	C5707	消費者物価地域差指数(被服及び履物)	世帯が購入する各種の財及びサービスの価格を総合した物価水準の地域間の差を、全国平均価格を基準(=100)とした指数値で表したもの(被服及び履物)	24
40	C5708	消費者物価地域差指数(保健医療)	世帯が購入する各種の財及びサービスの価格を総合した物価水準の地域間の差を、全国平均価格を基準(=100)とした指数値で表したもの(保健医療)	24

No.	項目符号	基礎データ名	説明	資料源※
41	C5709	消費者物価地域差指数(交通・通信)	世帯が購入する各種の財及びサービスの価格を総合した物価水準の地域間の差を、全国平均価格を基準(=100)とした指数値で表したもの(交通・通信)	24
42	C5710	消費者物価地域差指数(教育)	世帯が購入する各種の財及びサービスの価格を総合した物価水準の地域間の差を、全国平均価格を基準(=100)とした指数値で表したもの(教育)	24
43	C5711	消費者物価地域差指数(教養娯楽)	世帯が購入する各種の財及びサービスの価格を総合した物価水準の地域間の差を、全国平均価格を基準(=100)とした指数値で表したもの(教養娯楽)	24
44	C5712	消費者物価地域差指数(諸雑費)	世帯が購入する各種の財及びサービスの価格を総合した物価水準の地域間の差を、全国平均価格を基準(=100)とした指数値で表したもの(諸雑費)	24

D 行政基盤

※資料源の番号は、「データの出典」に記載されている番号と対応している。

No.	項目符号	基礎データ名	説明	資料源※
1	D2101	財政力指数(都道府県財政)	地方公共団体の財政力を示す指数で、基準財政収入額を基準財政需要額で除して得た数値の過去3年間の平均値	27
2	D2102	実質収支比率(都道府県財政)	実質収支の標準財政規模(臨時財政対策債発行可能額を含む。)に対する割合	27
3	D2103	経常収支比率(都道府県財政)	毎年度経常的に支出される経費に充当された一般財源の額が、毎年度経常的に収入される一般財源、減収補填債特例分、猶予特例債及び臨時財政対策債の合計額に占める割合	27
4	D2109	一般財源(都道府県財政)	地方税、地方譲与税、地方特例交付金及び地方交付税の合計額	26
5	D3101	歳入決算総額(都道府県財政)	「地方税」、「地方譲与税」、「地方特例交付金」、「地方交付税」、「国庫支出金」、「地方債」及び「その他」の総額	26
6	D310101	地方税(都道府県財政)	都道府県税と市町村税を合わせたもの	26
7	D310103	地方交付税(都道府県財政)	国税のうち、所得税、法人税、酒税及び消費税のそれぞれ一定割合及び地方法人税の全額を、国が地方公共団体に対して交付する税	26
8	D310108	国庫支出金(都道府県財政)	国と地方公共団体の経費負担区分に基づき、国が地方公共団体に対して支出する負担金、委託費、特定の施策の奨励又は財政援助のための補助金等の額	26
9	D3102	自主財源額(都道府県財政)	「地方税」、「分担金及び負担金」、「使用料」、「手数料」、「財産収入」、「寄付金」、「繰入金」、「繰越金」及び「諸収入」の額	26
10	D3103	歳出決算総額(都道府県財政)	「民生費」、「教育費」及び「土木費」等行政目的に着目した都道府県における「目的別歳出」の額	26
11	D310303	民生費(都道府県財政)	児童、高齢者、障害者等のための福祉施設の整備、運営、生活保護等の実施等を行っており、これらの諸施策に要する都道府県の経費	26
12	D3103031	社会福祉費(都道府県財政)	「民生費」のうち、都道府県における総合的な福祉対策に要する経費	26
13	D3103032	老人福祉費(都道府県財政)	「民生費」のうち、都道府県における老人福祉行政に要する経費	26
14	D3103033	児童福祉費(都道府県財政)	「民生費」のうち、都道府県における児童福祉行政に要する経費	26
15	D3103034	生活保護費(都道府県財政)	「民生費」のうち、都道府県における生活保護行政に要する経費	26
16	D310304	衛生費(都道府県財政)	医療、公衆衛生、精神衛生等に係る対策を推進するとともに、ごみなど一般廃棄物の収集・処理等、諸施策に要する都道府県における経費	26
17	D310305	労働費(都道府県財政)	就業者の福祉向上を図るため、職業能力開発の充実、金融対策、失業対策等の都道府県における施策に要する経費	26
18	D310306	農林水産業費(都道府県財政)	農林水産業の振興と食料の安定的供給を図るため、生産基盤の整備、構造改善、消費流通対策、農林水産業に係る技術の開発・普及等の都道府県における施策に要する経費	26
19	D310307	商工費(都道府県財政)	地域における商工業の振興とその経営の強化等を図るため、中小企業の経営力・技術力の向上、地域エネルギー事業の推進、企業誘致、消費流通対策等さまざまな都道府県における施策に要する経費	26
20	D310308	土木費(都道府県財政)	地域の基盤整備を図るため、道路、河川、住宅、公園等の公共施設の建設、整備等を行うとともに、これらの施設の維持管理に要する都道府県における経費	26

No.	項目符号	基礎データ名	説明	資料源※
21	D310309	警察費(都道府県財政)	犯罪の防止、交通安全の確保その他地域社会の安全と秩序を維持し、国民の生命、身体及び財産を保護するため、警察行政に要する都道府県における経費	26
22	D310311	教育費(都道府県財政)	教育の振興と文化の向上を図るため、学校教育、社会教育等の教育文化行政、教育施策に要する都道府県における経費	26
23	D3103112	小学校費(都道府県財政)	「教育費」のうち、都道府県における小学校費	26
24	D3103113	中学校費(都道府県財政)	「教育費」のうち、都道府県における中学校費	26
25	D3103114	高等学校費(都道府県財政)	「教育費」のうち、都道府県における高等学校費	26
26	D3103115	特別支援学校費(都道府県財政)	「教育費」のうち、都道府県における特別支援学校費	26
27	D3103116	幼稚園費(都道府県財政)	「教育費」のうち、都道府県における幼稚園費	26
28	D3103117	社会教育費(都道府県財政)	「教育費」のうち、都道府県における社会教育費	26
29	D310312	災害復旧費(都道府県財政)	地震、台風その他異常な自然現象等の災害によって、被災した施設を原形に復旧するために要する都道府県における経費	26
30	D310401	人件費(都道府県財政)	職員給、地方公務員共済組合等負担金、退職金、議員報酬等、委員等報酬等から成る都道府県における経費	26
31	D310404	扶助費(都道府県財政)	社会保障制度の一環として、生活困窮者、児童、障害者等を援助するために要する都道府県における経費	26
32	D310406	普通建設事業費(都道府県財政)	公共又は公用施設の新増設等に要する都道府県における経費	26
33	D310407	災害復旧事業費(都道府県財政)	地震、豪雨、台風等の災害によって被災した施設を原形に復旧するために要する経費の額	26
34	D310408	失業対策事業費(都道府県財政)	失業者に就業の機会を与えることを主たる目的として、道路、河川、公園の整備等を行う事業に要する経費の額	26
35	D3105	地方債現在高(都道府県財政)	地方公共団体が前年度までに発行した額のうち、当該年度までに償還した分を差し引き、それに当該年度の新規発行額を加えた年度末現在額	27
36	D3203	歳出決算総額(市町村財政)	「民生費」、「教育費」及び「土木費」等行政目的に着目した市町村における「目的別歳出」の額	26
37	D3203001	歳出決算総額(市町村財政・東京都分)	「民生費」、「教育費」及び「土木費」等行政目的に着目した東京都における「目的別歳出」の額	26
38	D320303	民生費(市町村財政)	児童、高齢者、障害者等のための福祉施設の整備、運営、生活保護等の実施等を行っており、これらの諸施策に要する市町村の経費	26
39	D3203031	社会福祉費(市町村財政)	「民生費」のうち、市町村における総合的な福祉対策に要する経費	26
40	D3203032	老人福祉費(市町村財政)	「民生費」のうち、市町村における老人福祉行政に要する経費	26
41	D3203033	児童福祉費(市町村財政)	「民生費」のうち、市町村における児童福祉行政に要する経費	26
42	D3203034	生活保護費(市町村財政)	「民生費」のうち、市町村における生活保護行政に要する経費	26

No.	項目符号	基礎データ名	説明	資料源※
43	D320304	衛生費(市町村財政)	医療、公衆衛生、精神衛生等に係る対策を推進するとともに、ごみなど一般廃棄物の収集・処理等、諸施策に要する市町村における経費	26
44	D320308	土木費(市町村財政)	地域の基盤整備を図るため、道路、河川、住宅、公園等の公共施設の建設、整備等を行うとともに、これらの施設の維持管理に要する市町村における経費	26
45	D3203099	消防費(東京都・市町村財政合計)	火災、風水害、地震等の災害から国民の生命、身体及び財産を守り、これらの災害を防除し、被害を軽減するため、消防行政に要する東京都及び市町村における経費	26
46	D320310	教育費(市町村財政)	教育の振興と文化の向上を図るため、学校教育、社会教育等の教育文化行政、教育施策に要する市町村における経費	26
47	D3203102	小学校費(市町村財政)	「教育費」のうち、市町村における小学校費	26
48	D3203103	中学校費(市町村財政)	「教育費」のうち、市町村における中学校費	26
49	D3203104	高等学校費(市町村財政)	「教育費」のうち、市町村における高等学校費	26
50	D3203105	特別支援学校費(市町村財政)	「教育費」のうち、市町村における特別支援学校費	26
51	D3203106	幼稚園費(市町村財政)	「教育費」のうち、市町村における幼稚園費	26
52	D3203107	社会教育費(市町村財政)	「教育費」のうち、市町村における社会教育費	26
53	D320311	災害復旧費(市町村財政)	地震、台風その他異常な自然現象等の災害によって、被災した施設を原形に復旧するために要する市町村における経費	26
54	D420101	都道府県民税	道府県内に住所を有する個人、道府県内に事務所等を有する法人等に賦課される税の収入額及び東京都が徴収した市町村税相当額との合計	26
55	D420102	市町村民税	市町村内に住所を有する個人、市町村内に事務所等を有する法人等に賦課される税の収入額	26
56	D420201	固定資産税(都道府県財政)	大規模の償却資産で地方税法第349条の4に定める額を超えるものについて当該市町村を包括する都道府県が例外的に課税したものの収入額	26
57	D420202	固定資産税(市町村財政)	土地、家屋並びに土地及び家屋以外の事業の用に供することができる有形償却資産に対し課する市町村税の収入額	26

E 教育

※資料源の番号は、「データの出典」に記載されている番号と対応している。

No.	項目符号	基礎データ名	説明	資料源※
1	E1101	幼稚園数	学校教育法に規定する幼稚園の数	28
2	E1301	幼稚園教員数	幼稚園の本務の教員及び教育活動の補助に当たっている教育補助員の合計数	28
3	E1501	幼稚園在園者数	5月1日現在、当該幼稚園の在園者として指導要録が作成されている者の数	28
4	E1502	公立幼稚園在園者数	5月1日現在、当該公立幼稚園の在園者として指導要録が作成されている者の数	28
5	E1601	幼稚園修了者数	当該年度幼稚園修了者数	28
6	E2101	小学校数	学校教育法に規定する小学校の数	28
7	E2301	小学校学級数	5月1日現在届出をしている等、正規の手続を完了している(小学校)学級数	28
8	E2401	小学校教員数	小学校の本務の教員数	28
9	E240102	小学校教員数(女)	小学校の本務の教員のうち女性の数	28
10	E2501	小学校児童数	5月1日現在、当該学校の在学者(ただし、1年以上居所不明の者を除く。)として指導要録が作成されている者の数	28
11	E250102	小学校児童数(公立)	5月1日現在、当該学校の在学者(ただし、1年以上居所不明の者を除く。)として指導要録が作成されている者の数	28
12	E2502	小学校児童数(第1学年児童数)	5月1日現在、当該学校の在学者(ただし、1年以上居所不明の者を除く。)として指導要録が作成されている第1学年の者の数	28
13	E250802	不登校による小学校長期欠席児童数(年度間30日以上)	「病気」や「経済的理由」以外の何かしらの理由で、登校しない(できない)ことにより長期欠席した小学校の児童数	77
14	E3101	中学校数	学校教育法に規定する中学校の数	28
15	E3301	中学校学級数	5月1日現在届出をしている等、正規の手続を完了している(中学校)学級数	28
16	E3401	中学校教員数	中学校の本務の教員数	28
17	E340102	中学校教員数(女)	中学校の本務の教員のうち女性の数	28
18	E3501	中学校生徒数	5月1日現在、当該学校の在学者(ただし、1年以上居所不明の者を除く。)として指導要録が作成されている者の数	28
19	E350101	中学校生徒数(公立)	5月1日現在、当該学校の在学者(ただし、1年以上居所不明の者を除く。)として指導要録が作成されている者の数	28
20	E350502	不登校による中学校長期欠席生徒数(年度間30日以上)	「病気」や「経済的理由」以外の何かしらの理由で、登校しない(できない)ことにより長期欠席した中学校の児童数	77
21	E3801	中学校卒業者の進学率	中学校卒業者のうち高等学校等への進学者の割合	28
22	E4101	高等学校数	学校教育法に規定する高等学校の数	28

No.	項目符号	基礎データ名	説明	資料源※
23	E4401	高等学校教員数	高等学校の本務の教員数	28
24	E4501	高等学校生徒数	5月1日現在、当該学校の在学者(ただし、1年以上居所不明の者を除く。)として指導要録が作成されている者の数	28
25	E4512	高等学校生徒数(公立)	5月1日現在、当該学校の在学者(ただし、1年以上居所不明の者を除く。)として指導要録が作成されている者の数	28
26	E4601	高等学校卒業者数	当該年度高等学校卒業者(全日制及び定時制)の数	28
27	E460220	高等学校卒業者のうち大学進学者数	調査年の3月に卒業した者のうち大学(学部)へ進学し、5月1日現在在籍する者の数	28
28	E4604	高等学校卒業者のうち就職者数	高等学校卒業者で経常的な収入を得る仕事に就いた就職者の数	28
29	E460410	高等学校卒業者のうち県内就職者数	高等学校卒業者で経常的な収入を得る仕事に就いた就職者のうち就職先が県内(出身高等学校が所在する県)である者の数	28
30	E4701	高等学校卒業者の進学率	高等学校卒業者のうち大学等への進学者の割合	28
31	E470201	当該県の高校出身者で当該県の大学入学者数	当該県の高等学校出身者で当該県に所在する大学へ入学した者の数	28
32	E470205	大学入学者数(高校所在地による)	当該県の高等学校出身者で大学に入学した者の数	28
33	E5801	特別支援学校生徒数(公立)	学校教育法に規定する特別支援学校(公立)の生徒数	28
34	E6101	短期大学数	学校教育法に規定する短期大学の数	28
35	E6102	大学数	学校教育法に規定する大学の数	28
36	E6403	大学入学者数	当該年度に大学へ入学した者で5月1日現在在籍する者の数	28
37	E6502	大学卒業者数	当該年度の3月に大学(学部)を卒業した者の数	28
38	E650220	大学卒業者のうち就職者数	大学卒業者で経常的な収入を得る仕事に就いた者の数	28
39	E650230	大学卒業者のうち家事手伝い・進路未定者数	大学卒業者のうち進学も就職もしていないことが明らかな者の数	28
40	E7101	専修学校数	学校教育法に規定する専修学校の数	28
41	E7102	各種学校数	学校教育法に規定する各種学校の数	28
42	E8101	在学者1人当たりの学校教育費(幼稚園)	公立の幼稚園における学校教育活動のために支出された在園者1人当たりの経費	30
43	E810101	在学者1人当たりの学校教育費(幼保連携型認定こども園)	公立の幼保連携型認定こども園における学校教育活動のために支出された在園者1人当たりの経費	30

No.	項目符号	基礎データ名	説明	資料源※
44	E8102	在学者1人当たりの学校教育費(小学校)	公立の小学校における学校教育活動のために支出された在学者1人当たりの経費	30
45	E8103	在学者1人当たりの学校教育費(中学校)	公立の中学校における学校教育活動のために支出された在学者1人当たりの経費	30
46	E8104	在学者1人当たりの学校教育費(高等学校・全日制)	公立の高等学校(全日制)における学校教育活動のために支出された在学者1人当たりの経費	30
47	E9101	最終学歴人口(卒業者総数)	最終卒業学校の種類別の人口	1
48	E9102	最終学歴人口(小学校・中学校)	小学校・中学校を最終卒業学校とした人口	1
49	E9103	最終学歴人口(高校・旧中)	高校・旧制中学校を最終卒業学校とした人口	1
50	E9105	最終学歴人口(短大・高専)	短大・高等専門学校を最終卒業学校とした人口	1
51	E9106	最終学歴人口(大学・大学院)	大学・大学院を最終卒業学校とした人口	1

F 労働

※資料源の番号は、「データの出典」に記載されている番号と対応している。

No.	項目符号	基礎データ名	説明	資料源※
1	F1101	労働力人口	就業者と完全失業者を合わせた人数	1
2	F110101	労働力人口(男)	就業者と完全失業者を合わせた人数のうち男性の数	1
3	F110102	労働力人口(女)	就業者と完全失業者を合わせた人数のうち女性の数	1
4	F1102	就業者数	賃金、給料、諸手当、営業収益、手数料、内職収入など収入(現物収入を含む。)を伴う仕事を少しでもした人の数	1
5	F1107	完全失業者数	収入を伴う仕事を少しもしなかった人のうち、仕事に就くことが可能であって、かつ、ハローワークに申し込むなどして積極的に仕事を探していた人の数	1
6	F1202	有業者数	ふだん収入を得ることを目的として仕事をしており、調査日以降もしていくことになっている者及び仕事は持っているが現在は休んでいる者の数	31
7	F1501	共働き世帯数	夫婦のいる一般世帯のうち、夫、妻ともに就業者の世帯の数	1
8	F2116	就業者数(65歳以上)	賃金、給料、諸手当、営業収益、手数料、内職収入など収入(現物収入を含む。)を伴う仕事を少しでもした65歳以上の人の数	1
9	F2201	第1次産業就業者数	農業・林業及び漁業の就業者の数	1
10	F2211	第2次産業就業者数	鉱業・採石業・砂利採取業、建設業及び製造業の就業者の数	1
11	F2221	第3次産業就業者数	電気・ガス・熱供給・水道業、情報通信業、運輸業及びサービス業等の就業者の数	1
12	F2401	雇用者数	会社・団体・個人や官公庁に雇用されている人で、役員(社長・取締役・監査役、理事・監事等)を除く人の数	1
13	F2704	県内就業者数	当該都道府県に常住する就業者のうち、従業地が自県内の者の数	1
14	F2705	他市区町村への通勤者数	当該市区町村に常住する者のうち、県内外を問わず他の市区町村で従業する者の数	1
15	F2803	他市区町村からの通勤者数	当該市区町村で従業する者のうち、県内外を問わず他の市区町村に常住する者の数	1
16	F3102	月間有効求職者数(一般)(年度計)	前月末日現在において、求職票の有効期限が翌月以降にまたがっている就職未決定の求職者と当月の新規求職申込件数の年度の合計数	32
17	F3103	月間有効求人数(一般)(年度計)	前月末日現在において、求人票の有効期限が翌月以降にまたがっている未充足の求人数と当月の新規求人数の年度の合計数	32
18	F3105	就職件数(一般)(年度計)	有効求職者が就職したことを確認した件数	32
19	F3211	パートタイム月間有効求職者数(常用)(年度計)	通常の労働者の1週間の所定労働時間に比し短い者の、月間有効求職者数	32
20	F3221	パートタイム就職件数(常用)	通常の労働者の1週間の所定労働時間に比し短い者のうち、雇用期間の定めが無いか又は4か月以上の雇用期間が定められている者の就職件数	32
21	F3241	女性パートタイム労働者数	通常の労働者より1日の所定労働時間が短い又は1週間の所定労働日数が少ない者のうち女性の労働者数	34
22	F3242	男性パートタイム労働者数	通常の労働者より1日の所定労働時間が短い又は1週間の所定労働日数が少ない者のうち男性の労働者数	34

No.	項目符号	基礎データ名	説明	資料源※
23	F3302	新規学卒者求職者数(高校)	高等学校の新規学卒者について、公共職業安定所及び学校において取り扱った求職状況を取りまとめたものの数	33
24	F3312	新規学卒者求人数(高校)	高等学校の新規学卒者について、公共職業安定所及び学校において取り扱った求人状況を取りまとめたものの数	33
25	F341206	一般労働者数(65歳以上)(企業規模10人以上の事業所)	企業規模10人以上の事業所における短時間労働者以外の65歳以上の人の数	34
26	F35021	障害者就職率	障害者の就職件数を障害者の新規求職申込件数で除したもの	19
27	F4201	継続就業者数	1年前も現在と同じ勤め先(企業)で就業していた者の数	31
28	F4202	転職者数	1年前の勤め先(企業)と現在の勤め先が異なる者の数	31
29	F4203	離職者数	1年前には仕事をしていたが、その仕事を辞めて、現在は仕事をしていない者の数	31
30	F4204	新規就業者数	1年前には仕事をしていなかったが、この1年間に現在の仕事に就いた者の数	31
31	F610203	所定内実労働時間数(男)	男性における、総実労働時間数から超過実労働時間数を差し引いた時間数	34
32	F610204	所定内実労働時間数(女)	女性における、総実労働時間数から超過実労働時間数を差し引いた時間数	34
33	F610205	超過実労働時間数(男)	男性における、所定内実労働時間以外に実際に労働した時間数及び所定休日において実際に労働した時間数をいう。	34
34	F610206	超過実労働時間数(女)	女性における、所定内実労働時間以外に実際に労働した時間数及び所定休日において実際に労働した時間数をいう。	34
35	F6207	男性パートタイムの給与	企業規模10人以上の事業所における、短時間労働者の1時間当たりのきまって支給する現金給与額のうち、超過労働給与額を差し引いた男性の額	34
36	F6206	女性パートタイムの給与	企業規模10人以上の事業所における、短時間労働者の1時間当たりのきまって支給する現金給与額のうち、超過労働給与額を差し引いた女性の額	34
37	F6407	新規学卒者所定内給与額(高校)(男)	学校教育法に基づく高校を卒業した者の、6月の1か月間の決まって支給する現金給与額のうち、超過労働給与額を差し引いた男性の額	34
38	F6408	新規学卒者所定内給与額(高校)(女)	学校教育法に基づく高校を卒業した者の、6月の1か月間の決まって支給する現金給与額のうち、超過労働給与額を差し引いた女性の額	34
39	F8101	労働災害度数率	100万延べ実労働時間当たりの労働災害による死傷者数をもって、災害発生の頻度を表したもの	72
40	F8102	労働災害強度率	1,000延べ実労働時間当たりの延べ労働損失日数をもって、災害の重さの程度を表したもの	72

G 文化・スポーツ
※資料源の番号は、「データの出典」に記載されている番号と対応している。

No.	項目符号	基礎データ名	説明	資料源※
1	G1201	公民館数	市町村その他一定区域内の住民のために、生活文化の振興、社会福祉の増進に寄与することを目的とした施設の数	35
2	G1401	図書館数	図書、記録その他必要な資料を収集し、整理し、保存して、一般公衆の利用に供し、その教養、調査研究、レクリエーション等に資することを目的とした施設の数	35
3	G1501	博物館数	歴史、芸術、民俗、産業、自然科学等に関する資料を収集し、保管し、展示して教育的配慮の下に一般公衆の利用に供することを目的とした施設の数	35
4	G1602	青少年教育施設数	青少年のために団体宿泊訓練又は各種の研修を行い、あわせてその施設を青少年の利用に供することを目的とした施設の数	35
5	G2101	青少年学級・講座数	一定期間にわたって組織的・継続的に行われる青少年を対象とした学級・講座の数	35
6	G2102	成人一般学級・講座数	一定期間にわたって組織的・継続的に行われる成人一般を対象とした学級・講座の数	35
7	G2103	女性学級・講座数	一定期間にわたって組織的・継続的に行われる女性のみを対象とした学級・講座の数	35
8	G2104	高齢者学級・講座数	一定期間にわたって組織的・継続的に行われるおおむね60歳以上の高齢者のみを対象とした学級・講座の数	35
9	G3102	社会体育施設数	一般の利用に供する目的で地方公共団体が設置した体育館、水泳プール、運動場等のスポーツ施設の数	35
10	G310203	多目的運動広場数（公共）	面積が992㎡以上で、必要に応じて各種のスポーツが行えるものの数	35
11	G5101	常設の興行場数（映画館）	都道府県知事の許可を受けた常設の興行場のうち映画館の数	36
12	G5105	一般旅券発行件数	国の用務のため外国に渡航する者等へ発給される旅券以外の旅券であり、有効期間が5年、10年及び有効期間を限定したものの発行件数	39
13	G6417	ボランティア活動年間行動者率(10歳以上)	10歳以上人口に占める過去1年間にボランティア活動を行った人の割合（%）	37
14	G6500	スポーツ年間行動者率(10歳以上)	10歳以上人口に占める過去1年間にスポーツ活動を行った人の割合（%）	37
15	G6600	旅行・行楽年間行動者率(10歳以上)	10歳以上人口に占める過去1年間に旅行・行楽活動を行った人の割合（%）	37
16	G6605	海外旅行年間行動者率(10歳以上)	10歳以上人口に占める過去1年間に海外旅行活動を行った人の割合（%）	37
17	G7105	客室稼働率	利用客室数を総客室数で除して算出した率	38

H 居住

No.	項目符号	基礎データ名	説明	資料源※
1	H1100	総住宅数	一戸建の住宅やアパートのように完全に区画された建物の一部で、一つの世帯が独立して家庭生活を営むことができるように建築又は改造されたものの数	40
2	H1101	居住世帯あり住宅数	ふだん人が居住している住宅で、調査日現在当該住居に既に3か月以上にわたって住んでいるか、あるいは調査日の前後を通じて3か月以上にわたって住むことになっている住宅数	40
3	H110202	空き家数	別荘等のふだんは人が住んでいない二次的住宅や賃貸や売却のために人が住んでいない住宅及びそれ以外の人が住んでいない住宅の数	40
4	H1310	持ち家数	そこに居住している世帯が全部又は一部を所有している住宅の数	40
5	H1320	借家数	そこに居住している世帯以外の者が所有又は管理している住宅の数	40
6	H1322	民営借家数	国・都道府県・市区町村・都市再生機構(UR)・公社以外のものが所有又は管理している賃貸住宅で、「給与住宅」でないものの数	40
7	H1401	一戸建住宅数	一つの建物が1住宅であるものの数	40
8	H1403	共同住宅数	一棟の中に二つ以上の住宅があり、廊下・階段などを共用しているものや二つ以上の住宅を重ねて建てたものの数	40
9	H1800	着工新設住宅戸数	住宅の新築、増築又は改築によって新たに造られる住宅の戸の数	41
10	H1801	着工新設持ち家数	新築、増築又は改築によって新たに造られる住宅で、建築主が自分で居住する目的で建築するものの数	41
11	H1802	着工新設貸家数	新築、増築又は改築によって新たに造られる住宅で、建築主が賃貸する目的で建築するものの数	41
12	H211010	1住宅当たり居住室数(持ち家)	住宅の居間、茶の間、寝室、客間、書斎、応接間、仏間、食事室兼台所などの居住室の数(持ち家)	40
13	H211020	1住宅当たり居住室数(借家)	住宅の居間、茶の間、寝室、客間、書斎、応接間、仏間、食事室兼台所などの居住室の数(借家)	40
14	H212010	1住宅当たり居住室の畳数(持ち家)	住宅の居間、茶の間、寝室、客間、書斎、応接間、仏間、食事室兼台所などの居住室の畳数(広さ)の合計(持ち家)	40
15	H212020	1住宅当たり居住室の畳数(借家)	住宅の居間、茶の間、寝室、客間、書斎、応接間、仏間、食事室兼台所などの居住室の畳数(広さ)の合計(借家)	40
16	H213010	1住宅当たり延べ面積(持ち家)	住宅の床面積の合計(持ち家)	40
17	H213020	1住宅当たり延べ面積(借家)	住宅の床面積の合計(借家)	40
18	H2140	1住宅当たり敷地面積	住宅及び附属建物の敷地となっている土地の面積	40
19	H2500	着工居住用建築物床面積	専ら居住の用に供せられる建築物及び産業用と居住用が結合した建築物で、居住用の床面積が延べ面積の20%以上である建築物の床面積の合計	41
20	H2601	着工新設持ち家床面積	建築主が自分で居住する目的で建築するものの床面積	41
21	H2603	着工新設貸家床面積	建築主が賃貸する目的で建築するものの床面積	41
22	H3110	普通世帯数	住居と生計を共にしている家族などの世帯の数	40

No.	項目符号	基礎データ名	説明	資料源※
23	H3111	主世帯数	1住宅に1世帯が住んでいる場合及び2世帯以上住んでいる場合は主な世帯(家の持ち主や借主の世帯など)の数	40
24	H352401	1人当たり畳数(持ち家・主世帯)	住宅の居間、茶の間、寝室、客間、書斎、応接間、仏間、食事室兼台所などの居住室の1人当たりの畳数(持ち家)	40
25	H352402	1人当たり畳数(借家・主世帯)	住宅の居間、茶の間、寝室、客間、書斎、応接間、仏間、食事室兼台所などの居住室の1人当たりの畳数(借家)	40
26	H3730	最低居住面積水準以上の主世帯数	世帯人員に応じて、健康で文化的な住生活を営む基礎として必要不可欠な住宅の面積に関する水準以上の住宅に居住する主世帯の数	40
27	H410302	3.3㎡当たり家賃(民営賃貸住宅)	民営借家の都道府県庁所在市における毎月の調査値の3.3㎡当たり年平均価格	23
28	H4320	着工居住用建築物工事費予定額	専ら居住の用に供せられる建築物の工事に要する予定額であって主体工事費及び建築設備の工事費を合算した額	41
29	H5104	発電電力量	電気事業者が発電した電気の量(火力、水力、原子力、新エネルギー等発電所(風力、太陽光、地熱、バイオマス、廃棄物)、その他の合計)	42
30	H5105	電力需要量	電圧別(特別高圧、高圧、低圧計(特定需要、一般需要))の需要実績の合計	42
31	H5205	ガソリン販売量	石油製品製造・輸入業者の販売業者向け及び消費者向け販売数量の年度合計	43
32	H530101	上水道給水人口	計画給水人口が5,001人以上の水道で、年度末現在において当該水道により居住に必要な給水を受けている人口	44
33	H530102	簡易水道給水人口	計画給水人口が101人以上、5,000人以下の水道で、年度末現在において当該水道により居住に必要な給水を受けている人口	44
34	H530103	専用水道給水人口	寄宿舎、社宅等の自家用水道等で100人を越える居住者に給水するもの又は1日の最大給水量が20㎥を超えるもので、年度末現在において当該水道により居住に必要な給水を受けている人口	44
35	H540301	下水道排水区域人口	公共下水道、流域下水道及び特定環境保全公共下水道により下水を排除できる地域の年度末現在の人口	45
36	H550701	非水洗化人口	市町村等がその計画収集区域内において、し尿の収集を行っている人口と自家処理を行っている人口	46
37	H5609	ごみ総排出量	計画収集量、直接搬入量及び集団回収量の合計	46
38	H5614	ごみのリサイクル率	ごみの総処理量及び集団回収量のうち、直接資源化量、中間処理後再生利用量及び集団回収量の占める割合	46
39	H5615	ごみ最終処分量	直接最終処分量、焼却残渣量及び処理残渣量の合計	46
40	H5617	最終処分場残余容量	埋立中の処分地における残余容量及び工事着工した処分地の計画容量の合計	46
41	H6105	セルフサービス事業所数	総合スーパー、専門スーパー、コンビニエンスストア、その他のスーパー及び広義ドラッグストアの事業所を合計した数	15
42	H610504	コンビニエンスストア数	主として飲料食品を中心とした各種最寄り品をセルフサービス方式で小売する事業所で、店舗規模が小さく、終日又は長時間営業を行う事業所の数	15
43	H6107	理容・美容所数	理容師法による理容所と、美容師法による美容所の施設数	36
44	H6108	クリーニング所数	クリーニング業法によるクリーニング所の施設数	36

No.	項目符号	基礎データ名	説明	資料源※
45	H6109	公衆浴場数	公衆浴場入浴料金の統制額の指定等に関する省令に基づく都道府県知事の統制を受け、かつ、当該施設の配置について都道府県の条例による規制の対象にされている施設の数	36
46	H6130	小売店数	個人用又は家庭用消費のために商品を販売するもの及び建設業、農林水産業等の産業用使用者に少量又は少額に商品を販売する店の数	14、15
47	H6131	飲食店数	客の注文に応じ調理した飲食料品、その他の食料品、アルコールを含む飲料をその場所で飲食させる店の数	14、15
48	H6132	大型小売店数	民営の小売業事業所のうち、50人以上の従業者を有する事業所の数	14、15
49	H6133	百貨店、総合スーパー数	衣・食・住にわたる各種の商品を小売する民営の事業所で、その事業所の性格上いずれが主たる販売商品であるかが判別できない事業所をいい、ここでは、従業者が常時50人以上の事業所の数	14、15
50	H7110	道路実延長	高速自動車国道を除く道路の総延長から重用延長、未供用延長及び渡船延長を除いた延長	50
51	H7111	主要道路実延長	一般国道、主要地方道(主要市道を含む。)及び一般都道府県道の実延長の合計	50
52	H7112	市町村道実延長	市町村の区域内に存する道路の実延長で、市町村長がその路線を認定したものの合計	50
53	H7121	主要道路舗装道路実延長	一般国道、主要地方道(主要市道を含む。)及び一般都道府県道のうち、セメント系・アスファルト系舗装道及び簡易舗装道の合計	50
54	H7122	市町村道舗装道路実延長	市町村の区域内に存する道路の実延長で、市町村長がその路線を認定したもののうち、セメント系・アスファルト系舗装道及び簡易舗装道の合計	50
55	H740104	家計を主に支える者が雇用者である普通世帯数(通勤時間90分以上)	家計を主に支える者が雇用者であって、自宅から勤め先までの通常の通勤所要時間(片道)が90分以上である普通世帯数	40
56	H7501	郵便局数	直営の郵便局(分室も含む。)及び簡易郵便局の合計数	47
57	H760101	住宅用電話加入数	住宅用として契約された単独電話の数	48
58	H7604	携帯電話契約数	移動通信に契約している数で、平成24年度以降はPHSを含む数	49
59	H8101	都市計画区域指定面積	都市計画法第5条の規定により、指定された区域の面積	51
60	H8102	市街化調整区域面積	都市計画法第7条の規定により、市街化を抑制すべき区域の面積	51
61	H8104	用途地域面積	土地の自然的条件及び土地利用の動向を勘案して、住居、商業、工業その他の用途を適正に配分した地域の面積	51
62	H810401	住居専用地域面積	第一種・第二種住居専用地域を合算した面積	51
63	H810407	工業専用地域面積	工業の利便を増進するため定められた地域の面積	51
64	H9101	都市公園数	国及び地方公共団体が設置する都市計画施設である公園又は緑地及び地方公共団体が都市計画区域内に設置する公園又は緑地の数	52
65	H9201	都市公園面積	国及び地方公共団体が設置する都市計画施設である公園又は緑地及び地方公共団体が都市計画区域内に設置する公園又は緑地の面積	52

I 健康・医療

※資料源の番号は、「データの出典」に記載されている番号と対応している。

No.	項目符号	基礎データ名	説明	資料源※
1	I1101	平均余命(0歳)(男)	0歳の男性が、その後生存できると期待される平均年数	59、60
2	I1102	平均余命(0歳)(女)	0歳の女性が、その後生存できると期待される平均年数	59、60
3	I1501	平均余命(65歳)(男)	65歳に達した男性が、その後生存できると期待される平均年数	59、60
4	I1502	平均余命(65歳)(女)	65歳に達した女性が、その後生存できると期待される平均年数	59、60
5	I411201	身長(中学2年)(男)	中学2年男性の身長計測値の合計を被計測者数で除して求めた平均値	62
6	I411202	身長(中学2年)(女)	中学2年女性の身長計測値の合計を被計測者数で除して求めた平均値	62
7	I412201	体重(中学2年)(男)	中学2年男性の体重計測値の合計を被計測者数で除して求めた平均値	62
8	I412202	体重(中学2年)(女)	中学2年女性の体重計測値の合計を被計測者数で除して求めた平均値	62
9	I510110	精神科病院数	精神病床のみを有する病院の数	53
10	I510120	一般病院数	精神科病院以外の病院の数	53
11	I5102	一般診療所数	医業又は歯科医業を行う場所(歯科医業のみは除く。)であって、患者の入院施設を有しないもの又は患者19人以下の入院施設を有するものの数	53
12	I5103	歯科診療所数	歯科医業を行う場所であって、患者の入院施設を有しないもの又は患者19人以下の入院施設を有するものの数	53
13	I521110	一般病院病床数	一般病院の病床数	53
14	I521130	精神病床数	精神科病院の病床数及び一般病院の精神病室の病床数の合計	53
15	I540201	救急告示病院数	医師が常時診療に従事し、手術などに必要な施設及び設備を備えるなど一定の基準に該当する病院であって、救急業務に協力する旨が告示された施設数	53
16	I540202	救急告示一般診療所数	医師が常時診療に従事し、手術などに必要な施設及び設備を備えるなど一定の基準に該当する診療所であって、救急業務に協力する旨が告示された施設数	53
17	I5506	介護療養型医療施設数	医療法に規定する医療施設かつ、介護保険法による都道府県知事の指定を受けた施設で、療養上の管理、看護、医学的管理の下における介護その他の必要な医療を行う施設の数	54
18	I6101	医療施設医師数	医師法に規定する医師国家試験に合格し、厚生労働大臣の免許を受け、医療施設に就業する者の数	55
19	I611112	一般病院医師数(常勤)	施設の所定の全診療時間を通じて勤務する医師の数	53
20	I6201	医療施設歯科医師数	歯科医師法に規定する歯科医師国家試験に合格し、厚生労働大臣の免許を受け、医療施設に就業する者の数	55
21	I6401	看護師数(医療従事者)	医療施設に就業する看護師のうち、看護業務に現に従事している者の数	36

No.	項目符号	基礎データ名	説明	資料源※
22	I641111	一般病院看護師数	一般病院に就業する看護師のうち、看護業務に現に従事している者の数	53
23	I6501	准看護師数(医療従事者)	医療施設に就業する准看護師のうち、看護業務に現に従事している者の数	36
24	I651111	一般病院准看護師数	一般病院に就業する准看護師のうち、看護業務に現に従事している者の数	53
25	I6801	保健師数	保健師のうち、現に保健業務に従事している者の数	36
26	I7101	医薬品販売業数	医薬品、医療機器等の品質、有効性及び安全性の確保等に関する法律第24条の規定により医薬品販売業の許可を受けたものの数	36
27	I7102	薬局数	医薬品、医療機器等の品質、有効性及び安全性の確保等に関する法律第4条第1項の規定により許可を受けている薬局(同条第2項の規定により更新を受けたものを含む。)の数	36
28	I8103	有訴者率	世帯員(入院者を除く。)のうち、病気やけが等で自覚症状のある者の人口千人当たりの数	61
29	I8104	通院者率	世帯員(入院者を除く。)のうち、病気やけがで病院や診療所、あん摩・はり・きゅう・柔道整復師に通っている者の人口千人当たりの数	61
30	I821101	一般病院外来患者延数	新来・再来・往診・巡回診療患者の区別なく、全てを合計した一般病院の患者の数	56
31	I821102	一般病院新入院患者数	一般病院に新たに入院した患者数であり、入院してその日のうちに退院した者も含む。	56
32	I821103	一般病院退院患者数	一般病院を退院した患者数であり、入院してその日のうちに退院した者も含む。	56
33	I821104	一般病院在院患者延数	毎日24時現在、一般病院に在院中の患者の当年中の合計数	56
34	I8401	2,500g未満の出生数	体重が2,500g未満で出生した乳児の数	5
35	I9101	生活習慣病による死亡者数	悪性新生物(腫瘍)、糖尿病、高血圧性疾患、心疾患(高血圧性を除く。)、脳血管疾患による死亡者数の合算値	5
36	I9102	悪性新生物(腫瘍)による死亡者数	人口動態調査における死因簡単分類コード02100の死因による死亡者数	5
37	I9103	糖尿病による死亡者数	人口動態調査における死因簡単分類コード04100の死因による死亡者数	5
38	I9104	高血圧性疾患による死亡者数	人口動態調査における死因簡単分類コード09100の死因による死亡者数	5
39	I9105	心疾患(高血圧性を除く)による死亡者数	人口動態調査における死因簡単分類コード09200の死因による死亡者数	5
40	I9106	脳血管疾患による死亡者数	人口動態調査における死因簡単分類コード09300の死因による死亡者数	5
41	I9110	不慮の事故による死亡者数	人口動態調査における死因簡単分類コード20100の死因による死亡者数	5
42	I9111	妊娠、分娩及び産じょくによる死亡者数	人口動態調査における死因簡単分類コード15000の死因による死亡者数	5

J 福祉・社会保障

※資料源の番号は、「データの出典」に記載されている番号と対応している。

No.	項目符号	基礎データ名	説明	資料源※
1	J1105	生活保護被保護実人員	現に保護を受けた人員及び保護停止中の人員の数	63
2	J110602	生活保護住宅扶助人員	居住に必要な金銭(現物)の給付を受けた人員の数。出典のデータは年度累計データであるため、1/12としている。	63
3	J110603	生活保護教育扶助人員	義務教育を受けるために必要な金銭(現物)の給付を受けた人員の数。出典のデータは年度累計データであるため、1/12としている。	63
4	J110604	生活保護医療扶助人員	治療を受けるに必要な金銭(現物)の給付を受けた人員の数。出典のデータは年度累計データであるため、1/12としている。	63
5	J1106041	生活保護介護扶助人員	介護に必要な金銭(現物)の給付を受けた人員の数。出典のデータは年度累計データであるため、1/12としている。	63
6	J110702	生活保護被保護高齢者数(65歳以上)	生活保護法による被保護者のうち、65歳以上の者の数	63
7	J1200	身体障害者手帳交付数	身体に障害のある者の申請に基づき、都道府県知事、指定都市及び中核市の市長が交付する手帳について、各都道府県等に備え付けられている台帳に記載されている数	64
8	J2201	保護施設数(詳細票)(医療保護施設を除く)	生活保護法に基づき、保護を必要とする生活困窮者の福祉対策として設置されているものの数	29
9	J2203	保護施設定員数(詳細票)(医療保護施設を除く)	生活保護法に基づき、保護を必要とする生活困窮者の福祉対策として設置されている施設の許可等を受けた定員の数	29
10	J2206	保護施設在所者数(詳細票)(医療保護施設を除く)	調査日現在に保護施設に在所している者の数	29
11	J230111	養護老人ホーム数(詳細票)	65歳以上の者で、環境上の理由及び経済的理由により居宅で養護を受けることが困難な者を入所させ、養護することを目的とする施設の数	29
12	J230112	養護老人ホーム定員数(詳細票)	65歳以上の者で、環境上の理由及び経済的理由により居宅で養護を受けることが困難な者を入所させ、養護することを目的とする施設における定員の数	29
13	J230113	養護老人ホーム在所者数(詳細票)	調査日現在に養護老人ホームに在所している者の数	29
14	J230121	介護老人福祉施設数(詳細票)	老人福祉法に規定する特別養護老人ホームで、かつ、介護保険法による都道府県知事の指定を受けた施設の数	54
15	J230124	介護老人福祉施設定員数(詳細票)	老人福祉法に規定する特別養護老人ホームで、かつ、介護保険法による都道府県知事の指定を受けた施設における定員の数	54
16	J230125	介護老人福祉施設在所者数(詳細票)	調査日現在に介護老人福祉施設に在所している者の数	54
17	J230131	軽費老人ホーム数(詳細票)	無料又は低額な料金で老人を入所させ、食事の提供その他日常生活上必要な便宜を供与する施設の数	29
18	J230132	軽費老人ホーム定員数(詳細票)	無料又は低額な料金で老人を入所させ、食事の提供その他日常生活上必要な便宜を供与する施設における定員の数	29
19	J230133	軽費老人ホーム在所者数(詳細票)	調査日現在に軽費老人ホームに在所している者の数	29

No.	項目符号	基礎データ名	説明	資料源※
20	J230155	訪問介護事業所数	居宅サービス事業のうち、居宅で介護福祉士等から受ける入浴、排せつ、食事等の介護その他日常生活上の世話をする事業所の数	54
21	J230156	訪問介護利用者数	9月中に居宅サービス事業所の訪問介護サービスを利用した者の数	54
22	J230221	有料老人ホーム数(詳細票)	老人を入所させ、入浴、排せつ若しくは食事の介護、食事の提供又はその他日常生活上必要な便宜を供与する施設の数	29
23	J230222	有料老人ホーム定員数(詳細票)	有料老人ホームにおいて、許可等を受けた定員の数	29
24	J230223	有料老人ホーム在所者数(詳細票)	調査日現在その施設有料老人ホームに在所している者の数	29
25	J250101	児童福祉施設等数(詳細票)(保育所等を除く)	児童福祉法に基づき設置されるもので、乳児院、母子生活支援施設、地域型保育事業所、児童養護施設、障害児入所施設、児童発達支援センター、児童心理治療施設、児童自立支援施設を合算した数	29
26	J2503	保育所等数(詳細票)	保育を必要とする乳児・幼児を日々保護者の下から通わせ、保育を行うことを目的とする施設の数	29
27	J2506	保育所等在所児数(詳細票)	保育所等に10月1日現在、在所(籍)している者の数	29
28	J2540	認定こども園数	保護者の就労の有無にかかわらず、就学前の子どもに幼児教育・保育を提供し、地域における子育て支援を併せ持っている施設の数	22
29	J250604	公営保育所等在所児数(詳細票)	公営保育所等に10月1日現在、在所(籍)している者の数	29
30	J2508	保育所等修了者数(詳細票)	10月1日現在の保育所等在所(籍)者のうち、5歳児の半数及び6歳児を合計した年度末の修了者数	29
31	J2526	保育所等保育士数(詳細票)	登録を受け、保育士の名称を用いて、専門的知識及び技術をもって、児童の保育及び児童の保護者に対する保育に関する指導を行うことを業とする者の数	29
32	J3101	民生委員(児童委員)数	生活困窮者、老人、児童、障害者等で援護を要する者の相談に応じ、援助を行うため、民生委員法に基づき厚生労働大臣が委嘱した者の数	64
33	J3201	民生委員(児童委員)相談・支援件数	民生委員(児童委員)による地域住民の福祉増進のための相談・支援等の活動状況を合計した数	64
34	J3207	児童相談所受付件数	児童相談所が受け付けた相談件数のうち、当該年度中に判定会議等の結果、相談種別を決定した件数	64
35	J4004	1人当たりの国民医療費	国民医療費を当該年度の総人口で除した金額	65
36	J4101	国民健康保険被保険者数	他の被用者保険加入者や生活保護受給世帯を除く全ての被保険者の数	66
37	J4106	国民健康保険被保険者受診率(千人当たり)	国民健康保険の被保険者1,000人当たりの診療件数	66
38	J4107	国民健康保険被保険者1人当たり診療費	国民健康保険の被保険者1人当たりの診療費	66
39	J4202	全国健康保険協会管掌健康保険被保険者数	強制適用被保険者、任意適用被保険者及び任意継続被保険者を合計した数	67

No.	項目符号	基礎データ名	説明	資料源※
40	J4203	全国健康保険協会管掌健康保険被扶養者数	被保険者に扶養されている者の数	67
41	J420421	全国健康保険協会管掌健康保険被保険者千人当たり受診率	全国健康保険協会管掌健康保険の被保険者の1,000人当たり診療件数	67
42	J420422	全国健康保険協会管掌健康保険被扶養者千人当たり受診率	全国健康保険協会管掌健康保険の被扶養者の1,000人当たり診療件数	67
43	J420531	全国健康保険協会管掌健康保険被保険者1人当たり医療費	全国健康保険協会管掌健康保険の被保険者1人当たりの医療費	67
44	J420532	全国健康保険協会管掌健康保険被扶養者1人当たり医療費	全国健康保険協会管掌健康保険の被扶養者1人当たりの医療費	67
45	J450320	1人当たり後期高齢者医療費	後期高齢者医療費を当該年度の平均被保険者数で除した金額	68
46	J520101	国民年金被保険者数(第1号)	国民年金法第7条第1項第1号に規定する被保険者(農林漁家従事者、自営業者、学生等)の数	69
47	J520102	国民年金被保険者数(第3号)	国民年金法第7条第1項第3号に規定する被保険者(第2号被保険者の被扶養配偶者)の数	69
48	J6102	雇用保険被保険者数	雇用保険の適用事業所に雇用される全ての労働者の数	70
49	J6105	雇用保険基本手当受給者実人員	雇用保険基本手当給付を受けた受給資格者の実数	70
50	J6302	労働者災害補償保険適用労働者数	非現業の官公署、国の直営事業及び船員を除く労働者を雇用する事業場に雇用される全ての適用労働者の数	71
51	J6303	労働者災害補償保険給付件数	業務災害の療養補償給付及び通勤災害の療養給付に係る保険給付件数	71

K 安全

※資料源の番号は、「データの出典」に記載されている番号と対応している。

No.	項目符号	基礎データ名	説明	資料源※
1	K1101	消防本部・署数	消防本部及び消防署とその出張所の合計数	73
2	K1103	消防吏員数	主として消防活動に従事することに伴い、消防法上特別な権限（火災予防の措置命令、消防警戒区域の設定等）を有している者の数	73
3	K1104	消防団・分団数	消防団数と分団数の合計数	73
4	K1106	消防ポンプ自動車等現有数	消防本部、消防署及び消防団所有の消防自動車等の総数	73
5	K1107	消防水利数	消火栓、防火水槽、井戸及びその他を合計した数	73
6	K1201	消防機関出動回数	消防本部及び消防署と消防団の出動回数を合計した数	73
7	K120201	火災のための消防機関出動回数	建物火災、林野火災など全ての火災消火のための消防機関出動回数	73
8	K1209	救急自動車数	救急事故による傷病者が発生した場合、これを救急隊によって、医療機関その他の場所へ緊急に搬送する救急自動車の数	57
9	K1210	救急出動件数	救急自動車及び消防防災ヘリコプターによる出動件数	57
10	K2101	出火件数	全ての火災の総件数	74
11	K2102	建物火災出火件数	建物又はその収容物が焼損した火災件数	74
12	K2106	建物火災損害額	建物火災に関する焼き損害と消火損害の損害額	74
13	K2109	火災死傷者数	「応急消火義務者」、「消防協力者」及び「その他」の死者と負傷者の合計数	74
14	K2210	火災保険住宅物件・一般物件新契約件数	住宅物件・一般物件に係る住宅火災保険、普通火災保険及び総合保険の新契約件数の合計	84
15	K2214	火災保険住宅物件・一般物件保険金支払件数	住宅物件・一般物件に係る住宅火災保険、普通火災保険及び総合保険の支払件数の合計	84
16	K2216	火災保険住宅物件・一般物件保険金支払金額	住宅物件・一般物件に係る住宅火災保険、普通火災保険及び総合保険の支払金額の合計	84
17	K3101	交通事故発生件数	道路交通法に規定されている道路において、車両、路面電車及び列車の交通によって起こされた人の死亡又は負傷を伴う事故の件数	76
18	K3102	交通事故死傷者数	交通事故による「交通事故死者数」と「交通事故負傷者数」の合計数	76
19	K3103	交通事故死者数	交通事故の発生後24時間以内に死亡した者の数	76
20	K3201	立体横断施設数	一般国道、都道府県道及び市町村道に設置された横断歩道橋及び地下横断歩道の箇所数	50
21	K4102	警察官数	警視正以上の階級にある警察官を除く警察官の数	79

No.	項目符号	基礎データ名	説明	資料源※
22	K4201	刑法犯認知件数	犯罪について被害の届出、告訴、告発、その他の端緒によりその発生を警察において認知した件数	78
23	K420103	窃盗犯認知件数	「窃盗」について被害の届出、告訴、告発、その他の端緒によりその発生を警察において認知した件数	78
24	K4202	刑法犯検挙件数	犯罪について被疑者を特定し、送致・送付又は微罪処分に必要な捜査を遂げた事件の数	78
25	K420203	窃盗犯検挙件数	「窃盗」について被疑者を特定し、送致・送付又は微罪処分に必要な捜査を遂げた事件の数	78
26	K4401	道路交通法違反検挙総件数(告知・送致)	車両等の運転に関するものの反則事件告知件数と非反則事件送致件数を合計したものの数	78
27	K5112	災害被害額	暴風、竜巻、豪雨、豪雪、洪水、崖崩れ、土石流、高潮、地震、津波、噴火、地滑り、その他の異常な自然現象における被害額	75
28	K6103	公害苦情件数(典型7公害)	環境基本法に定める公害であり、大気汚染、水質汚濁、土壌汚染、騒音、振動、地盤沈下及び悪臭により健康や生活環境に係る苦情の件数	80
29	K610501	ばい煙発生施設数	年度末現在の大気汚染防止法、電気事業法、ガス事業法及び鉱山保安法に係るばい煙発生施設の合計数	81
30	K610502	一般粉じん発生施設数	年度末現在の大気汚染防止法、電気事業法、ガス事業法及び鉱山保安法に係る一般粉じん発生施設数の合計数	81
31	K6106	水質汚濁防止法上の特定事業場数	水質汚濁防止法及び瀬戸内海環境保全特別措置法の規定に基づき届出又は許可のあった特定施設を設置する工場、事業場の数	82
32	K7105	民間生命保険保有契約件数	生命保険会社における個人保険及び団体保険の被保険者の数	83
33	K7107	民間生命保険保有契約保険金額	生命保険会社における基本保険金額で計上され、年金保険、財形保険、附帯特約等は含まれない。	83

L 家計

No.	項目符号	基礎データ名	説明	資料源※
1	L3110	実収入(二人以上の世帯のうち勤労者世帯)	世帯員全員の現金収入(税込み)を合計したもので、勤め先収入、事業・内職収入、他の経常収入などの経常収入と、受贈金などの特別収入から成る。	85
2	L3111011	世帯主収入(二人以上の世帯のうち勤労者世帯)	世帯主の勤め先収入。副業による勤め先収入も含む。	85
3	L7610	年間収入	世帯における1年間の収入(税込み)で、勤め先収入、事業・内職収入、年金や給付金の受取金などの経常収入から成る。なお、退職金、財産の売却で得た収入、相続により得た預貯金などの一時的な収入は含めない。	86
4	L761101	世帯主収入(年間収入)	世帯主の1年間の勤め先収入。副業による勤め先収入も含む。	86
5	L3130	可処分所得(二人以上の世帯のうち勤労者世帯)	実収入から税金や社会保険料(公的年金の保険料や健康保険料)などの非消費支出を差し引いた額	85
6	L3211	消費支出(二人以上の世帯のうち勤労者世帯)	いわゆる生活費のことで、日常の生活を営むに当たり必要な商品やサービスを購入して実際に支払った額	85
7	L3221	消費支出(二人以上の世帯)	日常の生活を営むに当たり必要な財やサービスを購入して支払った現金支出、カード、商品券などを用いた支出	85
8	L322101	食料費(二人以上の世帯)	穀類、魚介類、肉類、乳卵類、野菜・海藻、果物、油脂・調味料、菓子類、調理食品、飲料、酒類、外食、賄い費	85
9	L322102	住居費(二人以上の世帯)	家賃地代、設備修繕・維持費(居住面積が増えるようなものは含まない。)	85
10	L322103	光熱・水道費(二人以上の世帯)	電気代、ガス代、他の光熱及び上下水道料	85
11	L322104	家具・家事用品費(二人以上の世帯)	家庭用耐久財(家事用耐久財、冷暖房用器具及び一般家具)、室内装備・装飾品、寝具類、家事雑貨、家事用消耗品、家事サービス	85
12	L322105	被服及び履物費(二人以上の世帯)	被服費、履物費、被服関連サービス代(洗濯代、被服賃借料など)	85
13	L322106	保健医療費(二人以上の世帯)	医薬品、健康保持用摂取品、保健医療用品・器具、保健医療サービス	85
14	L322107	交通・通信費(二人以上の世帯)	交通、自動車購入・維持費、通信	85
15	L322108	教育費(二人以上の世帯)	授業料等、教科書・学習参考教材、補習教育	85
16	L322109	教養娯楽費(二人以上の世帯)	教養娯楽用耐久財、教養娯楽用品、書籍・他の印刷物、教養娯楽サービス	85
17	L730101	金融資産残高(貯蓄現在高)(二人以上の世帯)	金融機関への預貯金、生命保険・積立型損害保険の掛金、株式・債券・投資信託・金銭信託等の有価証券と社内預金等のその他の貯蓄の合計	86
18	L730102	預貯金(二人以上の世帯)	通貨性預貯金と定期性預貯金の残高	86
19	L730103	生命保険など(二人以上の世帯)	生命保険、損害保険、簡易保険への積立掛金の総額	86

No.	項目符号	基礎データ名	説明	資料源※
20	L730104	有価証券(二人以上の世帯)	株式・株式投資信託、債券・公社債投資信託及び貸付信託・金銭信託の時価評価した保有総額	86
21	L740101	金融負債残高(二人以上の世帯)	金融機関からの借入金のほか、勤め先の会社・共済組合、親戚・知人からの借入金及び月賦・年賦の残高など金融機関外からの借入金の合計	86
22	L740102	住宅・土地のための負債(二人以上の世帯)	住宅を購入、建築あるいは増改築したり、土地を購入するために借り入れた場合又は割賦で住宅・土地の購入代金を支払っている場合の未払残高	86

参考1　社会・人口統計体系の概要

1　社会・人口統計体系とは

　社会・人口統計体系は、幅広い分野にわたる統計データを収集、蓄積、加工、編成することにより、国民生活の実態を様々な側面から記述し、各種行政施策及び地域分析の基礎資料を提供することを目的として、総務省統計局が1976年度から整備を開始した統計体系である。

　この体系は、都道府県別及び市区町村別に統計データを整備し、地域間比較を可能にした点に特色がある。

2　社会・人口統計体系において収集している基礎データ

　社会・人口統計体系では、「A人口・世帯」から「M生活時間」までの13分野にわたり、都道府県別に約2,750項目、市区別に約650項目、町村別に約640項目の基礎データを収集している（2022年度）。

　なお、収集している項目の一覧を総務省統計局ホームページ https://www.stat.go.jp/data/ssds/2.html において提供している。

3　社会・人口統計体系の整備

　社会・人口統計体系は、以下の流れに沿って整備している。
　(1) 収集する基礎データの決定
　(2) 基礎データの収集
　　・各種統計データ（報告書、電磁的記録媒体）
　(3) 基礎データの入力、審査
　(4) 基礎データの加工、編成（指標値算出等）
　(5) 結果提供—報告書、電磁的記録媒体、インターネット

4　社会・人口統計体系のデータの提供

　社会・人口統計体系により整備したデータは、政府統計の総合窓口（e−Stat）からダウンロードできるほか、電磁的記録媒体により提供している。詳細については、巻末の「社会生活統計指標　—都道府県の指標—」の利用案内を参照されたい。
　(1) 電磁的記録媒体
　・都道府県別基礎データ
　　　全国・都道府県の1975年からの時系列データ

　・市区町村別基礎データ
　　　ブロック別に市区町村の1980年からの時系列データ

　・「社会生活統計指標　—都道府県の指標—」掲載データ

・「統計でみる都道府県のすがた」掲載データ

・「統計でみる市区町村のすがた」掲載データ

(2) 報告書
・社会生活統計指標 －都道府県の指標－ 2023（2023年2月刊行）

> 毎年刊行；579指標、549基礎データ
> https://www.stat.go.jp/data/shihyou/index.html

・統計でみる都道府県のすがた 2023（2023年2月刊行、本書）

> 毎年刊行；429指標
> https://www.stat.go.jp/data/k-sugata/index.html

・統計でみる市区町村のすがた 2022（2022年6月刊行）

> 毎年刊行；93基礎データ
> https://www.stat.go.jp/data/s-sugata/index.html

5 社会・人口統計体系に関する参考文献等

(1) 社会・人口統計体系のしくみと見方 2001：2001年3月、総務省統計局
(2) 社会・人口統計体系 基礎データ項目定義 https://www.stat.go.jp/data/ssds/9.html

Appendix   Outline of the System of Social and Demographic Statistics of Japan

1. The System of Social and Demographic Statistics of Japan

The System of Social and Demographic Statistics of Japan is a system in which statistical data in a wide range of fields are collected, normalised and organised. The system describes the lives of Japanese people in various fields. The purpose of the system is to provide basic data useful for various kinds of administrative programmes, policy-making and analysis of regional differences. It was started by the Statistics Bureau in fiscal 1976.

What is characteristic of the system is that the data are organised for each of the prefectures (*To*, *Do*, *Fu* and *Ken*) and municipalities (*Shi*, *Ku*, *Machi* and *Mura*), thus enabling regional comparison and analysis.

2. Basic Data collected in the System

In the system, basic data are collected in 13 fields from "A. Population and Households" to "M. Daily Time". The number of basic data items is about 2,750 for prefectures, about 650 for *Shi* and *Ku*, and about 640 for *Machi* and *Mura* respectively (as of fiscal year 2022).

3. Compilation of the System

The system is compiled by the following process:
(1) Determination of basic data to be collected
(2) Collection of basic data
   - Statistical Data quoted from report books and computer-readable media
(3) Input and evaluation of basic data
(4) Systematisation of basic data and indicator calculation
(5) Provision of the results by report books, computer readable media, and online

4. Dissemination of the Data of the System

Data organised in the system are provided in computer readable media and publications, for free online.
(1) Computer readable media
   - Basic Data by prefecture (time series from 1975)
   - Basic Data by municipality (time series from 1980)
   - Data in "*Social Indicators by Prefecture*"
   - Data in "*Statistical Observations of Prefectures*"
   - Data in "*Statistical Observations of Municipalities*"
(2) Publications
   - *Social Indicators by Prefecture* (2023 edition) (bilingual, published annually; 579 social indicators and 549 basic data)
   - *Statistical Observations of Prefectures* (2023 edition) (bilingual, published annually; 429 social indicators)
   - *Statistical Observations of Municipalities* (2022 edition) (in Japanese only, published annually; 93 basic data for municipalities)
(3) Online
   Portal Site of Official Statistics of Japan (e-Stat);
   https://www.e-stat.go.jp/en/regional-statistics/ssdsview

参考2 「統計でみる都道府県のすがた　2023」のデータ掲載変更項目一覧

　下記「変更前」の項目は、前回報告書「統計でみる都道府県のすがた　2022」に掲載していたデータの項目であり、「変更後」の項目は、今回報告書に掲載したデータの項目である。

　「変更前」のデータは、当該統計調査等の調査項目であったが、集計項目の改廃により収集不可能となったもの等である。これに伴い今回の報告書では「変更後」欄に示す項目に変更し、掲載した。

変更前		変更後		備考
#A06302	高齢夫婦のみの世帯の割合	#A06302	夫65歳以上、妻60歳以上の夫婦のみの世帯の割合	名称変更
#A06304	高齢単身世帯の割合	#A06304	65歳以上世帯員の単独世帯の割合	名称変更
#B02301	快晴日数(年間)			削除
#B02304	雪日数(年間)			削除
#F0350403	高齢一般労働者割合(65歳以上)	#F0350406	高齢一般労働者割合(65歳以上)	項目の入替え(注)
#G01202	常設映画館数(人口100万人当たり)	#G01202	常設の興行場数(映画館)(人口100万人当たり)	名称変更

(注)出典の集計・推計方法の変更によるもの

総務省統計局が編集・刊行する総合統計書

　総務省統計局では、国勢調査などの調査報告書のほか、次のような総合統計書を編集・刊行しています。
　これらの総合統計書は、電子媒体でも提供しています。

日本統計年鑑

　我が国の国土、人口、経済、社会、文化などの広範な分野にわたる基本的な統計を網羅的かつ体系的に収録した総合統計書。
約540の統計表を収録

2023 日本統計年鑑

日本の統計

　我が国の国土、人口、経済、社会、文化などの広範な分野に関して、よく利用される基本的な統計を選んで体系的に編成し、ハンディで見やすい形に取りまとめた統計書。約370の統計表を収録

世界の統計

　世界各国の人口、経済、文化などに関する主要な統計を、国際機関の統計年鑑など多数の国際統計資料から選んで収録した統計書。約130の統計表を収録

社会生活統計指標　－都道府県の指標－

　都道府県の経済、社会、文化、生活などあらゆる分野に関する主要な統計を幅広く、体系的に収録した統計書。約580の統計指標は、原則として2015年度、2020年度及び最新年度の数字を収録

統計でみる都道府県のすがた

　「社会生活統計指標」に収録された統計データの中から主なものを選び、各指標における都道府県別の順位を参考として掲載している。

統計でみる市区町村のすがた

　市区町村の経済、社会、文化、生活などあらゆる分野に関する主要な統計を幅広く、体系的に収録した統計書。約100の基礎データの数字を収録

Statistical Handbook of Japan

　我が国の最近の実情を統計表、グラフを交え、英文で紹介

「統計でみる都道府県のすがた」の利用案内

　「統計でみる都道府県のすがた」は、次の方法により利用（閲覧・入手等）することができます。

「統計でみる都道府県のすがた」の閲覧

　国立国会図書館及び各支部、都道府県統計主管課、都道府県立図書館で閲覧できます。

◇　総務省統計図書館

　　〒162-8668　東京都新宿区若松町19-1

　　　　図書閲覧室　　　TEL：03-5273-1132

　　　　統計相談室　　　TEL：03-5273-1133

刊行物、内容を収録した電磁的記録の入手

＜刊行物＞

　一般財団法人日本統計協会を通じて入手できます。また、全国各地の官報販売所でも取り扱っています。

◇　一般財団法人　日本統計協会

　　〒169-0073　東京都新宿区百人町2-4-6　メイト新宿ビル6階

　　TEL：03-5332-3151

　　ホームページ：　https://www.jstat.or.jp/

◇　政府刊行物センター（霞が関）

　　〒100-0013　東京都千代田区霞が関1-4-1　日土地ビル1階

　　TEL：03-3504-3885

＜電磁的記録＞

　内容を収録した電磁的記録は、公益財団法人統計情報研究開発センターを通じて入手できます。

◇　公益財団法人　統計情報研究開発センター

　　〒101-0051　東京都千代田区神田神保町3-6　能楽書林ビル5階

　　TEL：03-3234-7471

　　ホームページ：　https://www.sinfonica.or.jp/

インターネット

　総務省統計局では、インターネットを通じて統計データや各種統計局関連情報を提供しています。ホームページのＵＲＬは、https://www.stat.go.jp/　です。

　また、政府統計の総合窓口（e－Ｓｔａｔ）でも、統計データ等の各種統計情報が御覧いただけます。e－ＳｔａｔのホームページＵＲＬは、https://www.e-stat.go.jp/　です。

| 統計でみる都道府県のすがた | 検索 |

https://www.stat.go.jp/data/k-sugata/index.html

総務省統計局編集等・（一財）日本統計協会発行の新刊案内

新版 日本長期統計総覧（全5巻）	A4判	586頁〜746頁	CD-ROM付

我が国の統計を集大成した「日本長期統計総覧」を20年ぶりに抜本的に改訂。 第1巻〜第4巻は定価22,000円、第5巻は定価23,100円

書名	判型	頁数		価格
第 72 回 日 本 統 計 年 鑑 令和5年	B5判	794 頁 CD-ROM付	定 価	16,500 円
統 計 で み る 日 本 2023	A5判	338 頁	定 価	2,750 円
日 本 の 統 計 2022	A5判	308 頁	定 価	2,200 円
世 界 の 統 計 2022	A5判	296 頁	定 価	2,200 円
STATISTICAL HANDBOOK OF JAPAN 2022	A5判	214 頁	定 価	3,630 円
社 会 生 活 統 計 指 標 2023	A4判	546 頁 CD-ROM付	定 価	9,680 円
統 計 で み る 都 道 府 県 の す が た 2023	A4判	180 頁 CD-ROM付	定 価	3,190 円
統 計 で み る 市 区 町 村 の す が た 2022	A4判	328 頁 CD-ROM付	定 価	5,500 円
デ ー タ 分 析 の た め の 統 計 学 入 門	A4判	428 頁	定 価	1,980 円
GDP 統計を知る 国民経済計算の基礎 −改訂第2版−	A5判	190 頁	定 価	2,420 円
日本を彩る47都道府県と統計のはなし	B5判	386 頁	定 価	2,970 円
国勢調査からみた市区町村人口 -大正9(1920)年〜令和2(2020)年までの100年間の人口の推移-	A4版	424 頁 CD-ROM付	定 価	8,800 円
平 成 28 年 経済センサス-活動調査報告				
第1巻 事業所数及び従業者数に関する集計	A4判	788 頁	定 価	10,120 円
第2巻 事業所の売上（収入）金額に関する集計	A4判	898 頁	定 価	11,110 円
第3巻 企業等数及び従業者数に関する集計	A4判	582 頁	定 価	9,900 円
第4巻 企業等の売上（収入）金額及び費用に関する集計	A4判	552 頁	定 価	9,460 円
第8巻 建設業、医療・福祉、学校教育及びサービス関連産業に関する集計	A4判	426 頁	定 価	8,360 円
平 成 29 年 就業構造基本調査報告				
第1巻 全国編	A4判	666 頁 CD-ROM付	定 価	10,120 円
第2巻 都道府県編	A4判	664 頁 CD-ROM付	定 価	10,230 円
平 成 30 年 住宅・土地統計調査報告				
全 国 編（平成の住宅事情 − 時系列）	A4判	412 頁 CD-ROM付	定 価	13,200 円
都道府県編（12分冊）	A4判	322頁〜560頁 CD-ROM付	定 価	各10,450 円
令 和 元 年 全国家計構造調査報告（旧 全国消費実態調査）				
第1巻 家計収支編 その1 世帯属性に関する結果	A4判	800 頁 CD-ROM付	定 価	9,900 円
第1巻 家計収支編 その2 世帯類型、高齢者、就業者に関する結果	A4判	816 頁 CD-ROM付	定 価	9,900 円
第1巻 家計収支編 その3 購入形態等に関する結果	A4判	754 頁 CD-ROM付	定 価	9,350 円
第2巻 所得編	A4判	730 頁 CD-ROM付	定 価	9,350 円
第3巻 資産・負債編	A4判	574 頁 CD-ROM付	定 価	8,470 円
経済構造実態調査報告 2020年	A4判	238 頁	定 価	6,930 円
令 和 2 年 国 勢 調 査 報 告				
第1巻 人口等基本集計結果 その1 全国編	A4判	382 頁 CD-ROM付	定 価	7,590 円
第1巻 人口等基本集計結果 その2 都道府県・市区町村編	A4判 390頁〜644頁 CD-ROM付		定 価	5,830円〜7,150円
労 働 力 調 査 年 報 令和3年	A4判	348 頁 CD-ROM付	定 価	6,600 円
人口推計資料 №.95 人口推計 −令和3年10月1日現在-	A4判	122 頁	定 価	2,750 円
住 民 基 本 台 帳 人 口 移 動 報 告 年 報 令和3年	A4判	280 頁 CD-ROM付	定 価	4,180 円
家 計 消 費 状 況 調 査 年 報 令和3年	A4判	178 頁	定 価	3,080 円
家 計 調 査 年 報 ＜ Ⅰ 家 計 収 支 編 ＞ 令和3年	A4判	440 頁 CD-ROM付	定 価	7,810 円
家 計 調 査 年 報 ＜ Ⅱ 貯 蓄 ・ 負 債 編 ＞ 令和3年	A4判	248 頁 CD-ROM付	定 価	5,610 円
小 売 物 価 統 計 調 査 年 報 令和3年	A4判	318 頁 CD-ROM付	定 価	7,260 円
サ ー ビ ス 産 業 動 向 調 査 年 報 令和3年	A4判	126 頁	定 価	2,860 円
科 学 技 術 研 究 調 査 報 告 令和3年	A4判	324 頁 CD-ROM付	定 価	4,400 円
消 費 者 物 価 指 数 年 報 令和3年	A4判	296 頁 CD-ROM付	定 価	6,380 円
個 人 企 業 経 済 調 査 報 告 令和3年	A4判	304 頁	定 価	3,850 円
「 月 刊 統 計 」・・年間購読(割引あり)もできます。	B5判		定 価	990 円

（定価は、税込価格です）

統計でみる都道府県のすがた
2023

Statistical Observations of Prefectures 2023

令和5年2月発行　　　定価: 3,190円（本体価格 2,900円 + 税10%）
Issued in February 2023　Price: 3,190yen（2,900yen + tax10%）

編集：総務省統計局

発 行　一般財団法人 日 本 統 計 協 会
Published by Japan Statistical Association
東京都新宿区百人町2丁目4番6号メイト新宿ビル内
Meito Shinjuku Bldg, 2-4-6, Hyakunincho, Shinjuku-ku, Tokyo, 169-0073
T E L ：(03)5332-3151　　F A X ：(03)5389-0691
E-mail ：jsa@jstat.or.jp
振 替 ：00120-4-1944

印 刷：勝美印刷株式会社

ISBN978-4-8223-4174-9　　C0033　　¥2900E